Reflexiones para idiotas

Reflexiones para idiotas

MIGUEL ANGEL RODRIGUEZ

Para realizar pedidos de este libro, contacte con:
Palibrio
1663 Liberty Drive
Suite 200
Bloomington, IN 47403
Gratis desde EE. UU. al 877.407.5847
Gratis desde México al 01.800.288.2243
Gratis desde España al 900.866.949
Desde otro país al +1.812.671.9757
Fax: 01.812.355.1576
ventas@palibrio.com
710584

CONTENIDO

CAPITULO III

CAPITULO IV

CAPÍTULO VII

CAPÍTULO VIII

ACERCA DEL AUTOR

En el año de 1954, Puerto Vallarta, Jalisco, México; ve nacer al autor, el cual fue hijo de PORFIRIO y AMALIA. En la actualidad, está casado con Blanca y con dos hijos: Princesa y Miguel Ángel, médico y abogado respectivamente. Cursó sus estudios de Abogado y de Maestría en Derecho en la Universidad de Guadalajara. Es Doctor en Derecho por el Instituto de Estudios Jurídicos, dependiente de la Universidad Autónoma de México. Es Profesor en las cátedras de Derecho y de Filosofía en la Universidad de Guadalajara. Ha sido juez, presidente de una Corte Laboral, defensor público, Presidente de la Barra de Abogados y es socio de la Asociación Nacional de Doctores en Derecho. Es autor de obras de Teoría Jurídica y columnista en Diarios. En 1978 fundó un bufete jurídico denominado "Rodríguez Herrera y Asociados" y desde entonces ha dedicado su vida al ejercicio de la abogacía, a la docencia universitaria y a escribir sobre filosofía vivencial. Adoptó como a su "santo patrono" al genio San Agustín. Durante un tiempo incursionó en el vicio del alcoholismo, del cual salió airoso, y no se arrepiente, se enorgullece, de haber sido "borracho" pues fue una de sus etapas más felices y fructíferas de su vida. Durante ese período escribió la presente obra con la cual inaugura un nuevo género literario: el realismo vivencial, que se aleja de todo estilo convencional pues se acerca, crudamente, a la realidad cotidiana del vivir y la expresa con palabras directas, tal y como es; no como se piensa.

Al presente vive en Puerto Vallarta y continúa escribiendo.

DEDICATORIA

A SAN AGUSTÍN

AGRADECIMIENTOS

A MI ESPOSA BLANCA ESTELA

A MIS HIJOS LA DRA. PRINCESA

Y EL LIC. MIGUEL ÁNGEL.

PROEMIO

La vida, vista desde abajo y casi a nivel del suelo, no es tan diferente a la que conocemos en nuestro transitar diario por calles y avenidas; sin embargo, cuando se mira con otros ojos, cuando se ve desde la perspectiva que permite ser observador de la realidad propia y de los demás, parece diferente, aunque no lo sea.

En este libro, su autor logra ser partícipe de su entorno, que absorbe y no permite sustraerse, por más que se quiera o por más que se intente; logra asomarse a la existencia de otros, que bien pudiéramos ser todos y nadie.

Ese es, quizá, el gran mérito del autor de este excepcional compendio de breves narraciones que nos llevan a conocer y revivir en cada texto esa otra realidad, que a veces no vemos o no queremos ver, pero que miles enfrentan o sufren diariamente.

Todo cuanto el autor ha escrito en este libro está ahí, en nuestra vida, en las palabras y en el ambiente que conforma nuestra realidad, a veces ofensiva para muchos, pero divertida para otros.

Es imposible permanecer impávido ante esta serie de lecturas que recrean situaciones de la vida diaria, de la existencia misma; todo cuanto está escrito en este libro lo encontramos en la casa, en la escuela o el trabajo, en la calle o en los lugares que frecuentamos, lo único que falta es poner más atención para poder verlo.

El libro recopila la visión de un hombre que ha sido eficaz observador de su entorno, cada escrito recrea situaciones diarias como estar en la casa sin nada que hacer, "aplastarse" a ver la televisión rodeado de comida chatarra o también ir a la escuela para "deleitarse" con la maestra y sus formar tan redondas.

En la calle, el observador ve también al par de jovencitas que van tomadas de la mano, a la niña que disfrutan una nieve de limón o al borrachito que se embriaga hasta olvidar cómo se llama y termina, durante la madrugada, batido en su propio vómito.

El autor no le teme a las palabras y las utiliza así, como son, en cada una de sus narraciones para describirnos, tal cual, esa otra realidad que asusta, que espanta a las conciencia pudibundas que prefieren esconder sus miedos y frustraciones en una falsa decencia.

Este libro no está hecho para agradar a literatos o culteranos, fue concebido en el día a día, por años, para describir esa otra realidad que nos ofende, pero que también enseña a valorar más lo que somos, lo que tenemos y lo que podemos llegar a ser o tener.

Ver la vida con los ojos de un perro nos permite conocer el sufrimiento de ser presos de nuestro propio destino y anhelar con ansías locas la libertad, porque muchas veces nos sentimos esclavos de la casa, la familia o el trabajo, esa es quizá la enseñanza, esa es la moraleja.

Caminar las calles y atravesar avenidas con las patas de un perro nos permite también a aguzar los sentidos, como el can que al sentirse libre sabe que cualquier otras cosa que llegue a su vida será mejor que las ataduras que lo mantienen preso, sin comer, sin cariño y sin nada.

Reflexiones para idiotas es un ladrido a la vida, es un aullido para le existencia propia y ajena, enseña a romper las ligaduras, a buscar y alcanzar lo deseado, porque así –dicen- es la vida: una búsqueda constate en la que la propia existencia nos ofrece alternativas… y es que, tal vez en el fondo, casi todos llevamos a un perro callejero.

Puerto Vallarta, Jalisco en un día de tantos.

Lalo García.

CAPÍTULO I

A LA RU RU MEME.

En verdad que desde que el hombre abandonó al hogar y, posteriormente, a la mesa como centro de su habitación íntima, éste ha erigido ahora una nueva sede de esa confianza que se obsequia a sí mismo y a los suyos.

Nos referimos a la cama. El término tiene su origen en un vocablo indogermánico primitivo que significa "lecho escarbado en el suelo". Desde luego que ello ha ido cambiando en el sentido material de la cama hasta llegar a la concepción actual de la misma como un mueble dotado de una armazón y demás elementos como lo son el colchón y el respaldo. Amén de otros que son de mero adorno.

Pero realmente no nos interesa mucho el tema del desenvolvimiento histórico de la cama, sino, más bien lo que simboliza para el hombre este mueble tan peculiar. Así podemos ver que el primer dato que nos llama la atención es la sensación de amparo en la cama.

En la noche el hombre sano es recibido por la cama con reflujos de dulzura y agradable languidez. Es el depósito del sueño reparador de las fuerzas físicas y psíquicas vertidas durante el duro acontecer diurno. Pero también es la esperanza de que mañana todo se vaya a resolver en algo mejor. Es cierto que para el hombre enfermo no lo es así. Sin embargo vencemos nuestros padecimientos que el médico trata con medicamentos y reposo.

En muchas ocasiones es en la cama donde recibimos, con cruenta realidad, la visita de la muerte. Ahí es donde nos entregamos en confesión de culpas al sacerdote, diciendo las últimas oraciones para salvar el alma, cualquiera que sea nuestra religión. Donde repartimos aquellas fortunas o escasos mendrugos a los herederos.

Donde procreamos a los hijos y abrazamos con intimidad a nuestro cónyuge. Ahí es donde se presentan esos tres personajes indispensables en la vida del hombre: el médico, el abogado y el sacerdote. Cada uno de ellos con su misión específica: nuestro cuerpo, nuestros bienes y nuestra alma. Fin de todas las cosas buenas, malas y placenteras.

Yendo un poco más allá, tenemos como segundo dato el hecho del yacer, que es propio de estar en la cama y, como contrario a la postura erguida que expresa tensión y confrontación con el mundo exterior como una manifestación de afirmación de independencia, libertad y dominio. El acostarse en la cama o yacer en ella es abandonar la postura enderezada y todo lo que en ello conlleva.

Al acostarse se pierde la libertad, el movimiento, la fuerza, sobreviene la dependencia, ya no se puede alcanzar las cosas deseadas. El mundo se reduce al ámbito propio de la cama. El bajarse de ella equivale a penetrar en una zona que parece extraña.

Se desvanece la tensión de la postura de pie y se entra al descanso, a la despreocupación por las cosas cotidianas. Se experimenta a uno mismo y no al yo con los otros. Se esta en armonía con un entorno cálido y propio, no ajeno. De ahí viene esa sensación de amparo.

Luego sobreviene el sueño, el olvido de lo consciente de mí y de los otros. Ya no estoy en el mundo externo ni tampoco estoy en mí, simplemente: "estoy". Ese estar no es otra cosa que lo que realmente somos, lo que de auténticos tenemos cada uno de nosotros. Ese "estoy" también se da en la cama, aunque no exclusivamente, pero sí con una mayor condición.

No obstante la ubicación de la cama en el espacio del hombre debe estar comprendida en un recinto especialmente preparado para tal efecto, de tal manera que no debe estar a la vista de los demás, localizada en determinada zona, con cortinajes, fuertes puertas, etc. pero sí dentro de la casa, la cual constituye, a su vez, otro lugar de amparo y protección.

Otto Friedrich, refiriéndose a la cama, nos dice: *"Ella es un espacio de aislamiento protector, y por ello la culminación del carácter cobijante de la casa"*

Cuando por ahí oigamos esa vieja canción de cuna que le dice con apacible cariño, la madre a su pequeño hijo: "a la ru ru meme" pensemos en todas estas meditaciones sobre la cama y ponderemos la importancia que tienen para el ser humano que apenas se esta formando.

Con estos pensamientos vayamos a nuestra cama, cubramos el cuerpo con las cálidas cobijas, acomodemos la almohada, digamos una oración al Dios de nuestros padres, entonces cerremos los ojos, descansemos y preparémonos a ser lo que verdaderamente somos.

Mañana será otro día.

A LA SIMBOMBÁ…. RRARRARRÁ.

Venimos a esta caraja vida sin darnos cuenta del cómo, del para qué, ni mucho menos del porqué. Somos *acogidos*, no arrojados, por el mundo y sus cosas.

Un buen día empezamos a darnos cuenta de lo que pasa a nuestro alrededor y a eso le llamamos conciencia. En ese momento inicia nuestra vida, esa vida que vamos haciendo poco a poco y con mucho brío.

En ese durar que medimos en fracciones y que le hemos llamado *tiempo*, se nos van presentando todas las cosas del mundo. La naturaleza y sus innumerables formas, la cultura, que es lo que produce el hombre, en todas sus manifestaciones; nuestro propio yo que aparece frente a nosotros mismos como si fuese un espejo.

Ese montón de cosas, naturaleza, cultura y el yo, son aprehendidas por el pensamiento y por las vivencias. Todo ello va formando un pasado que nos va transformando en lo que actualmente somos. Por eso se dice que somos el pasado. El pasado siempre actualizado.

Cada uno de nosotros constituye un proyecto de la vida. Un destino que tiene una finalidad. No estamos de balde en esta existencia, porque todo, y más nosotros, tiene algo que hacer en definitiva. Nuestra vida está marcada por un *para* o un *hacia*, cualquiera que esta sea.

Cada uno tiene su propia vida y ninguno puede penetrar en la vida del otro. Somos herméticos en tanto que somos individualidades y nada ni ninguno puede conocer nuestra vida en su más profunda intimidad. A lo más, se puede conocer algunas de las muchas manifestaciones de esa vida individual pero sin que nunca se puede ahondar más allá de la superficie. Nadie puede vivir la vida del otro.

Somos pues vidas individuales con un designio. La *designación* constituye una de las más importantes esencias del ser humano. Las cosas son *señaladas* en tanto que el hombre es *designado* porque su finalidad es más profunda, más importante, porque ocupa un lugar altísimo en el cosmos.

Cada uno de nosotros, cualquiera que sea su condición, tiene un valor inconmensurable, único, irrepetible y de una jerarquía sumamente elevada. Desde el idiota, el genio, el gobernante, el millonario, el mendigo, el santo, el criminal, la prostituta, las mujer virgen, etc.; todos, decididamente todos y cada uno de ellos tienen las características antes mencionadas.

Por ello el hondo respeto que nos debemos los unos y los otros, por la sencilla razón de que somos de linaje humano. Por ello debemos honrar a más no poder todas las obras humanas, buenas o malas, porque han salido de un alma, un alma que no es la mía ni de nadie. De un alma impar.

Cualquiera que sea nuestra religión, creencia o escuela filosófica debemos de admitir la tremenda verdad que expresaba San Pablo, el Apóstol de los pensadores, de los entendidos y a quienes él específicamente se dirigía, en el sentido de que *somos raza de dioses.*

Todos mis vicios, abominaciones, blasfemias, delitos, inmoralidades y demás, quedan palidecidas ante el suave fulgor de mi condición de humano. Pero también, el más infante y banal de mis actos tiene un valor y una trascendencia cuyo significado excede a todo cerebro.

Atendamos al valor de ser humano y que por el simple hecho de serlo eres tú, sí tú, el ser más elevado del universo. Tú, sólo tú y nadie más merece no solamente existir, sino vivir. Porque todo lo demás existe pero no vive, solamente tú vives.

Vivir es lo más grandioso que te pudo haber ocurrido, la más apasionante aventura, lo más extremo, lo más perro y como quieras tu expresarlo con tus propias palabras.

No importa que vivas en las cantinas, en las menuderías, en los templos, en los burdeles, en la calle, en las cárceles, en los campos de combate, en los palacios de gobierno, en los manicomios, en el desmadre. Solamente una cosa tiene gran mérito: vive, vive.

Cualquiera que sea tu idea de Dios, agradécele infinitamente haber existido, pero más, el estar viviendo.

Eres tú y solamente tú. Una porra para ti: a la bibo, a la babo, a la simbombá........ rrarrarrá.

A LO MACHO

"Comparte tu pan con el hambriento, abre tu casa al pobre sin techo, viste al desnudo y no des la espalda a tu propio hermano.

Isaías: 58, 7-10

Ya estuvo bueno de tantos sermones dominicales, de discursos políticos, de mesiánicos líderes embusteros, de redentores sociales, de baratos merolicos vendedores de medicinas para los callos, de diputados holgazanes, de senadores ineptos, de funcionarios sin remedio y hasta de méndigos viroteros.

Ya estamos empachados de los ricos que se justifican y enjuagan sus vestiduras a costillas de nuestro arrastrado nombre, hasta el tope de los intelectuales que inventan desgraciadas teorías que acaban en el basurero, de conductores alcoholizados que nos echan el peso desde la ventanilla de su lujoso auto.

Todos conversan de nosotros, todos pretenden ser como nosotros, todos lavan sus obscenas conciencias en el cacharro de nuestra miseria, todos se conduelen y gimotean como barbies desgreñadas por un abusador kent. Pero también nos aborrecen, nos repudian, nos mientan la madre.

Nos arrojan los carros encima para atropellarnos, azuzan a sus bravos canes para descuartizar los andrajos que disimulamos y las impúdicas carnes que los cubren, cierran sus puertas en las narices y arrojan agua caliente en el sarnoso cuerpo que Dios nos dio. Tenemos cara de majaderos, de iletrados, de innombrables, de no me mires, ni me toques.

Miden su fracasada economía en el número que representamos y en los Congresos Cumbre se atragantan con suculentos platillos, refinadas bebidas y de las lujuriosas carnazas de prostitutas caras; mientras discuten las reformas y ajustes para prevenir nuestra existencia, a la par, organizan cenas de 10,000 dólares por cabeza dizque que para ayudarnos, en tanto nos tiran a las prisiones o nos confinan en las barracas.

Planes de Desarrollo, Presupuestos fiscales, Programas sociales, Planes de Trabajo, Comisiones, Fundaciones, Asociaciones de Caridad, Planes de Gobierno, etc. etc. toda una caterva de papel manchado de tinta y dinero para socorrernos y al mismo tiempo campañas demográficas para que no nos reproduzcamos. Religión, Patria y Gobierno nos han enterrado como escombros de sangrientas revoluciones en donde unos cuantos ricos han triunfado. Carne de cañón con pólvora mojada.

Pilares de una democracia violada, ultrajada y pervertida. Dueños y señores de los mítines y de la borregada que sólo sirve para votar en un domingo sin mañana, porque fuimos por una torta y un vaso de fresca agua, por eso vendimos nuestra alma, porque no tenemos nada, porque no tenemos cara, porque no tenemos voz, ni nada. Porque somos cag…a.

Sí, ya es hora de decirlo con valiente forma, de quiénes somos. Somos los hambrientos, los sin techo, los encuerados, sus hermanos, de los que decía aquel pobre hombre llamado Isaías, que nunca se imaginó pronunciar huecas palabras pero que aún y con todo, crujen como un flagelo en los lomos de los modernos Epulones.

Somos los Lázaros que nos arremolinamos a sus hermosísimas mesas procurando una miga de pan rancio, unas láminas de chapopote por techo, un trapo por vestido y todo: ¡porque somos sus hermanos! No tenemos nada, ni pan, ni techo, ni vestido. Somos la boñiga de una jornada electoral que les valió una lujosa cama, una abultada cuenta bancaria y una elegante dama.

A lo macho, somos caca. Valemos nada.

¡Pero no por ello le des la espalda a tu propio hermano!

A LOS SAPOS LES GUSTA LA MERMELADA

Los sapos, científicamente llamados bufónidos, pertenecen a la gran familia del orden Anura, sin cola, que a su vez se clasifican entre los anfibios. Estos animales extremadamente complejos viven casi siempre en el agua y su desarrollo pasa por etapas distintas. Primero son renacuajos y tienen todas las características de los peces. Luego les salen patas y su respiración es pulmonar.

Carecen de dientes y poseen veneno para matar a sus enemigos, suelen cazar de noche y dormir durante el día. Son excelentes limpiadores de todo tipo de insectos y arácnidos en nuestros hogares, con el inconveniente de aguantar los negros serotes que dejan en el suelo. Llevan, para nosotros, una existencia oscura, húmeda, fría, misteriosa y casi de horror.

Son utilizados en poderosos hechizos recomendados por los libros de magia negra, por los chamanes y por todos aquellos merlines que ofrecen dominio sobre el diablo, la naturaleza y la humanidad. Emparentados con el infierno y los secretos lugares que oculta el mundo de ultratumba. Soñar con ellos significa desgracia. En general, pues, no son animales muy del gusto de la gente.

En nuestro pequeño orbe humano también hay sapos. Hay quienes acosan de noche para destruir a sus contrarios, llevan una vida lóbrega, se aparcan en las tinieblas húmedas, se aparean en los matorrales y llaman a sus pares con feos ronquidos de brama.

Son almas entenebrecidas, enfangadas, lodosas y que se encuentran fuertemente enraizadas a la tierra profunda, negra. Su hábitat es lo oculto, lo que es viscoso, putrefacto, maloliente. Almas sin espíritu, cargadas de envidia, de odio, de abyección que huelen a sangre muerta, a huesos de ataúd.

Dejan, como los bufónidos, pequeños y negros serotes, excremento de sus atroces e inconfesables crímenes. Sus orines se parecen al ácido que corroe el oro, penetra a fuerza de ardor, de fuego, para devastar la materia y convertirla en podredumbre, en óxido. Boca sin dientes pero con una gran lengua homicida que mata más que una bomba de hidrógeno.

Poseedores de venenos deletéreos lo inoculan en las mentes de manera lenta pero eficaz, dañando gravemente el tejido social constituido por las instituciones. Disuelven las más complejas y firmes estructuras comunitarias; demuelen los pedestales de la ciencia, del arte, la religión y de la filosofía. Son los acérrimos refractarios del orbe humano.

Ellos son legión y están por todas partes del cosmos humano. Son, además, invisibles porque se camuflan en la desdentada viejita que compra leche para su nietecito en la tienda de la esquina, en el hombre respetable que asiste al servicio religioso, en la mujer mosca muerta y dizque abnegada, en aquel que tiene cara de pendejo y navega con ella, en ese tipo que vocifera honestidad por todos lados, en fin.

En general, se esconden bajo una capa de bondad, ternura, ética y buenos modales. Por la mañana les gusta desayunar en mesas de torneadas maderas, sobre manteles a cuadros, blancas servilletas y untar pan con mantequilla y mermelada para luego orar por los sacros alimentos, recitar algún salmo de la Biblia y dar un consejillo decoroso o alguno que otro regaño. Al más decantado talante puritano. Además dicen no tomar vino, solamente agua.

Catequistas en caparazón desconocen la indulgencia, la esperanza, la caridad, el bien común, la grandeza del alma, el sacrificio por los demás, el deseo de conocer, el amor y todo aquello que purifica al hombre.

Guardémonos de los sapos, y más de aquellos a quienes les gusta la mermelada.

A MAGDALENA

Se narra en el Evangelio, que Cristo perdona a una adúltera a la que la gente pretendía lapidar y le dice que se vaya y que ya no vuelva a pecar. Para ello recurre a la palabra y a la escritura. Quien esté libre de pecado que tire la primera piedra y, luego se pone a escribir en la tierra.

Algunos piensan, por ser de mayor crédito, que lo que escribió fue nada más que la mención de los pecados de cada uno de los fallidos lapidarios, los cuales al ver que era verdad lo que de ellos se decía optaron por sacudirse el polvo y poner distancia de por medio.

En realidad la mentira no es otra cosa que la manifestación contraria a la verdad, por ello el que miente conoce la verdad de las cosas, y por tanto el que no conoce no puede mentir y lo que dice no es mentira sino error.

La mentira lleva implícito el engaño, aún cuando el que mienta no tenga esa intención. La mentira afirma la verdad, pues aquélla presupone a ésta. La mentira, pues, no es más que la perversión de la verdad.

La mentira no tiene existencia en sí porque depende de la existencia de la verdad.

La falsedad, sinónimo de mentira, se nutre exclusivamente en el ámbito social del hombre, porque fuera de ese orden no tiene significado alguno.

Como tal afecta a las relaciones humanas de una manera tal que hace de las estructuras culturales un caos.

Es el engaño el responsable de la falla de las organizaciones del hombre en todos sus aspectos sociales, religiosos, económicos, académicos, familiares, etc. ello responde al hecho de que tales ordenes se encuentran contraídos, no todos claro, conforme a principios verdaderos.

El auténtico mal en el mundo es la mentira y su contenido inseparable que es el ardid, la trampa, la treta o como se le quiera llamar. Todo el orden se colapsa por sus nocivos efectos que como vemos durante toda nuestra vida nos provocan serios malestares.

Si se observa con detenimiento todo el orden social, podemos comprobar que casi todo está inmerso en la mentira, y lo que es peor, muchas de esas estructuras están cimentadas en la simulación y por tanto nos alejan del bien común haciéndonos infelices a causa de la pobreza, la violencia, el delito y el sin número de conductas antisociales que genera.

Nuestros padres, por no decir la sociedad, nos han enseñado a vivir en ese mentir del cual nos debemos de alejar como si fuera una peste o un peligro inminente. Son las podridas ciudades, los pozos envenenados y las calles manchadas de sangre a las que se refiere el poeta maldito, Jim Morrison en su poesía eterna e inaudita.

Porque desde que nacemos nos inculcan a alejarnos de la verdad, nos forzan a mentir bajo mil y un variadas formas que con ligero análisis podemos percatarnos de cuáles son éstas. Nos emponzoñan el cuerpo y la mente.

Aun cuando Magdalena no sea el auténtico nombre de la adúltera del Evangelio, su figura servirá siempre de base para una meditación más profunda sobre esa verdad que es: la mentira.

Es imperativo no solamente cambiar los sistemas sociales sino que es menester que cambiemos nosotros mismos en el sentido de ya no mentir o al menos de mentir cada día menos. Si así lo hiciéramos el mundo sería mejor.

Cristo nos invita a ya no pecar, no mentir, mientras que Morrison nos estimula a abandonar los pozos envenenados y las calles manchadas de sangre e ingresar al *dulce bosque*.

Ambas son buenas opciones.

A SITO +

¡Oh, viejo aparador, cuantas historias sabes!
y quisieras contarlas, por eso, incierto, crujes
cuando tus puertas negras lentamente se abren

ARTHUR RIMBAUD

En este agosto hace ya 37 años, querido Luis Enrique alias sito, que honraste la tierra a la que tanto amaste, al paraíso al que tanto cantaste en tus doradas poesías de juventud, de lozanía extasiada por el amor y la inocencia. Gracias te dieron siempre los arrayanes que bailan al son de cumbia, calientes de tanto sol.

Tuviste alma de bucanero, poeta y aventurero; te nutriste en la ciencia del Derecho pero no eras más abogado que bohemio. Salpicaste de alegría el bello puerto, dedicándole tus mejores poemas. Llenaste de felicidad a tus amigos a quien tanto querías.

Siempre fue en ti el raro don de la amistad y ello te distinguió porque tuviste y quisiste, como nadie sabe hacerlo, a tus amigos. Eras el amigo por excelencia, oportuno y veraz, porque te hacías parte de ellos, buscabas su corazón y tocabas su alma.

Tu profundo amor por Vallarta fue algo que todos palpaban por tu mirada, por tu caminar, por tu trabajar, por tu soñar y por todo tu ser rezumaba esa pasión por el paraíso perdido, por el ostión de la bahía, por el lugar de los cálidos palmerales de ese olor a pescado y a sal, a ese peculiar sudor de los habitantes del mar.

Como hermano no tuviste par, sentiste y diste el apoyo a tus amigos de sangre, el consejo, el buen humor y la risa espontánea fueron las agradables impresiones que todos de ti recibían. Esa mirada, esa mirada que tenías; esa mirada triste, profunda y misteriosa, diferente a la de tus hermanos que tanto amaste.

Y decía de tu mirada, siempre fue en ti algo extraña, tus ojos denotaban una honda melancolía, pero también sinceridad, tu mirar probaba una veracidad a toda prueba. Pero esa mirada, nunca olvidaré esa mirada tuya porque era lo que más me impresionaba. Siempre quise saber qué había detrás de tu mirar, algo oculto que no confesabas.

Precediste a tu madre y padre, pero al fin ellos ya secaron sus copiosas lágrimas que por ti derramaron, al estar ya, juntos y para siempre en ese cielo que tanto anhelamos. Eras tan buena tu alma que fuiste el primero en entrar al cielo, arrebataste el paraíso eterno antes que tus padres y tus hermanos. Sin embargo mientras mi espíritu atormentado vaga aún, buscando a Dios, él ya goza de su visión beatífica. ¡Quién fuera como tú!

Nunca fuiste como nosotros, siempre distinto. Qué rara es la especie humana que cuando buscas igualdad, encuentras diferencia. De nada te has perdido, nada has dejado, todo sigue igual como tú lo dejaste. El mundo sigue su marcha y todas las cosas devienen como cuando estabas con ellas.

Nos aproximamos poco a poco, hacia ti, ya mero nos tenemos a la vista y pronto te contaré de los cálidos palmerales que lloran con el viento del sur, del olor a pescado asado, de nuestro amado puerto, de sus tibios ríos y encantadores atardeceres.

Te contaré, si quieres, de las noches de verano con luciérnagas alumbrando, de los elotes asados, del café con leche con el sabroso picón, de los cacahuates con cáscara con su chile y sal. De ese estar en las banquetas sentados a la luz de las cachimbas de petróleo, narrando cuentos de terror a la chiquillada boquiabierta.

De todas esas cosas y más, si tú quieres, te contaré querido sito.

A TODISÍSIMA MADRE.

Prefiero vivir diez años al máximo, a todo tren, y no acabar en una silla de ruedas platicándole a mis nietos lo rico y famoso que fui. Decía un viejo rockero de aquellos tiempos legendarios en que el rock era estrella flamígera que incendiaba los corazones de la muchachada, al vapor del whisky, el hachís, los hongos, la mezcalina y las pingas.

Vivimos una rutina despiadada, arrastrando una existencia miserable y jodida; méndigamente preocupados por la subsistencia de la familia, apabullados y hostigados por el patrón y los compañeros de trabajo. Con un roñoso salario que no ajusta ni para los cigarros.

Con una profesión, oficio o arte que aborrecemos y vomitamos cada vez que nos ocupamos de ellos. Hartos de una sociedad exigente que nos impone tabúes, costumbres, modas, actitudes, religión, ideología, democracia, matrimonio y hasta un nombre con el que vamos a cargar toda el resto de la vida.

Hasta el arte está condicionado por lo que dicen llamar belleza, la historia verdadera es la que nos cuentan: estamos hasta el gorro de los niños héroes, de Juárez, de hidalgo, de morelos, de pancho villa, de Porfirio díaz y de toda esa pandilla que a fuerzas nos quieren hacer creer que fueron próceres de una patria cuyo gobierno pertenece a una banda.

Somos reos de una justicia corrupta, de una policía torturadora y de un ejército brutal que en lugar de defender la soberanía nacional, como es su misión, se dedican a violar los derechos humanos de pacíficos ciudadanos a quienes confunden con jabalíes como lo hizo aquel ranchero tejano con un inmigrante mexicano al que mató en sus terrenos.

Violencia y más violencia, amenazas de terroristas, aumentos de precios, guerras comerciales, guerras sucias, guerras con armas, guerras frías y toda clase de luchas fratricidas. Drogadicción, narcos, mini narcos, tienditas, cárteles que del golfo, que de Tijuana, que de Vallarta. Que los Leiva, que los Arellano, que el señor de los cielos.

Que ya nos amolamos a los gringos en el futbol, que la vieja esta celosa, que los babosos chiquillos están llorando, que debemos la renta, que ya se descompuso la méndiga televisión, que ya nos corrieron del trabajo, que andan diciendo que somos gays, que ya nos mentaron la madre. Y para acabarla de amolar, que nos vamos a ir al infierno cuando nos palmemos.

¡Ya basta! ¡Ya párenle, por favor!

Vive tu vida, vívela a todo tren, a cien por hora, vívela no a toda, ni a todísima, sino a todisísma madre. Vívela hoy, en este momento y no al rato ni mañana. Aleja de tu ánimo toda preocupación, las cosas que puedas solucionar hazlo y las que no, mándalas por un tubo. Lanza tus penas al viento como dice la canción.

Vive con intensidad, vive como tú eres y no como otros quieren que vivas. Se tú. Y si te tomas una cerveza, pues, tómate un cartón, hasta el tope. Goza la vida, disfruta a tu familia, a tus amigos. Cuando reces reza con pasión, ayuda a tu prójimo, no odies a nadie, no guardes rencor y sobre todo, trabaja, trabaja con ahínco. Pero todo, todo, hazlo hoy, en este momento.

Aléjate de los que te quieren esclavizar con sus ideas, con sus partidos, con sus amenazas, con sus gritos, con sus historias oficiales, con sus democracias, con sus modas, con sus habladas, con sus brutalidades, con sus mentiras. Obedece las leyes y la moral, pero, vive, por favor vive, a tu manera. Que te valga. Porque lo que importa es el instante.

Si vas al templo hazlo con alegría y devoción. Si vas a una cantina diviértete como loco con tus cuates. No tengas miedo, el miedo frena a tu alma, la inmoviliza. Tu vida es única, es de poca madre. Y si mañana vas a morir, pues muere y ya; con la esperanza de un mundo mejor que éste que ya no aguantas.

Pórtate a toda madre, sé a toda madre y te la pasarás a todisísima madre.

ABORDA EL TREN DE LAS DOCE

Ebrio y cansado por la depresión, mutilado de amor, de odio y sin más que la indiferencia. Ocupado en la sucia barraca, bebiendo cerveza al tiempo, con la barriga al viento y el pelo mugroso con mucha caspa. Oliendo a colonia barata revuelta con sudor acitronado. Mirada sonriente.

Pasos lentos en una azotea con tinacos de cemento, grifos abiertos, gritos de mujer hastiada por la vida de perros que le das. Hijos con las manos vacías, con las panzas de lavadero y tus narices llenas de cocaína. Botellas de sucio alcohol abandonadas en el dintel, producto de tus ilusiones. Boca apretada.

Autos veloces pasan por la avenida, deseos de suicidio bajo sus calientes llantas; lloras a tu padre muerto y maldices a tu madre por haberlo matado, no te perdonas tu primer hurto, tu primera falta a la moral. Suspiros y más suspiros entre baratos tragos y crack. La azotea esta inclinada y crees caer. Movimientos torpes.

Arrastras la cobija de tu desesperación en una vida reventada, en una vida de callejón, de basureros y de mataderos. Homicidios y sangre, policías corriendo y perros mordiendo tus flacas piernas, ya no puedes más y caes bajo las frías húmedas fauces de los canes, apretadas esposas y dolorosos macanazos. Alma herida.

Amigos, esposa, hijos y parientes que ya no lo son. Sentado en tu cama mal oliente, leyendo los avisos de ocasión sin esperar empleo, encendiendo la licuadora y el microondas, abriendo el refrigerador, abriendo la puerta y abriendo las heridas de tu corazón. De rodillas.

Pecados y delitos que ya no puedes contar, gritos en la oscuridad de la media noche, faros lejanos que advierten conductores alcoholizados, mujeres sin cuerpo que deambulan por las callejuelas, borrachos que vomitan son expulsados del bar, malandrines que asaltan en un rito sin porvenir, muchas cárceles a punto de estallar. Hombros caídos.

La vida es extraña, caótica, sin saber adónde, sólo sobrevivir, sólo arrastrar una rutina escalofriante que se bambolea entre el día y la noche, sin novedad, sin cambio, sin esperar, sólo vivir, vivir. Negocios sin honor, riquezas sin trabajo. Matar al adversario es lo único que puedes hacer. Pose fetal.

El robo es distribuir la riqueza equitativamente, el asesinato es contribuir al control demográfico y al aumento del bienestar, la prostitución reduce las violaciones, las drogas y el alcohol son instrumentos de salud mental, las lesiones son justas venganzas a tu código moral quebrantado.

El mundo, el orbe entero no puede vivir sin drogas y sin alcohol, sin juego, sin prostitución, sin crímenes, sin mentiras, sin fraudes; imagina un día, sí un día, a Los Ángeles sin drogas. Tú sabes que la policía lo sabe y lo sabe toda la gente que no podemos existir sin pecado y sin delito. Brazos cruzados.

Tú sabes que todos, absolutamente todos somos pecadores y delincuentes; no puedes negarlo y no puedes aceptar lo contrario. Nos comemos unos a otros, nos dañamos unos contra otros. Dios fue inventado por la coca cola, santa Claus por los cigarros Philip Morris y Da Vinci por Jack Daniels. Dormido.

Cuentas cada una de las frases del libro sin que puedas leerlo, cuando mucho vas en el índice y de ahí no pasarás. La cultura no existe y te imaginas que es un montón de porquería, como los orines que tiras en la alcantarilla y el excremento que arrojas en la acera. Pujidos.

Fuiste a ver la película de Gandhi y no te dejaron entrar a la sala del cine porque tienes las uñas mugrientas y hueles a estiércol humano; no te diste cuenta de lo que dicen los griegos: mente sana en cuerpo sano. Pero tu cuerpo es fiel reflejo de tu mente. Péinate y ve a ver la matinée; Tribilín está de moda. Acostado en la banqueta.

Es hora de morir, llegó el momento de no respirar el humo del cannabis, el polvo y los pedos de tus compañeros de celda. Cierra tus ojos y piensa que te la pasaste a todo dar, que tu vida fue de ensueño, que vas a ir al cielo porque te lo prometió el predicador de la esquina y la vieja que recoge la basura. Náusea de Sartre.

Piensa que la vida es lo mejor que te pudo pasar, al menos morirás sonriendo. Piensa que la muerte es una enfermedad mental que se cura muriendo, muriendo cada día, cada mes y cada año. Escucha el silbatazo en la niebla pegajosa, lo oyes? Es un sonido metálico, duro y gélido. Es tu oportunidad de salir del gueto, no temas, sólo dolerá un poco y ya. Final podrido.

Aborda el tren de las doce.

ÁBRETE BATO.

Cirus se esforzaba por controlar su pesada motocicleta en la mojada avenida; la tarde había sido en extremo lluviosa y apenas poseía tiempo para encogotarse un buen buche de vodka. Lo que más le molestaba era tomárselo puro. La encargada del súper le alegó que no le habían surtido jugo de uva.

Era un viejo experimentado, sus largos días los pasó sórdidamente; entre las escorias de la prisión, en los fríos parques públicos o en el quicio de los bares que tocaban música big band. Cuando el vodka corría por sus venas apenas se estremecía, farfullando una antigua balada, mientras estiraba sus sucias manos pidiendo unas monedas para pagarle a Jim, el barman, el siguiente trago. Hacía tiempo que no fumaba marihuana, por problemas pulmonares.

La despintada ambulancia entró chillando a la sala de urgencias que se encontraba atestada de vagos fingiendo mortales enfermedades para conseguir un poco de efedrina o al menos una muñeca de cloroformo. Los médicos se enriquecían con el comercio de aquellas sustancias infernales. La luz era escasa y abundaban las cucarachas en la desvencijada galera habilitada como sanatorio.

En realidad Cirus no merecía que le amputaran su pierna derecha, pero el indolente cirujano le aserró su miembro sin mayor emoción que engullirse un hot dog. La llanta del Mercedes le corrió por el fémur para luego volver a tocar pavimento y emprender la huida el desconocido tripulante. El patrullero garrapateó unos extraños signos en su libreta; apenas musitó unas maldiciones para luego regresar al Mc Donalds donde cenaba.

La estancia fue penosa y tal vez peor si su fiel amiga no le hubiese llevado, a casi diario, una escasa ración de alcohol que ingería con verdadera ansiedad y satisfacción. Dios es grande y Jim debe extrañarme, pensaba. Nadie sabe que más pensaba el viejo cojo en las oscuras noches de llantos y ulular de sirenas. Su cerebro se hundía en vaporosas ensoñaciones.

Sintió deseos de entrar a la histórica capilla del barrio y rezar un padre nuestro. Hacía muchos, muchos años que no lo hacía. Con su muleta empujó el portón e ingresó a la nave. Se hincó y lloró. Sólo Dios sabe la clase de plegaria que brotó del corazón de aquella ruinosa humanidad.

En la puerta del bar apretó fuertemente la mano de aquel que le ofreció dos monedas no sin antes mostrarle sus amarillos dientes en una sincera sonrisa. Encontró, como siempre, a Jim detrás de la barra; ¡qué carajos si lo abrazo!, ¿a quién le importa? Se le abalanzó y lo estrechó un momento mientras el otro contorsionaba su cuerpo en un dejo de asombro.

Siempre quiso ceñir con sus brazos al joven Jim, era un buen mozo que nunca le escatimaba los tragos cuando sus bolsillos harapientos se vaciaban. Luego lo cargaba hasta el callejón donde pernoctaba cuando por el exceso de alcohol ya no podía ni levantarse. Además le ponía esa música que tanto, tanto, le gustaba, que tantos recuerdos le transportaba.

Sus hijos, quizás ahora sus nietos, su mujer; eran encantadoras evocaciones que ya nunca se harían realidad, pero al menos en su intoxicado cerebro aún permanecían. Seres queridos que no estaban a su lado. Aparecieron lágrimas en su arrugado rostro consumido por el tiempo, el licor y la vida.

No se le conocía a ningún amigo, ni sujeto alguno que lo buscase. Siempre solo, sentado en el vomitado marco de la entrada del apestoso pub. Su única amiga, Eva, entregó su marchitada alma en el pasado verano más o menos el mismo día aquel en que hubo un homicidio en riña callejera y dejaron tuerto al negro que tocaba el saxofón, porque tuvo la imprudencia de acercarse a la lluvia de botellas y balas que se prodigaban ambos bandos de rijosos.

El viejo borracho estaba transformado. Su cuerpo era el mismo, mísero y derrotado, pero su alma y su corazón estaban abiertos. Abiertos hacia la comprensión, el afecto y la tolerancia a los demás. Eran sus únicos bienes y los gozaba como lo hacía al sorber intensamente el barato vodka que le dispensaba el barman.

Un grupo de parroquianos se arremolinó en la morgue y Jim se adelantó de entre ellos. Sí, es él, es el viejo Cirus, lo reconozco. Le dijo al detective y al forense que masticaba un chicle. Cerraron la pesada gaveta y de prisa se retiraron. El lugar estaba helado y olía mal.

Allá, en el arroyo, se escuchaba una pelea entre prostitutas y de ebrios pelafustanes. Se percibía mucho olor a hierba y a sangre.

Las coplas de las big bands seguían entonando a los bacantes quienes frenéticamente solicitaban amor y alcohol.

El quicio del bar ahora se encontraba desolado. En la marquesina del frente y con luces de neón se anunciaba: BAR CIRUS. Jim, ahora su propietario, le rindió homenaje póstumo al atormentado viejo alcohólico, imponiéndole su nombre. El nombre de un hombre, de un hombre que desde su inmundicia tuvo la virtud y el valor de abrir su alma a los demás para destilar comprensión y ternura

Parado en el quicio sintió la temblorosa presencia de Cirus y, ligeramente se percató que alguien le dió un empellón y le escupió unas palabras groseramente diciéndole: ¡ÁBRETE BATO!

Jim volteó hacia el transeúnte y murmuró: si, ábrete, ábrete. Sonrió y se retiró del bar porque sintió el deseo de ir simplemente por ahí, si por ahí, sin rumbo, por el placer de hacerlo, por esas calles de Dios, por esos quicios de bar. Recorrer, libre y alegremente, la noche, la vida, los bares y los peligros. Ligero como la lluvia que azotaba, su feliz figura se perdió en la bruma de la existencia.

Hoy Cirus invita.

ADORABLE FORTUNA

Es inútil definir a aquello que todos los hombres y mujeres persiguen, es ocioso reflexionar científicamente sobre aquello que brilla más que el sol de mediodía y que ocupa el primer pensamiento de la mañana, a esa, ante la cual crujen las rodillas en profunda reverencia, a la que preferimos en vez del cielo y que por ella estamos dispuestos a ir al infierno.

Por ella se quebranta la Ley de Moisés y a las diez millones de leyes, o más, que en el mundo podría haber; objeto de pecado, de delito, de sueño, de obsesión y de todo aquello que sujeta con fuerza insólita alma y cuerpo. Motivo de placer, de gloria y de excelsitud humanas, perfecto y sublime disfraz de la ignorancia, perversión y sordidez. Regalo de satanás.

Por ella se rompen votos, cadenas y corazones; esparce traición, puñal y sangre por doquier, todas las cervices se inclinan, todas las mentes se esclavizan y las verdades callan dando paso a las mentiras, el mundo, todo, le rinde adoración absoluta y suprema adhesión. Se cree en ella, se asesina por ella, se condena por ella y hasta la humillación más atroz es menos que la recompensa.

Cuando pasa todos son silentes, como en una tarde taciturna, atentos a la escucha de su glamorosa veleidad, de sus divinos consejos; las manos se trasiegan con frío sudor en un vértigo de ansia para siempre asirla. Pero es inconstante, intranquila, impredecible, fugaz e infiel pues con nadie permanece perenemente, tiene muchos pretendientes pero escasísimos amantes.

Toda una vida con sus largos años, siempre al acecho, con profundas arrugas el rostro febril palidece cuando, frágil y apenas visible, franquea la desvencijada y humana figura dejando una rastro de dolor y amargura; en Dios se pierde la fe y luego sobreviene el sin motivo de la existencia y, más tarde, el suicidio. Si Jesús, Dios, viniese de nuevo al planeta ni siquiera su presencia advertiríamos, tal es la avidez por obtenerla. Ni el monje en su celda, el filósofo en su estudio, el científico en su laboratorio o el artista en su taller seguirían principio alguna sino fuese aquel que ella les diese.

Para ese que tiene el rarísimo hado de poseerla, disfruta de la banalidad, de lo vulgar y de lo cotidiano como si fuesen esplendorosas joyas adornando a un maravilloso cuerpo, con la alegría intensa de saberse feliz en un mundo extraño y solitario únicamente habitado por él, donde todo el universo a su disposición estaría. Paz, placer, exultación, poder, belleza, sabiduría, fama y riqueza; nada se le compara a ella, porque ella es eso y más que eso.

Porque si la tierra y sus cosas pasan, ella a su dueño sigue hasta el mismo Cielo, pues es pasaporte para tan espléndido y admirable estado, el culmen de una pletórica vida de bienes y absolutas satisfacciones, vida muelle y de héroes, cuna de oro y destino de diamante, todo a la vez que desemboca y descansa en las mismas alas de los serafines. Bienaventurado aquí y perfecto allá.

Ellos son los amigos, los camaradas de Dios. A esos, gloria y honor desde aquí y para siempre allá. Son los escogidos, los predilectos, los afortunados, los depositarios de todos los tesoros, los que bebieron y comieron apetitosas viandas en vajillas de oro en jaspe, repararon sus fuerzas en aposentos de cedro, complaciéronse en bellísimas umbrías, abrevaron de los más elevados conocimientos con entendimiento de arcángel bajo ensueños de estupendas sinfonías.

Cuánto hay que aprender, qué cosas tan grandes y ocultas tendremos que entender, cuánto tiempo y espacio habrá para saber todas ellas, esas cosas que pasan y, que como aves, no es posible asir. Será necesario morir para conocer? Cuánta extrañeza y perplejidad en un cosmos donde todo es ajeno y raro, pero simplemente hermoso.

Toma tu pecado y tu virtud, arroja una moneda al pozo de los deseos, aprieta los ojos y en silencio, en lo más subterráneo de tu mente y de tu corazón, di:

¡Oh, adorable fortuna!

AGARRANDO LA JARRA.

Por adicción debe entenderse, el uso de algo o de alguien como sustituto de una relación veraz consigo mismo, con otros, con el mundo circundante y, para el creyente, con Dios. En otras palabras; me relaciono conmigo mismo o con otros, pero a través de cosas o personas.

Por ejemplo: sólo por medio de las drogas o el alcohol entablo una conversación ya sea conmigo mismo o con otros. Si no hago uso de esas sustancias entonces no podré comunicarme verdaderamente, necesito de ellas para relacionarme.

Pero, porqué sobrevienen las adicciones? La causa principal es el dolor que la persona siente cuando ha visto frustrados sus deseos. Generalmente esos deseos son el éxito social en todas sus variantes: riqueza, poder, placer.

El dolor se traduce en angustia y en depresión que el individuo, como respuesta natural, necesita aliviar. Entonces, la solución al dolor no proviene del individuo mismo, usando medios alternativos, sino de patrones impuestos por la misma sociedad.

Es así que, por ejemplo, cuando sentimos una decepción amorosa simplemente nos vamos a una cantina a tupirle duro y macizo al trago.

Vociferar con los amigos, organizar pleitos, mentar la madre y cantar. Ese es el formato que nos ha diseñado la colectividad para serenar ese dolor.

Mientras les estemos enseñando a nuestros niños y jóvenes que la base de la felicidad se encuentra exclusivamente en la posesión de bienes que dan triunfo social, estaremos convirtiéndolos en seres adictos. De verdad, somos una sociedad adictiva que día con día generamos más personas adictas.

Pero lo curioso es que las adicciones no se expresan solamente con substancias ya bien conocidas como el alcohol, el sexo, las drogas, al trabajo o a complacer a otras personas, sino que también son actos adictivos la oración, la meditación, la ayuda a los demás; siempre y cuando sean motivo para tranquilizar el sufrimiento.

Por eso, aunque parezca extraño, Dios aparece como un medio adictivo para aquellos que buscan evadir la auténtica solución a sus males. Lo usan de paño de lágrimas.

Ya no se ve el problema de Dios, sino a Dios como problema.

La verdadera salida radica en cambiar nuestra forma de considerar las causas de nuestro bienestar personal, al no buscarlas en el premio social, sino en la práctica de los valores más altos como lo son los éticos y los religiosos, conforme a la religión que profese cada quien.

Pero si ya hay dolor, tenemos que enfrentar a nuestros demonios y no echarnos la cobija para no verlos. Pero si no hacemos es porque tenemos miedo. Somos cobardes y acomodaticios. Nos refugiamos en las adicciones por miedosos, por irresponsables y por no tomar las riendas con voluntad y decisión.

No es correcto, tampoco, echarle toda la culpa de nuestros vicios únicamente a la sociedad. Depende mucho de nosotros para corregir nuestra forma de vida pendenciera y valemadrista.

Soy borracho porque me dejó mi mujer, porque Dios me abandonó, porque así nací, porque mis cuates me sonsacan, porque ese era mi destino, porque tengo un hijo en la penal. Puras tonterías de mexicano haragán.

Muchos afirman que actualmente vivimos en la generación de conocimiento. De lo contrario; es la generación del dolor y de la cobardía. Nunca antes había habido tanto sufrir y tantos zacatones.

Jack Kerouacs y Allan Ginsberg, insignes poetas de la *generación beat*, nos describen el maravilloso mundo del dolor y las adicciones que iniciaba en los 50s y 60s y, que ahora no es más que un cadavérico reflejo de este mundo presente. La diferencia es que estos talentosos supieron sublimar sus desenfrenos a través del arte.

Pero tampoco hay que ponernos tan estrictos porque también tiene uno que divertirse y para ello se descubrió el etílico. Para un cansado fin de semana no hay más que unos buenos buches de amarga bien helada y cantar a duo con el camarada.

De vez en cuando, es saludable ¡agarrar la jarra!

AGRAMON

El miedo es un sentimiento desagradable
provocado por la percepción de un peligro
real o supuesto, presente o futuro.
Real Academia Española de la Lengua.

Hoy no hablaremos precisamente de ese demonio cuyo nombre es Agramon y que es el que representa al miedo, sino de lo que ese ser espiritual simboliza para la psiqué.

El miedo y las fobias son de naturaleza estrictamente psicológica y que son mucho muy recurrentes en la población mundial, afectando a personas de cualesquier nivel. Sus consecuencias también inciden en el organismo biológico causando diversas enfermedades que pueden llegar a ser graves. En realidad es un problema de salud pública como lo son la drogadicción, el alcoholismo, las enfermedades contagiosas, etc.

Sería prolijo mencionar las causas de los miedos y además que no es objeto de nuestra atención, sino las formas en que se presentan esos temores extremos y algunas de sus nefastas e indeseables consecuencias. Todos tenemos la capacidad de temer y, desde luego, el estado del miedo. Pero ese sentimiento varía en cada uno de nosotros yendo de mayor o menor grado su intensidad.

La peculiaridad de los miedos del hombre actual es que su origen no se basa en un peligro real sino supuesto y, además, futuro. En efecto todas nuestras relaciones con los demás semejantes como con la naturaleza están impregnadas de altas dosis de miedos, lo cual nos impide desarrollarnos con plenitud en todos los aspectos de la vida.

Nuestra existencia esta constituida por aspectos biológicos, culturales, sociales, familiares y de recreo. Cualquier disminución en la calidad de alguno o algunos de ellos, da como resultado un desequilibrio en nuestras formas de ser que nos llevan a ámbitos nada deseables y que repercuten en todos los restantes. Así por ejemplo, si tenemos problemas familiares también tendremos dificultades sociales, culturales y demás.

A la sociedad actual se le puede llamar, con toda propiedad, como la sociedad del miedo. Nunca antes los hombres tuvieron tanto miedo a algo supuesto o futuro. Son temores inventados por nuestra mente cuyo límite es la imaginación. Sentimos miedo por todo y por todos, nos paraliza y daña no sólo al individuo que lo siente sino al cuerpo social convirtiéndose en un verdadero cáncer que a medida que avanza nos conduce a la muerte por inacción. Es algo peor que los efectos de una guerra, de una hambruna o de un siniestro natural. Detiene el desarrollo normal de todos esos aspectos que hemos mencionado pero a nivel social.

Quebranta la economía, la cultura, la salud, la familia y la moral. A ello debe agregarse, como un agravante, el hecho de que existen individuos u organizaciones sociales que se encargan de provocar un mayor miedo, aprovechándose de esa dolorosa situación del hombre moderno. El miedo es manejado, utilizado como un arma para obtener generalmente beneficios políticos y económicos por grupos gubernamentales, estructuras criminales u oligarquías financieras.

Tenemos miedo al vecino, al que nos grita y nos amenaza, a perder nuestra posición social, al que dirán, al que pensarán, al que querrán, al que harán, al que dejarán de hacer, a un desengaño amoroso, a una ruptura matrimonial, un fracaso profesional o de trabajo, a no ser como los demás o a ser como los demás. Miedo, miedo es lo que se escucha por todas partes. Ante todo temblamos, se nos quita el sueño y nos despertamos al medio de la noche con un extraño sudor frío, con arritmia cardiaca y resequedad en la boca.

Quizá todo se deba en que no tenemos en quien confiar. Porque necesitamos depositar nuestra confidencia en alguien que trascienda a los simples semejantes, a aquellos a quienes tememos. Son los agramones los verdaderos dueños de la mente y del cerebro, se han embutido hasta lo más profundo del alma para controlarla y llevarla a destinos que no queremos: a la muerte y a la insanidad.

No tengamos miedo, derribemos a Agramon de su pedestal fincado en nuestra individualidad fantasiosa y oscura, llena de pesadillas y malos presagios, augures de la mala suerte para lograr la armonía deseada: la felicidad.

Arrojemos lejos de nosotros a los talismanes, promesas y hermosas palabras de los demás. No prestemos oídos a aquellos que pretenden atemorizarnos, no los veamos, huyamos de esos insistentes y protervos pensamientos, porque son los agramones: los demonios del miedo. Pero también de los medios de comunicación que perturben el espíritu tales como noticias de nota roja, ataques verbales a los demás, imágenes, etc.

Cuando dejemos de temer a aquello que no es real ni actual estaremos consolidando la verdadera personalidad.

De ahora en adelante no más miedo, adiós a agramon.

Tengamos confianza.

AHÍ VIENEN ESOS PERROS, SÁLVESE QUIEN PUEDA.

Enfréntate a esos canes y dales de patadas en
el hocico para que dejen de aullar.

Sentado en la mecedora bajo el viejo árbol que sembraste en los años de
tu avinagrada juventud, meditas candorosamente sobre las acciones de
tu vida, esa vida que viviste como tú quisiste. Un pasado que no puedes
borrar. Con tu cara triste vas pasando al revés la película.

Primero viniste al mundo y éste te acogió o simplemente te recogió, según
haya sido tu fortuna o desgracia.

Luego empezaste a existir como un pequeño bebé. Envuelto en ropajes
de lana o empapelado con viejos periódicos, según haya sido tu fortuna o
desgracia.

Luego empezaste a vivir, te fuiste haciendo poco a poco, lentamente, tu
cuerpo, tu alma se desarrollaron conforme a tus vivencias. Tu yo se fue
haciendo cada vez más grande. Te convertiste en hombre o te echaron a la
basura, según haya sido tu fortuna o desgracia.

Un buen día tus miembros cesaron sus efectos biológicos y moriste. Te
acogió un buen cementerio o te recogió un estercolero, según haya sido tu
fortuna o desgracia.

Ese fue tu final. Con razón se observa en ti un ligero temblor en los párpados y un rictus de disgusto en la comisura de tus labios. Por eso te meces debajo de la sombra del árbol.

Sin embargo hay otra visión y otra interpretación de tu venida a este mundo extraño.

Desde que naciste fuiste acogido, no recogido, por el mundo quien, te dio todos los medios para que te desarrollaras a través de tu vida muy particular. Muchos medios los aprovechaste y otros no, pero te hiciste un pasado que ahora es presente.

Al término de todo fuiste acogido, no recogido, por aquella tierra de la cual estabas formado y luego trascendiste. Nacer, crecer y trascender son las etapas de todo hombre. El nacer es existir, el crecer es vivir y el trascender es morir. Ello no lo puedes modificar porque es ley universal y las leyes no se pueden infringir, tu conducta es la que se altera pero la ley permanece inmutable.

El hombre tiene dos salvaciones: se salva de la animalidad, de la naturaleza, a través de la cultura, todo lo que te ha dado el mundo; se salva del mundo a través de la santidad, todo lo que te proporcionan los valores. La santidad no es otra cosa que el ejercicio de los valores.

Hay humanos que ni siquiera se han salvado de la naturaleza y son como los perros que husmean en los basureros. Otros que no se han salvado de la cultura y son como los perros de dos patas que todavía olfatean en las obras humanas.

Y, finalmente, aquellos que se han salvado de la cultura y han trascendido por los valores. Han muerto para la natura y la cultura. Naturaleza y mundo han sido superados, y has ingresado a la santidad; al pleno ejercicio de las virtudes.

Aprovéchate de todo lo bueno que la naturaleza y la cultura te dan, hecho lo anterior abandona a ambos, porque si no lo hiciste permanecerás unido y serás para ellos; no te dejarán volar, chamuscarán tus alas. Serás siempre un Dédalo.

La naturaleza y el mundo son perros que te vienen mordiendo los talones, te vienen ladrando fuertes, enseñándote sus afilados colmillos, te espantan, te acobardan, te acorralan y no dejan que trasciendas. Son los demonios que no te permiten la entrada al cielo.

Enfréntate a esos canes y dales de patadas en el hocico para que dejen de aullar y, si es posible suministra ponzoña en sus vísceras para que mueran de una vez, para que te dejen trascender hacia la santidad.

La santidad es para siempre, más allá de tu vida biológica. Es tu fin último. Allende no hay perros.

Por eso, abandona al viejo árbol que representa a la naturaleza y a esa vieja mecedora que simboliza a la cultura. Pon pies en polvorosa y terreno de por medio porque:

¡Ahí vienen esos perros, sálvese quien pueda!

AHI VIENE EL ÑACO

Apenas nos acostamos en la cama mullida y acogedora, nuestra cabeza hundiendo la blanca y blanda almohada, mientras apagamos el último rastro de luz y cerramos los ojos en un rictus de somnolencia letárgica; nos asaltan los primeros temores, las preocupaciones del día y del mañana.

Y es que no logramos conciliar el sueño pues los escalofríos estremecen al cuerpo, laceran el alma, como el frío sudor, como la respiración entrecortada, como la desesperación agonizante y el darle cien vueltas a la cama. Los terrores nocturnos; las execrables criaturas de la noche. Los ñacos.

Esos pensamientos que se sujetan firmemente y se clavan en la mente, vuelan, revolotean, juegan, se burlan de nosotros, haciéndonos presa de un temblor agobiante, solitario y depresivo. Seres perversos de cuya presencia, difícil es escapar.

Demonios mudos, sordos y ocultos que habitan de noche en el umbral de la conciencia; gritan, se agitan y se alimentan de nuestro miedo, hambrientos y feroces devoradores de horrores, zozobras y desesperanzas, bebedores de llanto y oidores de suspiros y lamentos.

Nuestras malas acciones ejecutadas a plena luz de día, los miedos sicológicos, los daños morales y psíquicos que nos infligen, omisiones y negligencias, traumas y complejos, frustraciones y ansiedades, vicios y pasiones desordenadas, las inquietudes por el porvenir incierto, ausencia del sentido por la vida.

Todo, todo forma la merienda de los insaciables seres de la noche, sazonada con la turbación, el pavor y la extenuante vigilia del insomnio. A la mañana siguiente nuestros cansados miembros se arrastran por calles y banquetas, fatigados por los demonios, dominados por las lóbregas entidades. Al día siguiente igual. Sin remedio.

Alcohol y drogas son alivio momentáneo pues su química atrofia la percepción de la conciencia, convirtiéndose en inconsciencia. En la abstinencia se potencia la presencia de los malvados y, como si se quisieran vengar nos llevan al clímax, a los límites del aguante que al suicidio nos conduce.

Somos esclavos de tales quimeras, utopías que engordan, hasta reventar, por las lavazas de nuestros delitos, pecados e inmoralidades. Ninguna cama, substancia o creencia nos podrá liberar de esos entes de tan extrema depravación y crueldad, pues nosotros mismos les damos el alimento que hace posible su infernal gozo de hacernos sufrir hasta lo increíble.

Ningún confesionario, diván siquiátrico o filosófico, ningún poder o riqueza, conocimiento o religión, fe o ideología podrá arrancarnos de las garras de tales influencias nocturnas; si no prescindimos de la vida inútil que llevamos. La vida se va formando poco a poco como un edificio, porque la vida no está hecha, ni nos la hacen, sino que nosotros la hacemos.

La hacemos con las cosas pero, principalmente, con nuestro proceder, con las acciones u omisiones que se van presentando día con día, hora tras hora, minuto a minuto. Es el hacer o no hacer, los primordiales ingredientes, con que se forja la vida, con la que se urbaniza el futuro de lo que vamos a ser.

Ahuyenta a tus demonios con una vida óptima, de cantidad y calidad, pletórica de salud, de suave conciencia, de voluntad para el bien y de un entendimiento orientado a la verdad. Abandona tus viejos hábitos y desmadres, sacúdete las tonterías y necedades.

Vive, vive a todo tren, a todo pulmón. Tus noches serán, entonces, apacibles como el sueño de un perfumado bebé, bonancibles como una rica pradera, amables, sin fatiga, sin sudor ni temblores. Serán apetecibles y recuperadoras de fuerzas, limpias y blancas como tus sábanas y almohadas.

Pero, más que todo, los espíritus noctámbulos dejarán, para siempre, de posarse en los atrios de tu alma, para jamás volver, para dejarte ver la luz de la noche, luz mil veces más potente que la del día; porque en la oscuridad hay luminiscencia, la fosforescencia de un alma clean.

No more cocaína, mota o metanfetamina, crack o éxtasis: no more narcos. No más coñac, ron, tequila o whisky: no más cantinas ni ley anti borrachos; no más problems. No más porno: no más hijos indeseados. No más pereza: más fortuna.

Y no te hagas como la perrada a la que, cuando le dicen que ai viene el ñaco, se bajan los calzones para ir al wc.

Cena tus veinte tacos de cabeza con mucha cebolla con una fanta bien helada y, sweet dreams.

Go home ñacos.

AL SUR DEL NORTE.

En verdad que uno se sorprende, hoy en día, por el hecho de que, no sólo la gente en general sino hasta aquellos que poseen conocimientos más avanzados, preste oídos a teorías tan viejas como la prostitución y el caldo. Teorías a las que reverencian como si fueran acabadas de salir del horno.

Y es que no falta algún intelectual que pasándose de listo, desempolve en los viejos libros de su biblioteca, algunas de esas ideas que a pesar de haber sido debatidas en su tiempo y luego desechadas por incongruentes, vuelven a resurgir como nuevos faros ideológicos.

Este tipo de pensadores no tienen nada que decir porque no generan conocimiento sino que no pasa de recopiladores o de simples loros. Su mediocridad se les hace desesperante y para salir del anonimato se fusilan ancestrales hipótesis, escogiendo, a veces, las más raras y sacadas de los pelos para luego adjudicárselas.

Una de esas ideas que ha campeado en nuestros días y que esta muy de moda es el llamado Relativismo. Y aunque nadie sepa qué es o con qué se come, es materia de discusión fiera en los cafés y las cantinas. Y, es que no esta mal para aquel ignorante con cultura de Selecciones, que acorralado por sus propias mentiras y sandeces opta por decir que es "su verdad", en vez de aceptar que es un farsante y un babieco.

Aunque nadie se imagine de qué se trata eso de que cada quien tiene su verdad, es sano explicar que es una de tantas respuestas que plantea la Teoría del Conocimiento en cuanto a su posibilidad. De ahí emerge toda la confusión, porque a partir de esa exposición, el relativismo ha salido de su estrecho límite para invadir toda comprensión de la realidad.

El relativismo afirma que no existe una verdad absoluta porque cada quien tiene su verdad. Cada hombre y cada tiempo posee su verdad. Para dicha hipótesis, porque ni tan siquiera llega a teoría, hay tantas verdades como personas y épocas haya.

Esto ya fue rebatido por ser contradictorio. En efecto, los relativistas se contradicen al decir que no hay una verdad absoluta, por un lado, y por otro al sostener que lo ellos dicen es verdad y que debemos de creerla. El expresar que no hay una verdad, constituye una verdad. De ahí su propia refutación.

Por otro lado, pertenece a la naturaleza de la verdad el ser absoluta porque la verdad no puede ser para unos y para otros no, o se acepta o se niega. La tecnología, la ciencia y la filosofía no podrían haberse desarrollado de no existir la verdad. Toda nuestra vida se encuentra rodeada de cientos de miles de objetos que nos permiten vivir mejor, medicinas, muebles, etc. que de no haber sido por la verdad no hubiesen existido.

Todo gira alrededor de la verdad y conforme a ella pues de ahí deviene todo el progreso. Porque si para mí el dos fuera el uno y para el vecino al revés, sería un verdadero desmadre. Si para aquél la banqueta fuera la fachada y para el otro fuese la azotea, de verdad que estaríamos en la vil calle.

No hay el Dios de Mahoma, ni el Dios de Yahvé, ni el Dios de mi abuelita; hay un solo Dios que, nos guste o no, somos sus criaturas. Dios tiene muchos nombres y a la vez ninguno, porque nombrarlo sería limitarlo con nuestros conceptos de espejismo.

Hay que dejarnos de bufonadas, por no decir otra cosa, y ponernos a estudiar para no caer el las trampas de los vivales de la filosofía, de los mercenarios del conocimiento, que tan sólo tratan vernos la cara, burlarse de nosotros y de paso ganarse unos centavos con sus libros mafufos y de ideas baratas.

Tenemos un cerebro que lo utilizamos como wc, para aventarle ya saben qué, pero eso sí con los cinco sentidos como de cucaracha que lo mismo nos da comernos una Biblia que un pedazo de callo de un infeliz labriego.

La sociedad nos exige no sólo que trabajemos, sino que aprendamos, que usemos todas nuestras potencias para ser provechosos para los demás, para que rindamos frutos, para evitar los errores. Un baboso no tiene cabida en ningún lugar; ni en el bote de la basura. Es peor el ignaro que el menesteroso.

La inopia se encuentra al Sur del Norte.

ALÉJATE DE TU VENTANA

Una ventana es un <u>vano</u> o <u>hueco</u> elevado sobre el suelo, que se abre en una <u>pared</u> con la finalidad de proporcionar luz y ventilación a la estancia correspondiente. Wikipedia

La ventana es un instrumento arquitectónico de uso muy antiguo que da luz y ventilación a nuestras edificaciones y, por consiguiente, a nosotros. Si pensamos en el hogar, entonces nos referimos a nuestro propio yo que es iluminado por la luz del exterior, el albor del mundo y todo lo que no es nuestro sino de los otros.

La luminiscencia que proviene del exterior es la cultura, es lo que el mundo ha hecho en nosotros, aquello que no somos y que pretende que seamos como el mundo, como todos; la acción despersonalizante que nos diluye en el Nirvana social, en la nada. El yo lucha contra esa fuerte atracción de ser- como los demás, de ser uno solo, de ser- parte de.

Sin embargo, también la ventana nos proporciona ventilación. El hogar y el yo se ensucian en un ambiente enrarecido por el constante y continuo respirar el mismo aire. Necesitamos desarrollarnos y para ello requerimos de los demás porque no podemos hacerlo por nuestras propias fuerzas, precisamos de la diversidad que los otros nos pueden dar.

Es a la sazón cuando debe entrar el viento de la cultura, para nutrirnos de lo que no podemos por cuenta propia producir, para limpiar las impurezas de las imperfecciones y así enriquecer nuestro yo con nuevas concepciones, con distintas actitudes.

Pero también la ventana tiene otra función: la de ver- a través de. Mediante la ventana tenemos una vista de lo que es el mundo exterior percibido como queremos verlo, no como es, puesto que la ventana sólo es un recorte de la realidad. La ventana es eso, un cuadro cualquiera que refleja una pequeña imagen del entorno total.

Por eso, la ventana nos da la vista de lo que deseamos ver, pero no de lo que es. Así, al abrirla podemos observar un pulcro y bello paisaje de las cosas que se encuentran exactamente en el marco de la ventana. Pero fuera de ese margen no podemos ver lo demás. No podemos mirar lo que hay arriba, abajo o a los lados de ese límite que nos impone la ventana.

Ignoramos el mundo dinámico que esta fuera de las escuetas esquinas del recuadro ventanal. Jamás podremos palpar las pulsaciones de la vida que se hace en millones de formas, allende nuestras ventanas. En lo absoluto podremos mirar otras estrellas, disfrutar de otras luces, sentir los huracanes, ser abatidos por otras pasiones, consumidos por diferentes vicios.

Nos convertimos en los esclavos de nuestras ventanas, somos lo que ellas nos dan, la vida que por ellas pasa, el universo en miniatura pintado; amores, amigos, familia, ideas, religión y todo lo que más queremos, nos lo da gustosamente la ventana de nuestro hogar.

Horriblemente nos forjamos un cerebro y una mente enanos, sólidamente aferrados a viejos y obsoletos valores, desgastados por los mismos vicios, comiendo lo mismo de ayer y de mañana, amachados a un Dios viejo, al Dios que nos muestra la ventana; dándole vuelta a la vuelta, las mismas mañas, las mismas canas, como si fuésemos un Dorian Grey.

Nada hay mejor que probar nuevas mieles y hieles, montarse en la inquieta serpiente de la vida, arrastrar nuevas cadenas y hablar con otras quimeras, deslizarse por diferentes pantanos y navegar en aquellos océanos; disfrutar de vientos huracanados, arrojarse a cruentas y gloriosas batallas, lucir aquilatados diamantes.

Borrar al Dios de la venganza y del Antiguo Testamento para abrazar al Dios del Amor y de la Vida del Nuevo Testamento.

No podemos seguir viendo la vida a través de nuestras ventanas, pero tampoco debemos de cerrarlas. Abrirlas para que entre luz y ventilación en la medida que lo necesitemos. Pero, siempre que podamos, hay que alejarnos de ellas, abrir nuestras puertas y salir a la calle.

Fuera, en la calle, todo es diferente ya que ahí nos encontramos con la realidad que no nos gusta ver pero que es. Nos topamos con aquello que estaba abajo, arriba y a los lados de nuestras ventanas, y que no es como deseábamos que fuera. Por fin veremos lo que nunca nos imaginamos ver.

Aléjate de la ventana pero a condición de salir de tu casa, porque apartarse de la ventana y permanecer en tu habitación, es reducir aún más la imagen del universo; es empeorar tus circunstancias personales para llegar a la inanidad.

Apártate y sal, sal de tu casa, sé como tú eres y ve lo que realmente es; la realidad no se inventa, se descubre. En eso consiste el placer de ser: ser como se es y ver lo que es.

Libérate de tus prejuicios, de tus malditos miedos, de tus complejos, de las falsas creencias, de los viejos dioses, de los falsos profetas, de tus insanos deseos, de tu odio, celos, lujuria, mentiras, de los convencionalismos farisaicos y demás tonterías.

Por favor sé libre. Apártate de tu ventana, abre tu puerta y sal a la calle. Entonces gritarás de alegría y de júbilo como si hubieses estado muerto y luego, salido del sepulcro.

Las ventanas de tu alma quedaron atrás.

ALGODÓN DE AZÚCAR

"¡Bendito el rey que viene en nombre del Señor!
¡Paz en el cielo y gloria en las alturas!".

San Lucas: 19, 28-40

En los días lejanos de tu niñez había que ver cómo disfrutabas, de la mano de tu padre, las vividas imágenes de la feria de aquel polvoriento lugar que fue tu pueblo. El tiro al blanco, el aro de las botellas, la carpa de los monstruos, la casa del terror, la rueda de la fortuna, los caballitos del carrusel y un sinfín de juegos que atiborraban tu infinita imaginación de chaval.

A medida que crecías e ibas dejando los pantalones de pechera y te empezabas a juntar con aquellos mozalbetes que te invitaban a participar en pícaras aventuras, poco a poco dejabas la mano amiga de tu padre para inmiscuirte en otra realidad que no era otra cosa que el mundo y sus oropeles.

Ya mayor ingresaste a la universidad y de repente adoptaste un aire grave y reflexivo, y como si fueses a pronunciar magistral conferencia eran de tal modo tus poses. Citabas a famosos intelectuales y discutías polémicas teorías con tono tan airado que semejabas a Sócrates reprendiendo a la juventud. En ese entonces los consejos de tu padre eran menos que los de la vieja tamalera de la esquina: absurdos y caducos.

Ya una vez fuera de las aulas te metiste de lleno al mundo del empleo y fuiste asimilado por la gran máquina laboral. Te casaste y tuviste hijos. Ahora tus desvelos ya no eran las discusiones bizantinas con tus antiguos camaradas que al vapor de las cervezas se convertían en auténticas peleas. Ahora la desgraciada rutina, aguantar los gritos de los chiquillos, los alaridos de tu mujer, otrora bonita y bien educada, y pagar los gastos del hogar. Empezabas a ver, de reojo, la vieja fotografía de aquel que fue tu padre.

De repente te viste viejo y enfermo, cansado y triste. Te fuiste retirando del empleo con los pocos centavos que ganaste, como una esponja ahuecada y aguada paseabas en la pequeña vivienda de interés social en que ahora habitas. Tu mujer se convirtió en una autómata de la existencia y tú, por vez primera, atisbas lo que tu padre siempre te contó en aquella pueril historia de nacer, crecer y morir.

Esta vez observas a tu hijo haciendo lo mismo que hiciste tú y con lágrimas en los ojos a tu padre pides perdón, por aquel olvido, por aquella cerrazón de ojos y oídos, por aquel desprecio que sentiste por él y por haber abandonado a aquel viejo que te dio el ser y la mano en la feria de la infancia y en la feria del mundo.

Ya no te queda tiempo y en tu lecho de muerte ves al mundo tal y como es en su precaria existencia. Adviertes con purísima claridad la fugacidad de la vida y de la infinitud de los momentos que la componen, momentos que ni tan siquiera recuerdas, momentos de burbujas de jabón.

Por eso, al casi agonizar, te vienen al recuerdo los algodones de azúcar color de rosa que tanto te gustaban cuando acudías a la feria de las vanidades. Algodones como la vida misma, su sabor dulce de unos momentos y después un amargor. Dulce y amargo como la vida misma. Como aquel pasaje de Jesús cuando fue recibido como rey por el pueblo judío, para luego después asesinarle sin miramiento alguno. En ese famosísimo Domingo de Ramos.

La existencia oscila entre el Domingo de Ramos y la Crucifixión, entre las palmas de triunfo y los clavos de la cruz en un continuo transitar. Tránsito del cuerpo y del alma en un mar de circunstancias. Un surgir y un ir hacia. Un hacia ineludible porque la vida lleva implícito el hacia. El hacia es una característica de la presencia, de tu infinita e insubstituible presencia.

Jesús sabe con certeza la precariedad de la existencia humana, pero en medio de la fugacidad del transitar del hombre también se da una permanencia, una persistencia que se fundamenta en tus obras, pero también ello es efímero. Solamente Jesús pasa y permanece pues hasta las piedras gritarán se presencia

Hoy fidelidad y mañana traición, hoy estar y luego escapar. Por eso la vida es una feria que de la mano de tu padre debes pasar y porque la vida simplemente es eso, un simple y llano pasar pero obrando para permanecer. Tus obras son la señal de tu pasar y deben ser de tal modo que siempre tus hijos y los demás gratamente recordarán.

Disfruta, por última vez, del algodón de azúcar que sonriendo tu padre te obsequió en aquellos, ya lejanos, días de tu blanca infancia en aquel polvoriento pueblo que te vio nacer.

Ya redoblan las campanas del gótico templo parroquial y la mano de tu padre se extiende hacia ti, para guiarte hacia feria celestial, donde los algodones de azúcar son siempre dulces, nunca amargan, jamás se acaban y son de mil y un sabores y colores.

Yo prefiero los cacahuates con cáscara, con chile y sal. Y para la sed una coca bien helada.

CAPITULO II

ALIMENTO UNIVERSAL

De cabeza, sudados, al pastor, dorados, al carbón, de carnitas, de birria, de barbacoa, de tripa, paseados, al vapor, arrieros, árabes, de ojo, de nana, de asada, de sal y de un sinfín de tipos y de ingredientes son los famosísimos tacos que le ha dado nombradía mundial a México, convirtiéndose en la comida más versátil jamás antes conocida en toda la historia de la Humanidad.

Ni los gringos con su comida prestada y sus hamburguesas, ni los chinos, con la comida que comemos pero que ellos ni la conocen, ni los franceses con sus nombres rimbombantes han podido elaborar, como dijera profeco, el platillo más sabio que pueda contener cualquier comida de cualquier país. Sus variadísimos ingredientes se acomodan a los gustos de todo el mundo.

- **Los tacos sudados**
- **Los tacos ahogados**

- **Los tacos dorados.**
- **Los tacos placeros**
- Tacos de sal
- Tacos al carbón
- Tacos de cabeza
- Tacos de carnitas
- Tacos cochito
- Tacos pastor
- Tacos árabes
- Tacos de barbacoa
- Tacos de birria
- Tacos de cuerno
- Tacos de piel
- Tacos de hígado
- Tacos de nana
- Tacos de corazón
- Tacos de riñón
- Tacos de ojos (estos 7 tacos hechos de partes del cerdo)
- Tacos de pescado
- Tacos de adobada
- Tacos tipo Veracruz
- Tacos piratas
- Tacos campechanos
- Tacos de carne asada
- Tacos salbutes
- Tacos acorzados

AMARRÁLE UN MECATE AMARILLO AL VIEJO BURRO.

¡Antes la muerte que la mediocridad!

FEDERICO NIETZSCHE. Filósofo

Alemán.

Qué gratas compañías de aquellos buenos tiempos cuando paseábamos por la fría y ventosa ciudad de asfalto y azul gris, buscando los henchidos cafés para fumar con espiritual delicia un arrugado habanillo y relamerse una rica coca bien helada. Las conversaciones eran furiosas y cada quien guardaba su postura como en una cruzada de gran astucia y nada nos doblegaba; mientras tanto las baladas rimbaudianas de Jim Morrison corrían por nuestros inquietos y jóvenes cerebros como tinta en blanco papel. Las drogas: el café, la cocacola y la nicotina hacían su parte.

Los estudios, las lecturas desveladas, los grandes y anhelosos ideales, el ingreso a la Universidad, el conocimiento como único fin de aquellas lozanías, hoy ya un poco distantes, hicieron de nosotros, cultivadores de la razón, apegados a las teorías y atrevidos gustantes de la novedad científica. Noches y madrugadas sin dormir para tan sólo conversar sobre argumentos que opinábamos eran parte decisiva de nuestras vidas.

Pronto llegó el veranillo y nos acercamos al duro trabajo de nuestras profesiones. Enfrentados entre la teoría y la práctica cotidiana fue de verdad insolente para nuestras imberbes facciones. Lanzados a un orbe antagonista no tuvimos mayor oportunidad que actuar en consecuencia abandonando la inocencia de las eras rosadas; fuegos apagados y chispas de rock salpicados de poesía beat.

La hosquedad de las relaciones humanas marcó nuestras existencias. Acabó con los sueños engendrados en las neverías, con pantalón campana y melena larga; las recatadas rockolas se convirtieron en atronadores estereos. Dejamos a nuestras mesuradas y dulces novias por las esposas, los hijos y las obligaciones. Éramos hombres comprometidos con una etiqueta social. Bienhechores padres, misericordiosos hombres, trabajadores: gentes de apropiado.

Conseguíamos presumir, ante los demás, a nuestra linda familia, nos cortamos la cabellera, patrocinamos aires de sensatez, ponderación y enjundia que antaño nos hubieran hecho reir; cambiamos la cocacola y el café por la cerveza porque aquello era de mocerío sin futuro. Ahora ya teníamos uno y éste consistía en hacer peculio, ostentar muchos bienes, mandar sobre los demás, tener muchos genitales. Esa era el bienestar social o más bien, es.

Intercambiamos las neverías por los bares. La filosofía por la política, el fútbol y los negocios. Abandonamos las vetustas discusiones sobre libertad, vida, futuro, sueño porque eran inapropiadas para un adulto. Fue el fin de las rebeliones, de los desafíos al mundo, de los mega proyectos, de las nuevas religiones, de las estructuras sociales redentoras y del advenimiento de un hombre nuevo.

Nos abatieron, nos encadenaron y enclaustraron en partidos, en religiones sin Dios, clases sociales, ideales mutuos, buenos modales, moldes, imágenes, formas de ser, deleites culinarios y musicales, hasta quién se considera una mujer y un hombre hermosos y agradables. Pero no lograron matar a nuestras ilusiones, no pudieron robarnos de nuestros hombros las baudelerianas quimeras.

No podemos dejar de ser libres, de profesar un Dios único y verdadero, de hacer crítica, de no estar de acuerdo, de filosofar, de cantar nuestras antiguas canciones, de tomar coca cola relente y café bien caliente. No podemos dejar ir a nuestra poesía beat, de recitarla y de hacer con ella lo que nos venga en gana. No podemos dejar de pasear por la ciudad de vientos fríos, en busca de cafés y librerías, aún con el bolsillo hueco.

No podemos olvidar a nuestras lánguidas y etéreas novias, a Charles Baudelaire, Arthur Rimbaud, William Blake y a J. Hessen. Las largas cadenas no nos podrán detener. Ninguna institución tendrá el mérito de substituir ni tan siquiera el sorbete de limón que lamíamos en la tienda de la esquina cuando sin un céntimo tronábamos, con razón, contra el sistema capitalista.

No podemos dejar de tirar basura, de pasarnos el alto del semáforo, insultar en privado a la autoridad, lanzar un piropo, cotorrear con los camaradas, gastar bromas hasta rodar lágrimas de carcajeo. Porque sin casas, sin autos, sin esposas, sin hijos, sin dinero, sin poder, sin posición social, ni imagen alguna siempre seremos insubordinados, ilusos, filósofos y creyentes, hasta la aniquilación, en el advenimiento de una humanidad mejor. Pero, sobre todo, en el Dios de nuestros padres, en ese Dios que no es el Dios de la sociedad que nos amarró, nos esclavizó porque, por ese simple hecho, ella no puede tener tal Dios.

Somos puros e inocentes que amamos a Dios y a nuestros semejantes, pero también detestamos, con toda rabia, los mecates, con los que nos pretenden inmovilizar. Esos mecates cuyo color pajizo simboliza al hombre viejo y apoltronado.

Fuimos corceles que convertidos en mustios burros nos liaron con amarillos mecates pero por eso mismo, por ser mecates, los podemos fragmentar con facilidad. Y los despedazaremos para buscarnos en los comienzos, para abrevar del huracán y del desierto; del susurro del intenso bosque y de la agradable bruma. De la ventisca y del trópico, sin que nada nos contenga.

En el fondo de nuestro corazón yace el perturbador, el constructor de escaleras, el tejedor de tiendas, el encantador de serpientes, el tensor de filosofías y religiones.

AMIGOS

A los amigos tenemos que quererlos hasta el dolor porque sin ellos la vida sería absolutamente gris, triste como en un día nublado dizque tequilero. Con ellos, bien se dice, hay que compartir el pan y la sal, la salud y la fortuna, el hospital, la cárcel y la cantina. La amistad es el más puro símbolo de unión y de fortaleza.

¡Imagina, qué bien sabe un café o una copa de vino con tu mejor amigo! Esos momentos botaneros y coñaqueros son una delicia con la amena plática de tu mejor amigo. Luego los chismes, los mitotes y hasta las mentadas de madre saben de poca cuando estás con tus cuates, con tus verdaderos cuates.

Y qué decir de las carnes asadas que organizas de sábado en cuando por allá en tu cantón. El carbón, la carnita marinada, las cebollitas cambray, el chorizo para asar, la salsa mexicana y las tortillas bien calientitas. Desde luego la hielera rebalsando con pura mega, para las gargantas fuertes, y los cuartitos para aquellos que les gusta conservarlas heladas y tomárselas de un solo trago. No debe pasar desapercibido el tequilita para el desempanze y los tehuacanes y los alka para la cura.

La música de los palitos se convierte en obligatoria y el taconazo imprescindible con puras canciones del Piporro, o de las Jilguerillas para bailar de cachetito. De Chelo Silva para agarrar onda arrabalera y de Ray

Conniff para hacerle al elegante. Pero eso sí, los cuates no deben faltar y hay que atenderlos hasta morir. Ellos son los invitados de catego.

Cuando tienes una pena, un sentimiento muy hondo, algo que no puedes digerir; no hay como acudir con el cuate de confianza y desembucharlo todo hasta que se alivie tu dolor. Ellos son los mejores siquiatras. Y te recomiendo que jamás les pagues con traición porque al amigo hay que quererlo, respetarlo y serle fiel hasta la muerte. La patria y tu familia te lo agradecerán.

Mañana mismo, hazte una parrillada en el patio de tu casa e invita a todos tus camaradas, atiéndelos como si fueran damas y verás la impresión que se llevarán de ti: formidable. No hay quehacer alguno como el cultivar tus amistades. Algún día, de verás, algún día te lo pagarán con creces.

Recuerda que Dios, allá en el Cielo, también tiene a sus cuates aquí en la tierra y a Él, eso que ni que, jamás hay que fallarle.

ANHELO DE LIBERTAD

Tu wc debe estar tan blanco que puedas beber en él.

Cuando vayas al súper toma un carrito para disimular; abre, bebe y come todo lo que pensabas llevar. No importa, sólo pon en el carrito todos los vacíos envases de lo que hayas consumido para que en la caja únicamente pagues lo que pretendías inútilmente llevar.

Cuando desayunes, piensa que es tú último día sobre esta feliz tierra que te observó nacer, prepara un sándwich de crema de cacahuate con lechuga y mermelada de fresa; saboréalo intensamente y cierra tus ojos cuando te empines un trago de leche bien fría. La sensación es insuperable.

Construye tu baño exclusivamente para bañarte y nunca incluyas en él el wc. Disfruta del chorro fuerte de tu regadera, permanece en ella todo el tiempo que sea posible, al agua no sólo limpia la mugre corporal sino también la inmundicia mental. Mientras, bebe a pequeños sorbos, un buen Chianti al ritmo jovial de Vivaldi.

Tu recámara debe ser fastuosa, digna de un mercader envilecido por el oro y la codicia, rica como la bóveda de seguridad de un banco, tan lujosa como la de un sibarita. No escatimes nada. Tu dormir es igual de importante que el estado de vigilia. El sueño reparador no admite pensamiento negativo alguno; olvida tus penas y dolores. Pon tu cabeza en la blanca almohada de plumas de cisne y sueña, sueña interminablemente. Es deliciosamente adorable.

Vete de fiesta con tus amigos y disfruta del placer del buen beber y del mejor comer. Deja correr los virtuosos espíritus del excelente vino por tus impolutos labios. Que tu lengua chasquee los suculentos cortes del cordero bien especiado para que tu cerebro despida las deseadas chispas del placer. La música aterciopelada del chill o del lounge penetrará en tus oídos como suaves ondas de un lago y bailarás con la mejor pareja que sublime tus sentimientos. Decididamente, acariciante.

Tus amigos deberán ser como ángeles a tu servicio, evitarán cualquier cosa que te desagrade, cantarán tus obras como auténticas proezas y alabarán tus decisiones cual sabio fueres. Fieles de un templo donde el ídolo serás tú. La mirada de tus ojos, la sonrisa de tu boca, el gesto de tus movimientos, todo, absolutamente todo será motivo de exaltación y encumbramiento. Tu biografía tendrá que ser escrita en mármol con fondo de oro.

Tus estudios serán profundos y graves, de tal manera que tu conocimiento sea equiparable al angélico. Nada ni nadie deberá llamarte ignorante pues tu penetrante inteligencia estará en la cúspide de la élite intelectual. La biblioteca tendrá que ser abundante, cálida y señorial. Un halo de meditación envolverá tu estólido rostro, cual busto tallado en cantera y alabastro. La alfombra roja y azul se desplegará al paso de tus mullidas zapatillas mientras asciendes al altar y tomas el atril para pronunciar magistrales ponencias.

Debes traspasar el umbral de la humanidad para ser cada día más divino, propio de Dios, transparente y etéreo, silencioso y atronador, suave y frío como el hierro.

Procura con gran entusiasmo las riquezas, vuelve tus ojos a los goces del cuerpo y del espíritu, satisface tu anhelo de libertad haciendo cosas grandes, fuertes y valiosas. Deserta de la mediocridad y entrégate al esfuerzo supremo, a la tensión máxima de tus potencias y a una vida a todo tren. Estas llamado a ser santo, genio y millonario. En verdad.

Ejercita la nobleza en tus sentimientos y ama tan profundo que no haya mar alguno que lo iguale. Escoge cada semana a uno de tus enemigos más encarnizados, hazle comparecer en tu corazón y perdónale todo lo que te ha hecho. En realidad siempre fue tu mejor amigo pues fue el único que vio y dijo tus debilidades.

Aléjate de los que perturban tu mente y de aquellos puritanos de falsa moral, de los que murmuran a tus espaldas, de los traidores, de los que gustan de tirar la primera piedra, de los que ven la paja en el ojo ajeno y de los mentirosos. Haz una cripta y en ella encierra sus imágenes. Como inscripción de entrada, escribe: *aquí yace todo lo que yo fui.*

Ama la libertad, anhélala por sobre todas las cosas. Libertad de mente y de corazón serán tus monedas de curso legal. Nada vale en el universo si no hay Libertad.

AQUÍ ESTOY

El aquí significa *en este lugar,* mientras que el estoy es el *hallarse en este o aquel lugar.* Por ello quiere decir que el aquí estoy no es otra cosa que el hallarse en este o aquel lugar.

En ambos casos el elemento común es el espacio. Un espacio que prescinde del tiempo, o sea del *cuándo.* Un espacio que prescinde de las circunstancias que lo rodean, de las cosas que en él se hallan y solamente da razón de la persona en tanto se encuentra en un lugar.

El estar aquí, es afirmación de presencia *frente a alguien,* en este caso frente al Señor, independientemente de lo que soy y de lo que hay alrededor de mi, simplemente estoy presente ante su Presencia, como un llamado apremiante, como si hubiese sido conminado, no por la necesidad, sino por un deseo de agradecimiento.

El agradecimiento es la gratitud, que a su vez consiste en un sentimiento de estima por un favor recibido y corresponder a él de alguna manera. Por eso, para agradecerle al Señor por el favor de haberme otorgado la existencia y corresponderle, misérrimamente, hago acto de presencia ante Él.

Sin embargo no es mera presencia sino el testimoniarle mi sometimiento y reconocimiento a su voluntad, en una relación de creatura y Creador.

Porque el favor más alto, el don más valioso, la riqueza más inimaginable, la aventura más maravillosa, es mi existencia.

Porque lo primordial, el fundamento de fundamentos, es el existir. Porque primero existes y luego todo lo demás; y porque lo restante, lo que sigue, ya te corresponde a ti y a la comunidad humana en tanto que dependes de Él. Y porque si yo no existo no soy nada ni nadie.

Todo lo que soy, que ha sido determinado por mi pasado, es el resultado absoluto de mi existencia, de ese soplo, de esa ánima, de ese fluido, como se le quiera llamar. Por ello mi agradecimiento debe ser grandioso, incomparable, lleno de júbilo, de felicidad por ser. Cada día, y si es posible cada segundo, debemos estar en presencia de Él, en un acto humildísimo de gratitud, porque no podemos aseverar que merecíamos existir.

El estar aquí, frente a su Presencia, es un incomprensible misterio que la Teología trata de comprender, que solo podemos parafrasear sin entender, en su cabalidad, su completa esencia. Pero dentro de ese parafraseo sí puedo decir que estar frente al Señor es temblar de múltiples emociones porque se está ante el Creador.

Puedo decir que es estar frente a la Verdad, frente a la fuente de Vida, frente a alguien por quien soy y todo lo que soy. El estar aquí delante de Él, es permanecer desnudo, con las manos vacías, en la más precaria pobreza, porque comprendo que todo de lo que dispongo, no es mío.

Porque lo que yo considero que es mío, lo es en tanto hay una relación jurídica que yo he conceptuado pero en realidad no lo es. Y no son mías las cosas que me rodean, ni el cuerpo donde estoy, ni el alma que me mueve sino, hecha excepción, de las obras que he realizado.

Porque es lo único que puedo decir que es de mi propiedad, lo que yo he hecho; y en ese estar frente a Él es ofrecerle, como ínfima correspondencia a su don existencial, las obras malas o buenas que yo he realizado con motivo de mí existir. Y cuando pienso que toda mi vida sólo ha producido frutos podridos y agusanados, cuánto más se agranda la pobreza de mi agradecimiento.

Porque todo hombre debe reflexionar sobre lo malo y lo bueno que ha hecho, todo ser humano debe cuidar, estrictamente, la naturaleza de su hacer, porque en nuestro hacer se encuentra la clave para agradecer. Porque si nos estremecemos ante la presencia de un Ministerio Público o de un Juez para dar cuenta de lo que se nos acusa, cuánto más debemos lo haremos ante el Creador.

Por eso, hoy no pido ni deseo sacarme la lotería, casarme pronto, encontrar trabajo, que gane mi equipo favorito, que gane mi candidato, que me dé cosas el gobierno, tener dinero, tener fama, tener honores, salud; nada, nada de eso pido ni deseo.

Estoy aquí ante la presencia del Señor para darle las gracias por ser Él, para agradecerle haberme dado existencia y una vida.

A cambio sólo tengo algo que ofrecerle: mis obras.

Señor, aquí estoy.

ATRÁS DE LA BARRA.

Tú lo sabes, Señor. ¿Acaso no he confesado ante ti
mis delitos contra mí, ¡oh Dios mío!, y tú has remitido
la impiedad de mi corazón?

SAN AGUSTIN. Confesiones.

Contento y campante entré en la cantina de mi barrio, saltando mi corazón divisé a mis cuates apostados en la querida barra del cantinero, quien dispensaba generosos tragos a los parroquianos.

Entre espesas volutas de humo se elevaban grandes voces, gritos destemplados, porras futboleras y el suave murmullo de aquellos que prefieren las confidencias. Poco a poco el intenso alcohol de la cebada, de la uva y la caña impregnaba los cerebros de los dóciles libadores.

Quienes han vivido en los dominios del dios Baco y han sido sus fieles súbditos, se encontrarían nuevamente como en casa. Muchos de los afortunados ahí presentes se desenvolvían con una grácil naturalidad, como si no fueran ellos.

Ningún trauma, ningún doloroso recuerdo, nada de odios, tristezas y desesperanzas; todo era alegría, optimismo, futuro hecho realidad, sin tiempo ni espacio, sin infierno ni cielo, sin conocimiento ni ignorancia, sin yo y mis circunstancias, sin familia, ley, estado o algún otro nexo social.

Los chistes y las adivinanzas campeaban en aquel símil de paraíso recobrado, en ese jardín del fauno; verdaderamente un estado de infancia, de existencia primordial. ¡Ah, pero el rey del Olimpo, el jefe de estado, el pontífice de Baco, el escrutador de almas; era ni más ni menos que el cantinero.

Su barra es el confesionario, sus pacientes los bacantes. Desertores de la religión y de la ciencia, acuden en masa a confesar sus pecados a aquel que es semejante a ellos, a ese que les comprende con su atinado consejo y firme pulso de escanciador profesional.

Todo lo sabe; desde un frustrado noviazgo hasta un intento de suicidio, desde la planeación de una campaña política hasta el índice de valores bursátiles, desde un problema moral hasta la más profunda psicosis, no se diga de teología o de filosofía para aquellos intelectuales que buscan la verdad.

Son los terratenientes de la sapiencia, los inmaculados confesores, los principados de la salud mental y las dominaciones de la Moral. Guardianes del secreto y de los pecados de intenso escarlata, permanecen como auténticos blasones de la equidad.

Muchos delitos y conductas antisociales se han evitado gracias a los bar-terapeutas y sus atentos oídos. Porque quien se aproxima a ellos lo hace para confesarle todo lo malo que consideran haber cometido. Su habilidad consiste en escuchar, escuchar y solamente escuchar. Hecho lo anterior sus labios se abren para pronunciar blandos reproches y alijadas ideas para una vida mejor.

Almas que viven en silencio, solas y sin ser oídas por una sociedad cada vez más deshumanizada, encuentran en el cantinero al mejor oidor, entregan sus miserias e impiedades a aquellos que son como ellos; simplemente humanos.

Debemos revisar nuestra actitud frente a los demás y en lugar de amonestar, castigar o reprimir, solamente debemos de escuchar, oír a todo aquel que se nos acerca, ¡porque nos necesita! Ocupa ser percibido, ser sentido como alguien que existe, que es.

Sentémonos atrás de la barra.

Y algunas veces, ¡frente a la barra!

BÁJATE DE LA BANQUETA

Es el hogar el espacio seguro, cobijante, acogedor y placentero en que se desarrolla el hombre desde el inicio de su vida hasta su muerte física. Es el sitio por excelencia donde pasa la mayor parte de su tiempo llevando actividades tan importantes como el estudiar, el dormir, el reproducirse, alimentarse, de recreación y, sobre todo, de afirmar su personalidad por medio de la relación con la familia. Religión, costumbres, moral son otros tantos de las propiedades que el individuo absorbe en el hogar.

En el otro extremo, afuera del hogar, se encuentra la calle como un espacio urbano común, que no es posesión de nadie y que más allá de su significado literal, que es el de transitar para desplazarse de un lugar a otro, tiene otros más significados: la calle, o el arroyo, también es un lugar de alto riesgo donde el individuo no encuentra eficaz refugio sino que de modo contrario esta totalmente desprotegido.

Estar en la calle es estar sin hogar y eso quiere decir que todos los que ahí se encuentran son de igual condición; el hombre de bien, la prostituta, el maleante, el policía, el loco, etc. todos ahí son vistos como iguales y nadie puede alegar mejores derechos. En la calle están las cloacas, los animales sin dueño, los vagabundos. Lugar de disputas, de crímenes, tierra de nadie. La calle también simboliza el peligro y todos los anti valores.

Pero también la lucha por los valores.

Justo en medio del hogar se encuentra la banqueta, sitio urbano que divide exactamente la seguridad protectora del peligro latente de la calle. Esa zona invisible, medianera, pero brumosa, que se define como esa zona que nos sirve para transitar, generalmente a pie, de manera segura y transportarnos de un área a otra. Es la banqueta donde nos encontramos con los demás e intercambiamos expresiones, donde esperamos el transporte, a nuestros hijos que salen de la escuela.

Terreno en el que podemos realizar muchas actividades sociales y privadas con una mayor confianza pues aunque no estamos en el hogar tampoco nos encontramos en la incertidumbre de la calle.

De esa manera también está dispuesta nuestra vida. En bastantes ocasiones la existencia nuestra transcurre en la mediocridad, en la medianía de un hacer, pero, que pese a ello, nos otorga una seguridad aparente. Vivimos haciendo cosas que no implican riesgos, que no ponen a prueba nuestras cualidades, que no nos exigen grandes esfuerzos. No queremos salir del hogar.

Cosas en las que no ponemos en juego toda la inteligencia, la voluntad y el sentimiento de los que somos capaces. Simplemente nos conformamos con un hacer mezquino, miserable, roñoso porque somos espíritus apocados, cobardes. Somos incapaces de vencer ese miedo que nos aprisiona y volar a alturas insospechadas. Criaturas rencorosas y envidiosas de aquellos que se atrevieron a remontarse con las águilas. El odio de siempre del gusano para con el cóndor.

No obstante las oportunidades que se nos presentan a diario para ser parte de la legión de los héroes integrada por los ricos, los poderosos, los santos, los famosos, los sabios, los artistas y los guerreros; permanecemos en la oscura seguridad de un hogar miserable y, si acaso, en la gris banqueta.

Es imprescindible que abandonemos el hogar y la banqueta para lanzarnos de lleno a la calle para ahí poner a prueba todo lo bueno que hay de nosotros, para llegar a ser aquello para lo que fuimos llamados, aquello para lo que fuimos hechos y para lo cual debemos de controlar el temor. Somos raza de dioses, afirmaba San Pablo, pero tal parece que ni siquiera a ídolos llegamos. El mismo Jesucristo dejó su apacible taller-casa para irse a las calles y a las plazas para predicar la Verdad que es Él mismo.

Crucemos el umbral de lo cobarde y mísero.

Sal de tu casa, bájate de la banqueta y enfréntate a la calle.

Los titanes te esperan.

BAR NAVIDAD

En esta navidad se tu propio bar man. Suéltate el pelo, ponte tu short e inventa tu realidad. Aléjate de los demás, afirma tu propio yo y olvida todo lo que al mundo te une. No prestes atención a lo que la sociedad te dice: amor, amistad, solidaridad, bien común, arte, religión y todo aquello que pretenda confundirte.

Repliégate en la mónada sin puertas ni ventanas, rompe las coyunturas de los imperativos que te atan.

Ejercita la auto confirmación reiterada de tu propia existencia y la duda progresiva sobre el universo circundante. Abandona la posibilidad de ser reconocido por lo que eres y cancela cualquier identidad personal. Liberarse de toda identificación quiere decir que debes huir de toda creencia de lo que te rodea: lazos familiares, vínculos religiosos y morales.

De esa manera te rescatas a ti mismo refugiándote en lo banal y en lo cotidiano. En la más insignificante de las existencias, en esa que no tiene aristas y que es simpe línea recta que significa la ignorancia beata. Lejano del super yo, de lo otro y del id, se consolida tu yo, tu egoísmo puro que eres tú mismo. El egoísmo es lo único que te pertenece auténticamente, debes cultivarlo al grado máximo en esta navidad porque es el regalo que te das tu mismo.

Esto no significa que te sea necesario aislarte físicamente de los demás, sino que debes vivir tu egoísmo frente y en contra de los demás.

Mientras digieres estas ideas permíteme brindarte algunas recetas de bar muy apropiadas para la época decembrina y que te servirán para complementar tu felicidad:

Agua loca

En una olla grande, de preferencia del peltre, vierte una cantidad generosa de hielo, tonallan, alcohol del 96 y jugo de naranja. Adorna con twist de limón y sirve. Este trago se disfruta mejor con música de Rigo Tovar

Super pedo

En un balde, de preferencia de plástico, echa el contenido de ocho caguamas bien heladas y luego sumerge una chablela llena de tonallan dentro del balde. Sirve en vasos de hielo seco con el nombre impreso con pluma de cada uno de tus invitados. Impactarás a la concurrencia.

Hasta el tope

Localiza la pila de agua de lavadero de tu hogar, quítale toda el agua que contenga y rellena con partes iguales de cerveza gallo, de viva villa y raicilla. Añade hielo frappe y para darle un toque de distinción ponle unas cáscaras de plátano. Sirve directamente con la palangana del agua.

Para la perrada

Esta es una exquisita botana para acompañar las bebidas de tus recetas favoritas: parte unos virotes a la mitad y ponles un plátano a cada uno. Con tortillas bien calientitas haz uso tacos de papas de sabritas. Acomoda todo en un platón y decora con unas corcholatas. Todos quedarán apantallados.

Gay

Si a tu posada acude algún amigo o amiga gay o sospechas que lo es, no hay nada mejor para quedar bien con esta amistad que preparar un trago de la siguiente manera: en un vaso vierte un cúler, cómpralo en el super, añade un poco de arroz crudo y ponle un popote. Tu camarada quedará encantado.

Curare

La cura es un arte y requiere un largo tiempo de preparación para originar las más perfectas recetas, recordando siempre que cada uno de nosotros tiene su propia manera de curarla. Sin embargo la receta más exacta y apegada al más refinado procedimiento es la siguiente: en una bolinga donde se haya almacenado gasolina, limpiarla bien con jabón y hecho lo anterior llénala con todas las sobras de todos los tragos que los invitados hayan dejado. Añade mucho hielo y sal. Adorna con una rama de apio. Te asombrarás de la pronta salud que vas a recobrar.

Pásala bien, olvida tus penas, ponte tus chanclas y tira por la ventana todo el aguinaldo que te hayan dado. Vida sólo hay una y tienes que gozarla sin medida, sin recato y sin rubor.

BATMAN A MARTIN GORDON

PRISIÓN ARKHAM

Archivillano <u>Martin Gordon</u>, precinto 17-bloque D-sección XER.

Despreciable Gordon:

Apenas por estos días mis abogados me informaron de la desclasificación que hicieron de tu "epístola" los encargados de Transparencia, ante la ilegal negativa de la Unidad de Información de la prisión Arkham, y de la cual leí con increíble desatención y fastidio pero que por razones que el público debe conocer, me veo obligado a darle contestación. Aun cuando no es mi costumbre conversar con facinerosos como tú, pero en fin.

Tu indecente biografía me es totalmente indiferente y si por mi fuera la arrojaría al cesto de porquería que tu fielmente representas. Pero lo que no puedo permitir es tu deshonesto lenguaje que utilizas para mancillar a la honorable institución legítima del Gobernador a la que siempre debiste respetar para no llegar a prisión. La Gubernatura ha sido el producto de largas luchas para arribar a los espacios democráticos, republicanos y federalistas que tanto han anhelado las poblaciones.

Poner en duda la respetabilidad del Gobernador es atropellar la paz pública, el orden legal y de representación popular, así como burlarte de la voluntad sagrada del electorado, de la división de poderes, de los derechos humanos y de la organización del Estado, en suma: podrías ser acusado de delitos de lesa humanidad y ser condenado a muerte (hablaré con mi amigo el Fiscal al respecto, te lo prometo).

Nadie ni nada deberá ni tan siquiera pensar en la violación a un Estado de Derecho que contempla la inmaculada instauración de la Gubernatura. Es el Gobernador la efigie del cumplimiento de la Ley, de la Administración Pública y del respeto irrestricto a los postulados fundamentados por la Constitución que debe y puede ser intocada, insalvable y nunca jamás profanada por las mentes criminales como tú. Desde que han sido encerrados los truhanes, como lo eres tú, la patria se ha complacido en el orden y la prosperidad. Los problemas sociales han sido cosa de un pretérito arcaico, las cuestiones económicas de adversidad han sido abatidas hasta punto cero, la democracia y el respeto al voto han sido los elementos campeones que caracterizan al señor Gobernador.

Los derechos humanos han sido rebasados por el acato al derecho ajeno, a la solidaridad, a la tolerancia, al bien común, al Derecho, que ha demostrado la voluntad firme, continua y permanente del Gobernador y, cosa sorprendente, de los propios ciudadanos entre sí. La delincuencia, la tortura, las guerras, las intervenciones extranjeras, el espionaje, los desvíos de fondos, los robos al erario público, las mañas electorales, las cárceles para inocentes, el uso de la mentira pública, el despilfarro del dinero del pueblo, la corrupción y todo aquello que sea contrario a la ley, han sido desterrados, para siempre, de la geografía política.

Tu mente desafiante a toda organización y espíritu de legalidad te ha llevado muy lejos Gordon, porque el mundo ya no es el que tú conociste y en el cual cometías toda clase de depredaciones, no Gordon, despierta de tu sueño de vulgar carterista y vive la realidad de un cosmos que ha renacido, que se ha redimido y que ha abandonado el pecado y el delito. En este mundo ya no hay lugar para satanás, ni para la carne.

Por esa razón se mantienen apartadas a las ratas como tú, ahí es el lugar a donde perteneces, es ahí donde afrontas la soledad, el castigo y el dolor, ahí encontrarás, finalmente, una muerte ignominiosa, estéril y privada de esperanza. Y todo porque tu mayor atrevimiento fue la de haber difamado el señorial modelo de la Gubernatura y al haber abominado la ley. Presidio eterno para ti Gordon y, si fuese posible, para toda tu descendencia hasta la décima generación.

Soy Batman, el caballero murciélago y desde luego te perdono tu alusión a mi relación con mi amigo Robin. Pero también tienes que hacer memoria de tu extraña unión con aquel canalla que se hacía llamar Mamerto, ¿recuerdas de los raros movimientos que estaban haciendo en el cine Majestic y que el policía los sorprendió encendiendo las luces del teatro?

Posdata:

Tu carta me la llevé al WC y ya te imaginarás qué hice con ella. Que sigas disfrutando del agradable ambiente de Arkham. Te veré en el infierno, pero desde el cielo. Jajajajaja.

Atte. El murciélago. (Una firma illegible)

Ccp. Robin.

Ccp. Gobernador

Nota: esta carta nunca llegó a Gordon pues murió cuatro meses antes de su redacción. Sus restos permanecen en el cementerio Arkham, denominado *Prison no bars*. QDP.

BATO JODIDO.

Azules eran sus párpados cuando vomitaba. Su cama desaliñada apestaba a orines, el espejo del baño exhalaba óxido nitroso, reflejando una letrina amarillenta de excremento y cloro.

Agua fría.

Sólo un charco en el fondo de la botella de whiskey podía contener varios escupitajos que flotaban como venenosas medusas al garete. Las pálidas colillas de los cigarros se desmoronaban en la raída alfombra; una lámpara fundida buscaba ávidamente la corriente eléctrica que meses antes había sido cortada.

Pequeño gato revolcaba afanosamente contra el desvencijado muro sus contadas costillas en un rictus de estómago contraído por el apetito. Maullidos lastimeros flotaban en espirales, elevadas al techo, buscando el aire mugriento de las factorías allende la barraca.

Mobiliario desperdigado en sala desolada, mendrugo, vasca y cefalea. Refrigerador perniabierto, gusanos sin sentido del olfato revoloteando en pringos de hígado encebollado, calabaza mal cocida, huevo putrefacto. Olor a mezcal.

Blanquecinas mujeres acostadas bajo sábanas deshonradas, viejos cosméticos rojo carmesí, alguna recitando padre nuestro. Chimeneas, frío extremo, calles penitentes, bazofia malcarada; pescuezos tomando agua pútrida.

Negros riñendo, filosos cuchillos, aullidos, dolor, imprecaciones. Demonios alrededor, almas perdidas, averno próxima parada. Detonaciones, policía, cárcel, tumba, hospital, luces neón parpadeando. Cerebros, pensamiento vacío, crac, alcohol depreciado, agujas dobladas, tuberculosis, flemas ambarinas.

Siderúrgicas grisáceas, costosos murallones, esclavos delirantes, capataces dementes, objetos uniformes, abdómenes huecos. Ruido, mucho ruido, tímpanos rotos, várices, artritis, pulmonías. Corazones coagulados, miradas brumosas. Religiones, Cristos tronchados, crucifijos desnudos.

Vida inútil, desesperación, rabia, impiedad, purgatorio. Marginada barraca abandonada, propiedad pública, próxima demolición. Negros blasfemando, mexicanos, ebriedades, mariachis, mujeres encintas, peleas callejeras, viejos pedófilos. Depravados homosexuales.

Bancos robados, hombres matados, mujeres traspasadas. Penitenciarías.

Llovizna, pavimento, niebla, luces opacas, ventanas cerradas, vagabundos, ciegos, sordos. Ex presidiarios. Alambradas, perros adiestrados, fanales encendidos. Navajazos, violaciones.

Ensueños bruñidos, oro, playas, chalets, albercas. Camas King size, frigoríficos reventando, mujeres sin pasado, padre compasivo, madre amorosa, hermanables hermanos. Doseles plisados, calor, hogar. Amigos verdaderos. Licor bueno.

Muerte sin despertar, música chillout, carcajadas, meretrices, ambulancia, benzal, plegarias. Cirrosis, sobredosis, sida, tuberculosis, paro respiratorio. Dictamen médico.

Necrópolis, fosa común, ridículos bacantes, camaradas quebrados, heroinómanos octogenarios, mujeres blancas, sábanas infamadas, deudas, anatemas. Gemido, llanto, lamento. Tierra, silencio, oscuridad. Fantasmas.

Dios, juicio final: infierno.

Bato jodido.

BOÑIGA

Todos los seres vivos producen heces como parte de un resultado final de un proceso alimenticio. El excremento lo constituye toda aquella materia que los organismos desechan y cuya presencia es necesaria para la vida.

Aun cuando suene extraño, la vida depende de las heces, pues todo alimento, para ser aprovechado, tiene que convertirse en ellas. Si los nutrientes no pudiesen ser transformados en desechos no habría aprovechamiento y los organismos morirían.

Toda materia alimenticia tiene la facultad de cambiar su estructura a través de órganos digestivos por los que pasa. Ese cambio es lo que hace que el cuerpo receptor aproveche las sustancias para su desarrollo de vida.

En los organismos sociales pasa algo similar. Aquí el alimento lo forma la cultura, la cual es aprovechada para luego ser eliminada y transformada en boñiga. Muchos son los hombres que producen cultura y más son aquellos que la consumen para desarrollarse.

La boñiga de la cultura son las conductas antisociales tales como la mentira, el error, el odio, la traición, el delito y todo aquello que daña las organizaciones comunitarias. Pero, de igual manera, es imprescindible que exista este excremento cultural para que se de la cultura.

El problema se presenta cuando la cantidad de boñiga excede en mucho a la de la cultura. Los miembros sociales no pueden alimentarse de los desperdicios, de las heces; es necesario que haya cultura para que se nutran y desarrollen todas sus potencias.

Una sociedad sin la cultura necesaria disminuye su capacidad para actuar, para crecer y, por último, perece por inanición. Adviene el imperio de la boñiga, del excremento, esto es, la era de los delincuentes y de los enfermos sociales, de los sicópatas y depravados, de los morones y débiles mentales, de los discapacitados, de todos aquellos que forman un lastre para los demás.

Ese lastre no es más que estorbo, impedimento para el crecimiento de aquellos hombres que verdaderamente hacen fructificar sus dones, de aquellos que dan frutos y duplican su genio creador por medio de la enseñanza y del trabajo.

Los excrementos humanos, desgraciadamente, es la materia que más abunda. Se requiere un esfuerzo sobrehumano para rehabilitar a toda esa baja ralea que no hace otra cosa que arruinar el delicado tejido social. Esta acción provoca un desgaste en las ya menguadas energías de los que sí sirven.

El gasto excesivo para mantener a tanto enfermo y bribón provoca el debilitamiento

CABALLITO DE MADERA

¿Recuerdas aquellos tiempos, en aquella antigua niñez, cuando tu padre en peso te sostenía con sus fuertes y enormes brazos, a la par que te contaba míticos y ensoñadores relatos de no sabes que aventuras?

Lejos de las desesperantes esperanzas, ajeno al dolor de la envidia y de las intensas preocupaciones del diario ajetreo existencial, te revolcabas como un burro sin importarte si era suciedad o alfombra, lodo o pasto. Eras tan puro en tus sonrisas y en esos gestos que todavía, en raras ocasiones, se dibujan en tu rostro.

Con esas manitas tomabas el dinero que te obsequiaban, sin siquiera pensar en algo que guardarlo en aquel chamagoso overol de bolsas rotas, para luego irte brincando sin control a comprar las golosinas que con gusto devorabas. Eras sol de la mañana y arena de playa cuando al mar te llevaban.

Oteabas seriamente el horizonte observando con ceñuda atención el esquivo y errante vuelo de la gaviota y del albatros, admirándote de su habilidad para coger peces y remontar despavoridamente allende el océano, a alimentar a sus polluelos. No conocías nada solamente lo vivías.

Y así, eras un desposeído del conocimiento, un huésped de la ignorancia pero rico en vida y vivencias, lleno de existencia. Porque en esa cabecita no cabía más que vivir y más vivir, ya sea en el juego, comiendo hasta hartarte y durmiendo como un león. Los moldes sociales aún en ti no plasmaban sus borreguiles y masivas figuras.

Y de ese modo no participabas de lo social, eras libre de prejuicios, hipótesis, doctrinas y religiones. Eras simplemente tú y tu mundo, un Universo de misterio y de fantasía, un dejo de Dios en la tierra. Confiadamente te dormías en los maternos brazos abandonándote a un sueño tan profundo como las constelaciones lo son.

Y de esa manera, tú confiabas. Todavía no te invadía el recelo. Tu confianza era tan plena como la fe, eras la prueba de la existencia Divina, el dejarse llevar a ciegas por la Providencia: sin recordar, pasar, ni esperar, sencillamente el confiar. Y en ese confiar se plasmaba esa singular sonrisa del niño inocente que se entrega. Tu sonrisa reproducía el amor.

Porque tú eras amor, llanamente amor. Y eras así porque no sabías del odio que corroe a los malvados, a los podridos por la envidia y el rencor, a los impíos y asesinos que dañan a la humanidad, a esos espíritus apocados que juran desquite por las ofensas inferidas. Tu no. Tú eras lo que siempre debiste haber sido siendo: amor. Ese amor regalo de Dios.

Y de ese talante te comportabas tú. Siquiera eras un versado en teología y filosofía pero ya sentías en ti la llama, la chispa ardiente del amor que el Ser te comunicó. Ese amor que se traslucía de tu alma como la luz irradia el fino diamante, porque en tu esencia no había impurezas que oscurecieran tan noble sentimiento. Amabas el juego y jugando amabas.

Por esa razón jugabas, porque en el juego encontrabas tu razón de ser, tu lugar en el Cosmos, tu experiencia en él. Era la forma como ibas, poco a poco, acercándote al mundo y a la carne, era el largo y polvoriento sendero hacia los mataderos y al uso de razón. Hacia los instintos y a la ciencia.

Fue entonces que cuando jugabas, de pronto, apareció frente a ti ese fabuloso caballito de madera de curiosos ojos de rojo pintados, un todo de vivos colores, y esa mecedora que te hacía sentir un guerrero de las praderas, mientras gritabas con fuerza palabras de guerra. Ese caballito fue el que te introdujo al orden social y con él perdiste tu virginidad y pureza.

Se borraron sonrisa, confianza, amor y simple vivencia. Todo mal entró en tu alma para poseerte, para siempre, en sus tinieblas.

Y todo, por ¡un caballito de madera!

CADÁVER

En tanto que las grietas de tu fosa verán alzarse de su
fondo abierto la larva convertida en mariposa.

MANUEL ACUÑA. Poeta mexicano.

Cuando te levantes de esa cama
roñosa, de esa almohada babeada
y de las sábanas hediondas,
te sentirás extraño en tanto
contemples tu propio cadáver.

Pero no es necesario morir para
ver ese raro espectáculo, no es
indispensable que termine tu
vida y quede tu cuerpo inerte. No, en la misma vida podrás observar tu
cadáver cuando hayas dejado lo que siempre fuiste: un necio. Y es que
la necedad lo abarca todo, significa el ser ignorante de lo que se puede o
debería saber cada uno de nosotros.

Ver tu mismo cadáver tiene el sentido del cambio, del dejar el arcaico
zurrón, abandonar el excremento y el vómito en las que te revuelcas. Sin
embargo no es huida de la realidad que te abarca, sino el verla de otra

manera, el vivir la vida bajo otro sistema, es, decía Acuña, convertirte de larva en mariposa.

Pero, desde luego que te preguntas, ¿qué es lo que debo abandonar?, la respuesta es sencilla y no requiere argumentada razón. Debes desertar de tus arraigados y pronunciados vicios, cultivar las ancestrales virtudes que esperan por ti atrás de la puerta, sin mayor dificultad que el abrirla.

Es imposible eliminar tu yo pero tendrás que inclinarte en un ángulo de noventa grados hacia los otros, agrandar el horizonte del súper yo, para poder entender al mundo en que se vive, para comprender hondamente esta realidad que nunca has vivido, porque siempre en tu propia realidad has transcurrido. Pero tu realidad no es la verdadera, esa se encuentra afuera, esperando a que la descubras, para que la palpes, para que sientas sus pulsaciones.

Te has sumido en ti mismo, has descendido a la horrible miseria de un abismo sin sentido, has aherrojado tus manos y tus pies en tu vida de pequeño burgués, buscando tu realidad misma, ignorando al orbe que te aguarda allende tu corazón, tu mente y tu panza. Sal de tu estrecha prisión, rompe tus cadenas y levanta anclas para conocer ese viejo y nuevo orden, porque todo esfuerzo realizado en dirección a ti mismo será en vano.

No piense ni te imagines pueriles historias contadas por mujeres histéricas o por patanes desvergonzados que te dicen ¡feliz año nuevo!, porque el tiempo no existe y es una farsa que todo termine concluyendo un año y todo empiece con el nuevo año. Porque ¿cuándo es el año nuevo?, exactamente a las doce de la noche? y pasando de las doce todos los segundos que van pasando ya son viejos. Cosas absurdas.

Porque el tiempo es una medida inventada por el hombre y sin ninguna existencia independiente, es tan solo una de tantas utilidades como lo es el espacio. Lo que realmente hay es eternidad y cambios dentro de la misma, por eso se antoja pensar que todo es finito, que hay tiempo. Huye de tus famosos cumpleaños porque no tienes edad alguna, solo una historia que, por tu poca memoria o mucha vergüenza, no te atreves a contar.

Si alguna vez naciste es también cierto que nunca vas a morir, eres un alma eterna que solo cambia de estado. Como tampoco estás en lugar alguno pues todo es infinito y el sitio donde dices estar es tan solo un punto de referencia. Antes que traspases este plano dedica todos tus esfuerzos a conocer y mejorar esta realidad para ayudar a los otros, porque no hay nada más importante que su felicidad. Es una ley indefectible que el estado de las cosas requiere ser corregido y esa es tu misión.

Sal a la calle y observa cuidadosamente lo que hay en el diario tráfico de las cosas, porque las cosas caminan, se deslizan, luego se pierden de vista para desaparecer, las personas igual, hablan, cuentan muchas cosas, hacen esto y lo otro, deambulan y luego se borran del mapa, se sumergen en el río del olvido. Preocúpate por las personas, atiende sus necesidades, hazles más llevadera su triste y sombría vida. No tengas miedo, atrévete.

Deja que tu cadáver su pudra y tómale una foto.

CALDO DE RES

La abuela cortaba los chayotes espinudos, las calabacitas, las papas, las zanahorias en una vieja tabla de madera, utilizando un cuchillo de origen incierto. Luego llenaba la humeada olla con bastante agua para agregarle la verdura, el cilantro, una cebolla entera, el cocido el hueso y un buen puño de sal. Todo hervía un gran rato y al final todos cuchareaban mientras le pegaban a la tortilla, a la salsa de molcajete y al caldo caliente. Mocos, lágrimas y tos hacían el concierto de los asistentes.

De veras que la vieja le metía enjundia a su antigua cocina. Y es cierto que de ahí emergieron aquellos alimentos que fortificaron los huesos, músculos y nervios de varias generaciones. Era como un laboratorio misterioso de alguna aldea medieval aquel lugar tan lleno de trastos y demás instrumentos. Sus recetas eran fórmulas secretas pasadas en tradición por antiquísimos ancestros y que hacían la delicia de los comensales.

De no ser por la cocina de la abuela o de la mamá, la humanidad se hubiese extinguido pues gracias a ella hubo evolución, en ese sitio se extrajeron, de la naturaleza, las sustancias más nutritivas como indispensables para el cuerpo y la mente del recién nacido, del joven y del adulto, formando descendencias fuertes y saludables. La química de la cocina es más que eso, es una alquimia pues combina conocimientos científicos y arte.

La abuela y la mamá nunca asistieron a la Universidad para licenciarse en nutrición o en ciencias químicas, pero sí que sabían mucho de combinaciones, de mezclas, de decantaciones, destilaciones y de amalgamas. Conocían las inéditas propiedades de los vegetales, de los minerales y de las carnes, tanto como para obtener resultados insólitos de asimilación.

Y qué decir de ese toque personal del sabor que le agregaban a los platillos lo cual no dependía de la manera de combinar los elementos, sino de un no sé qué, de algo que proviene del espíritu, del amor y de lo que no conocemos. Ese chuparse los dedos con esa salsa, esos frijoles y esas costillitas bien fritas. Esa agua de tamarindo que hacía llorar, o el nostálgico molcajete tan mexicano que despertaba atávicos sentimientos de identidad, de aquellos nopalitos, símbolo de la mexicanidad, que revueltos con huevo estaban como para repetir.

Pero la cocina tenía sus propios tiempos y a nadie se le permitía sopear por más apetito que tuviese, y quien se atrevía recibía un fuerte manotazo. Los lapsos de cocción son tan necesarios como el chismorreo familiar en donde se desahogan los problemas cotidianos, se afianzan los lazos de unión y se desvanecen futuras enfermedades sicológicas.

Todo eso ello es más que un simple masticar, es un acto social puro, un remanso de felicidad que vigorizaba, confortaba y sostenía a la familia. Es el motor de la célula de la sociedad tanto en el aspecto intelectual, afectivo y moral. Eso quiere decir que la panza y el corazón tienen un vínculo estrecho y de ahí el dicho cierto de "panza llena, corazón contento."

Pero si en la cocina la abuela o la mamá son las reinas, en la sobremesa le toca el turno al "rey de la casa": a nuestro padre. Como siempre, preside la mesa e impone orden en las pláticas. Dice lo que es bueno y es malo, incluso modera a las cocineras, por lo que ve a los hijos ni se diga. Él simboliza el trabajo duro, la proveeduría, la autoridad y el orden. Su palabra es ley.

Terminada la comilona son los hijos los encargados de lavar la loza en ella utilizada y no hay pero que valga pues se las tendrán que ver con las cocineras quienes, a su vez, encuentran, siempre dispuesto, al brazo ejecutor de sus órdenes que es el padre. Mentando madres pero hay que obedecer, no hay más.

Pero no solamente hay caldo de res en el menú, sino también, el infaltable arroz a la mexicana o blanco y los frijolitos bien guisados con totopos con queso seco acompañados con las indefectibles tortillas bien calientitas, y para darle más paladar y baba, no hay que descartar unos chiles verdes bien enchilosos, de esos que hacen llorar y amar a Dios al mismo instante.

Panza y corazón son los amos de la comida-reunión. Que viva el caldo de res.

CALLE VIDRIO 1370.

¿Quiénes, sino nosotros, jóvenes y miserables estudiantes, le dimos calor y espesura a los fríos y delgados muros de aquella triste casa donde pasamos gran parte de la edad dorada, de la época de gloria y sueño?

La misteriosa buhardilla poblada de escaso y barato mobiliario, los pocos y desvencijados libros que apenas llenaban esa paupérrima y dizque biblioteca. Allí, sentados como esqueléticas esculturas de piedra, llenábamos nuestros cerebros de ciencia, arte, filosofía y religión.

Pero, sobre todo, de ilusión, de amores perdidos, de llantos impregnados de melancolía por el hogar dejado, por los sueños de grandeza, de fracasos, de sentirnos pequeños y marginados, de miedo e incertidumbre y Dios solamente sabe de qué más!

Ahí, ahí, en ese preciso lugar, y no en ningún otro, forjamos nuestro ser. En ese infinitesimal espacio realizamos todas nuestras vivencias; la cama, la vela, el rincón, la mesa de estudio, los posters y ¡ese viejo cajón de escritorio que encerraba miles de secretos y recuerdos!

Porque la casa es grande, infinita y llena de misterios; pero ninguno de sus lugares tuvo tanto significado como nuestro altillo, ese solemne y majestuoso cuarto de estudio. En ese territorio estuvo representado un taller de nazareth, un Monte Tabor y un Huerto de los Olivos.

Porque allí aprendimos, ahí nos transformamos y ahí, también, tomamos la enérgica decisión de enfrentar al Mundo; enfrentarlo fue sacrificio, perder poco a poco nuestra vida, darla de una vez por todas para que otros pudiesen vivir; porque eso es vivir: hacer y perder nuestra la vida para que los demás puedan y tengan una mejor vida. Pero ahora, ¡nada de filosofía! Ahora concentrémonos en eso que llamamos el cuarto de estudio.

Estar en él significaba vivir en el Olimpo porque semejábamos ser dioses, aunque sólo fuéramos unos pálidos muchachos con los bolsillos siempre vacíos, hartos de hambre y moribundos de frío.

Nos creíamos llenos de sabiduría y repetíamos ostentosamente las definiciones como si fueran fórmulas milagrosas de una hondura sibilina, magia pura que nos permitiría abrir las primigenias fuentes de lo inescrutable. Graves como esfinges pretendíamos ser poseedores de una omnisciencia secreta. Aunque sólo fuéramos unos entristecidos asnos.

Llenábamos los pulmones con vientos huracanados, dando rugidos de león y dentelladas de tiburón. Fuertes como el acero, incólumes e indiferentes al dolor. Saludables, etéreos, vivaces; diestros con los puños en las más furibundas batallas por el honor y por las ideas. Aunque sólo éramos mozos con lombrices.

Don Juanes en el amor, por derechos conquistadores y de hecho castigadores. Jurábamos ser dueños de serrallos y que todas las chicas nos amaban. Porque éramos inteligentes, bonitos y buenos bailadores. Y por tanto, ninguna muchacha se nos resistía; gritando y ensalzando las aventuras de romances imaginarios que por reales los teníamos. Aunque la verdad fue que llevábamos a misa a la novia porque salía más barato que comprarle una paleta en un mugroso parque.

Guerreros indomables, generales endurecidos en los más horrendos combates, peleadores incansables en zacapelas interminables; fuimos siempre los ganadores y todos los camaradas escuchaban con respeto y admiración los relatos de nuestras hazañas; abrían bien crecidos los ojos cuando con palabras y ademanes describíamos las riñas más legendarias que las guerras del Peloponeso. Aunque el macuco de la clase nos quitara la torta.

Fuimos todo eso y más. Fuimos colosales, ciclópeos, a tal grado que todavía vivimos y duramos para confesar esos momentos, minutos de gratas remembranzas, de aquello que nos parece muy, mucho, muy remoto. Esa lejanía que se nos antoja a hipocondría y hace que el corazón se oprima.

¡Nada como la casa en calle vidrio 1370!

Y su cuarto de estudio.

CAMINANDO

A bordo del autobús desvié la mirada hacia la ventana de cristal para contemplar la cinta asfáltica; era áspera y borrosa como la existencia que avanza a lo desconocido, sin posibilidad de parar, sin poder retroceder y a gran velocidad.

Súbitamente comprendí otra, de las tantas categorías existenciales: el hombre-peregrino. Porque peregrino se define como la persona que anda por tierras extrañas y ello implica varias consideraciones de carácter filosófico. En primer lugar debe tomarse en cuenta el movimiento y el cambio.

Todo lo que hay en el universo se mueve y por ello esta cambiando, porque todo lo que se mueve consiste en un estar aquí ahora, y en un estar allá más tarde. Eso significa un cambio: un aquí para luego estar allá. El sentido del estar aquí, es, después estar allá. Si estamos aquí es porque necesitamos estar allá. No puede ser de otro modo. Es el sentido del movimiento.

El estar allá implica el cambio. Cambiar es llegar allá, a cualquier punto. Por eso también el sentido del estar aquí es el cambiar. Si estamos aquí es porque necesitamos cambiar. Es el sentido del cambio y no puede ser de otro modo. Con estos elementos ahora sí podemos abordar la categoría del hombre-peregrino.

Si miramos nuestra vida, mi vida, nos damos inmediata cuenta de que esta se encuentra en movimiento, cambiando, ahora aquí, ahora allá y así sucesivamente en una serie interminable de ser hoy y ser mañana; ser de esta manera y luego ser de otra.

Toda mi vida es un pasar, un paso de un actual a un posterior, a través de un montón de cosas que no son mías, entre ellas mi propio cuerpo que no me pertenece sino que es otra cosa entre tantas por las que ando. Lo único mío es mi propio yo, mi alma; eso es lo único que me pertenece porque somos uno.

Todo el cosmos me es extraño porque nada me pertenece realmente, de tal manera que efectivamente soy un peregrino, alguien que anda por tierras extrañas, ajenas. Así cuando Einstein, momentos antes de morir, acertó al decir que todo le era extraño.

Las cosas más significativas, las que más nos interesan, todas, todas ellas están de paso y se están agotando, se están perdiendo en un pasado que no retornará. Minuto a minuto todo deja de ser para volver a ser de otra manera.

Pero también podemos decir que ese pasar, ese caminar, es imparable. No podemos, ni un segundo, quedar inmóviles en un estar aquí. Ese paso se encuentra sucediendo de forma constante y vertiginosa, viviendo y muriendo. Una realidad que se acaba a cada instante para nacer otra totalmente diferente.

Una realidad incesante de movimiento y cambio. Una vida y un mundo distintos a cada segundo, como esa carretera borrosa y áspera que vamos recorriendo y que tenemos la falsa sensación de que no nos movemos. Nuestra vida, mi vida, no solamente va a cambiar, sino que esta cambiando.

Esas son las dos más importantes esencias del hombre-peregrino: caminar por un lugar extraño. Sin caminos preestablecidos y solamente orientándonos por estrellas, por señales como la filosofía, la religión, la ciencia, pero ¿hacia dónde? Porque todo caminar, movimiento y cambio, tiene un sentido: el lugar de llegada.

El sentido del caminar por tierras extrañas tiene como sentido último y verdadero el llegar; caminamos sin detenernos porque necesitamos llegar. El objeto de no parar, como también el objeto de caminar es el llegar. Lo contrario es imposible.

Quienes consideran como posible que el caminar y el no parar no tengan como objeto el llegar, caen en lo absurdo, en la desesperación del vivir; en el suicidio como única solución a una vida privada de ese sentido.

Cualquiera que sea tu idea del lugar al que has de llegar, debes vivir anhelando que vayas a llegar. Solamente tú puedes saber y estar convencido hacia adónde te diriges. En ti esta. Y cuando se llega a esa profunda convicción, se olvida el mundo y sus cosas, sacudes el polvo de tus sandalias y vas en pos de la llegada como esa mariposilla hacia la luz.

No se vive ayer, hoy ni mañana. Se vive viviendo. Cada momento tu vida y las cosas de tu vida son verdadera y admirablemente distintas.

Camina. El depósito esta cerca y están bien heladas.

CARACOL

Existen dos aspectos de una misma realidad: lo visible y lo no visible. Lo primero está conformado por la materia cuyas principales propiedades son las dimensiones tales como lo ancho, largo y profundo. Lo no visible carece de esas propiedades y está formado por el universo espiritual.

Aun cuando lo espiritual es lo más abundante y de mayor valor, tu le das mayor importancia a lo corporal porque fuiste llamado a la existencia con un cuerpo cargado de necesidades tales que sin no son satisfechas en su cabalidad, entonces tu vida va de por medio.

Es un cuerpo que no te pertenece porque te fue dado por las células de tu jefe y de tu jefa, las cuales se fusionaron en una sola para proporcionarte ese instrumento llamado cuerpo y que posee las mismas características que las de ellos.

Por si fuera menos, tu cuerpo no solamente se encuentra limitado por tus cargas genéticas, sino también por su propia vulnerabilidad y, lo más agravante, por los moldes sociales que restringen su uso, como, por ejemplo, es inmoral suicidarte, amputarte, andar en público sin vestirlo, utilizarlo como arma, defecar y tirar el agua de riñón en la vía publica, aparearte a la vista de los demás, no protegerlo contra los accidentes, en fin.

En la realidad pura, "tu" cuerpo no es tuyo sino de tus padres, de tus abuelos y de una infinita cadena de cuerpos anteriores. Pero también, desde que es concebido, es propiedad social ya que su uso se circunscribe a las normas éticas y jurídicas que establece la comunidad. Hasta cuando el cuerpo muere rigen los ritos religiosos, sociales, económicos, etc. Si creías que ese montón de materia llamado cuerpo era tuyo, te equivocaste.

De lo único que puedes estar seguro es que ese cuerpo, esa porción de materia organizada, constituye tu único y verdadero domicilio, pues éste no es aquel donde radicas, jurídicamente hablando, como ser, pues eso es sólo un concepto que tú no creaste. Donde vives, sea cual fuere tu vida, es en ese cuerpo donde a través de él te desplazas por este maravilloso mundo llamado Cosmos material.

Pero ese domicilio es solamente temporal ya que en cuanto el cuerpo se extinga lo perderás para siempre.

Pero aun hay más. Ese cuerpo donde habitas y que no te pertenece, esta compuesto de la misma materia de todos los seres como lo son: piedras, palos, burros, gallinas, ostiones, puercos, ornitorrincos, jirafas, pirañas, serotes, escaleras, bardas, charcos, aguas negras, cloro, agua oxigenada, cucarachas, mantís religiosa, osos panda, perritos de la pradera, etc., etc.

Esto significa, que ese al que tú llamas "mi cuerpo" es propiedad del Cosmos, de ese Universo en cuya creación no participaste sino que solamente participas en él. La panza, el ano, los genitales y la boñiga son elementos que todos los seres vivos los tienen.

El cuerpo, pues, constituye para ti un instrumento y un domicilio, a semejanza casi exacta, de la concha para un caracol. Como herramienta debes utilizarlo con mucha sabiduría pues el abuso te puede llevar a que esa residencia se convierta en un infierno.

Tampoco lo colmes de afeites, de deseos insanos, objeto de vanagloria o de culto porque, recuerda, que es la concha de un caracol donde habitas temporalmente y que no es tuya; que en cuanto ese cuerpo muera jamás podrás vivir en él otra vez tal y como lo hiciste. Eso es, simplemente, tu aparejo y domicilio transitorios.

Si el cuerpo no es tuyo lo demás mucho menos. Todo lo que ves a tu alrededor te es ajeno.

Por todo lo anterior, los auténticos sabios de la creación son los caracoles.

Además de lo sabrosos que son. Ahí te va una sencilla pero irresistible receta para la panza: medio kilo de caracol chino, salsa inglesa, salsa tabasco, medio litro de clamato, limón, sal al gusto. Revuelve todo, agrega un buen shot de un excelente vodka y abundante hielo frappé.

Vive el sábado.

CARTA A LA LIGA DE LA JUSTICIA

*Hijo mío ya te he dicho que no te pongas la
trusa de baile de tu hermanita.*

La mamá de Robin

Watchtower, BASE DE OPERACIONES DE LOS SUPER AMIGOS:

Super estimados amigos: Superman, Batman, Mujer Maravilla, Canario
Negro, Linterna Verde, Chica Halcón, Relámpago Negro, Geo-Fuerza, Vixen,
Flecha Roja, Tornado Rojo, Flash, Zatanna, Firestorm, Detective Marciano,
Aquaman, Booster Gold, Blue Beetle, Hombre Elástico y Antorcha.

PRESENTE:

Esta navidad estoy triste porque me enteré que Robin es amante de
Batman y sin el mínimo recato exhiben su bati amor a pleno día en la
primorosa Ciudad Gótica, haciendo aspavientos de caricias impúdicas
que hasta el pícaro Pingüino se sonrojaría.

También me dijeron que superman se alió con Lex Luthor, el archivillano,
y ahora han planeado, ambos, hacerse elegir diputado y presidente
municipal, respectivamente, para saquear las arcas públicas, pedir

préstamos onerosos, pagarle a aviadores y autorizar todo tipo de planes para desgracia de sus electores.

¿Es cierto que la mujer maravilla se hizo lesbiana y puso un bar gay?

Me han contado que aquaman está contaminando todas las playas, ha cerrado sus accesos y ha autorizado construcciones sin respetar las leyes ecológicas y todo por unos cuantos millones que se va a embolsar.

Que Booster Gold, Chica Halcón, Relámpago Negro, Geo-Fuerza, Tornado Rojo, Zatanna y Firestorm se hicieron regidores con la única intención de hacer billetes y entrarle a los sobornos a cambio de levantar el dedo a todas las propuestas que haga Robin, el hermoso Efebo de Batman, y ahora presidente municipal.

Se escuchan rumores que Pingüino traiciona a la clase trabajadora con falsas promesas, mordidas y asuntos amañados. En verdad que esto no me extraña viniendo de un archivillano. Lo que resulta curioso es la simbiosis de este personaje con los obreros pues no es propio de Pingüino relacionarse con los operarios. En fin.

Es un hecho que Guason es el encargo nacional de expedir todo tipo de certificaciones y más ahora que se ha convertido en una moda. Despacha certificados del aire, del mejor gobierno, del mejor presidente municipal, del mejor ayuntamiento, etc. todo a cambio de unos dólares más.

Que los archivillanos Lex Luthor, Darkseid, Brainiac, Vendal Savage, Felix Fausto, Jojer, Ultra-Humanidad, Siniestro, Despero, Manhunters, Zafiro Estelar, Sombra, Giganta, Parásito, Dos-caras y Señor Frío se reunieron en secreto en el tenebroso Arkham, con superman para pactar una tregua mundial a cambio de eliminar a Canario Negro.

Pero lo que se me hace inconcebible es que hayan admitido al borrachales de santa clos. Es una vergüenza para la Liga de la Justicia contar entre sus miembros a ese bato panzón que ya nos tiene harto con sus carcajadas babosas. Pero lo peor de todo, lo que no puede ser tolerado es que santa clos, dicen los que saben, es pedófilo.

Que se dedica a hacer películas pornográficas con niños y la manera como los atrae a sus infames redes es con vistosos regalos que les hace. Les exijo que de inmediato rechacen el ingreso de ese anciano vicioso que tanto daño le ha ocasionado a la humanidad. Yo apoyaría mejor al enano Mario Bross, la ha peleado duro y no lo han dejado llegar dizque porque ya está muy viejo.

Super amigos de la Liga de la Justicia les pido por favor me digan la verdad, díganme que no es cierto lo que se escucha en la Tierra, díganme que todo eso es mentira. Esta Navidad no quiero que se amargue porque todavía sigo creyendo todo lo contrario a lo que me han contado.

Díganme que Siniestro no quiere destruir las montañas, que Aquaman protege las zonas marítimas, que Chica Halcón no aspira a ser presidente Municipal, que los regidores son honestos y gobiernan por los intereses del pueblo, que Pingüino es honrado, que los exregidores Darkseid, Brainiac, Vendal Savage, Felix Fausto, Jojer, Ultra-Humanidad, Siniestro, Despero, Manhunters, Zafiro Estelar, Sombra, Giganta y Parásito van a regresar el dinero que se llevaron ilícitamente de Ciudad Gótica y los encerrarán en Arkham por sus súper fechorías.

Soy un humilde ciudadano que ya no creo en Dios, en el Dios de mis padres porque me da flojera leer la Biblia, rezar y luego ir a misa Creo en Ustedes porque los he leído en comics que me divierten y que puedo comprender fácilmente. No creo en la Justicia, en la Ley ni en nada, solamente creo en la LIGA DE LA JUSTICIA y creo que salvarán a la tierra de todos los malvados.

No me mientan porque esta Navidad quiero estar en sana paz, comer el pavo, tomar cerveza hasta quedar tirado y mentarle la madre a los que me caen gordos. Que me regalen una tv de plasma y el libro de *Cómo hacerse rico sin trabajar.*

Por último; felicidades a Robin por ser el actual presidente de la Liga. La noticia de su elección me llenó de júbilo y de esperanza. Una luz ha nacido en esta Navidad. Larga vida para él y sus jóvenes y apasionados colaboradores. Entre ellos el enano Mario Bross pues me enteré de último minuto que ya entró a la Liga. Nada más cuídenle las manos.

Los amo súper héroes. ¡Acaben con los malvados archivillanos!

Atte. Peter Olsen.

CARTITA AL NIÑO DIOS

Jesús niño, hoy no te pido nada, no quiero nada sólo quiero que me recibas en audiencia y me concedas un minuto, sí un minuto para exponerte **lo que pienso de ti**. Aunque sé que tú todo lo conoces, no importa, dame esa grandísima oportunidad, por favor. Ser recibido por mi creador y por el que hizo el universo material e inmaterial es algo inenarrable.

Lo que razono de ti es lo siguiente:

Que estoy intrigado por el hecho de que permanezcas tan alto y tan cerca de cada uno de los seres humanos que creaste. Eres amigo y rey a la vez y eso me preocupa grandemente.

Que tengo grandes deseos de conocerte no porque me hayan hablado de Ti, sino que por natural disposición mi alma quiere conocerte, creo que será el único momento importante de mi vida, lo único bueno que haya en mí. Todo lo demás es pequeñez.

Que en las largas horas de la noche medito sobre tu actividad creadora y perduro maravillado sobre tales reflexiones, de verdad todo me parece tan extraño, verdaderamente extraño.

Que contemplo al mundo con actitud divertida y a la vez compungida. Veo tu creación y me deja lleno de estupor, de asombro y cada día que vivo más me concentro en tales sentimientos. Divertido porque la vida me parece lo mejor que me haya sucedido y afligido por tantos y diferentes males que empañan a tu creación.

Que el más grande misterio a que me he enfrentado es al de mi existencia y sobre ella planteo una y mil respuestas pero ninguna de ellas me deja por satisfecho. Sé que tú me creaste pero ello no significa la solución al enigma, sino el principio de ella.

Pero lo más aventurero que me parece es tu misericordia, es algo como cosa de locos, de gente sin razón, el darle todo a quien lo merece, porque rompe con el principio de la equidad y de la justicia. De verdad que no llego a entender esa disposición tuya, por ventura de que sea demasiado humano.

Es algo tan raro y tal vez contradictorio el que se diga que nos has dotado de ese libre albedrío, sin embargo muchas veces siento, como lo decía Morente, que tú diriges mi vida, que tú la vas haciendo y que me vas conduciendo por caminos que nunca pensé en transitar. No me puedo explicar tu acción denominada providencia.

Tantas y tantas cosas que quisiera decirte que ni mil libros podrían contenerlas, pero tengo la absoluta creencia que tú sabes lo que quiero decirte y con eso me basta, todo lo demás es simple balbuceo. Tengo tanta aspiración de platicar contigo y que sólo tú podrías impedirlo, pero como aquel ciego necio, si es preciso, gritaré tan fuerte, pero tan fuerte, como para que me escuches.

Te pedí un minuto de audiencia Señor y creo que es oportuno decirte: Feliz Navidad a ti, a tu Madre, a tu Padre, a todos lo que te rodean y especialmente a todos mis parientes que ojalá estén contigo.

PD. Esta es mi cartita de navidad.

CASA NATAL

Esa estancia paternal donde inició tu existencia, donde aprendiste a balbucear tus primeras palabras de un idioma que nunca antes habías hablado, donde diste tus primeros pasos en un lugar extraño, pero muy extraño. Ese sitio en que fuiste arrullado por tu madre y protegido por tu padre y que poco a poco los empezaste a querer a pesar de que jamás los habías visto. Simplemente es fascinante.

Si recuerdas la sala de tu casa paterna sabrás que ahí principió tu primer encuentro con el mundo de los hombres y sus complejas relaciones; ahí tus padres tuvieron el cuidado de permitir el paso sólo de aquellas personas que no perturbaran tu espíritu, porque el mundo es así, es peligroso y repleto de mortíferas trampas.

Es indudable que visitaste un millón de veces ese sitio denominado cocina, en donde observaste con muchísima atención, y gran apremio de tripa, a tu madre, cuando, muy atareada preparaba aquellos deliciosos alimentos que tanto disfrutabas en ese comedor en que todos, tu padre, tu madre y demás hermanos, con gran algarabía se chupaban los dedos. Tu madre superaba a cualquier cocinero de comida internacional.

Aquellos días en ese patio umbrío y lleno de paz solariega, jugando y peleando con tus brothers, aprendiendo el arte de la lucha y de la autoafirmación. Ahí, tus hermanos, te dieron las primeras enseñanzas de la verdadera oposición, de la noción de que no eres absoluto, de que otro siempre está frente a ti, de que no puedes hacer únicamente tu voluntad y de que el mundo es obstáculo y pelea.

Pero qué decir cuando tu madre te consolaba por aquellos pleitos escolares donde salías mal librado; en esos momentos comprendiste el valor de la compasión y del perdón, ahí supiste del amor materno, del dulce regazo maternal, de ese olvido de todo en brazos de una mujer que te amaba de verdad. Ahí se te inculcaron el sentimiento, las fibras del corazón y ese padecer por los demás. Te revelaron, por vez primera, el no-demonio de las cosas.

Cuando tu padre absorto en sus lecturas, en esa pequeña pero maravillosa biblioteca, le contemplabas como si fuera un gran sabio descubriendo primigenias certezas, como a un Euclides o a un viejo Platón encanecido por las argumentaciones y tremendamente agobiado por el peso de la Verdad. En esos instantes fuiste arrebatado al estadio de la razón, de la ciencia, de la ética y de la filosofía. Ahí, lacrimosamente, te apartaste del cobijo maternal, porque la existencia no es sólo corazón sino también inteligencia.

Qué hermosos esos días en que al campo te llevaban de paseo, mirabas el límpido azul celeste, el algodón de las nubes, de los árboles sus hojas papalotear, los pájaros, los insectos, todo, pero absolutamente todo, te llamaba poderosamente la atención. Allí experimentaste el vigoroso olor de la tierra, de eso que no eres tú y que se llama naturaleza y de lo que tu cuerpo está hecho. De eso que no te obedece, que se subleva a ti, lo hostil de un Universo en el que eres extranjero y viandante. Comprendiste, por ocasión primera, que este globo terrestre no era tu hogar definitivo.

Pero lo que más te gustaba era encerrarte en aquella habitación privada, en ese cuarto de los trapeadores, en ese rincón debajo de la escalera o en esa tienda de campaña con sábanas construida. En ese espacio estaba tu zona y tus fronteras, allá te marginabas de tu familia y de los otros, ahí eras tú, te encontrabas a ti mismo, tu yo, y todas sus propiedades, se estaba solidificando. Lugar inviolable donde soñabas fabulosas aventuras, inmensos tesoros, platónicos amores y pírricas victorias.

Ese Ser misterioso al que llamas Dios, te fue expuesto en las fervorosas oraciones y gratas bendiciones de tus padres que a persignarte te enseñaron, a decir el Padre Nuestro y el Ave María. Te atraía esa efigie del Crucificado Nazareno, su rostro incomprensiblemente resignado, su escasa vestidura y sus aterradoras heridas. Y entonces te preguntabas qué significaba todo eso, qué raros personajes habitaban esta tierra. Ahí tropezaste con el profundísimo misterio de la existencia, allí iniciaste tu largo camino por saber tu origen y destino, ese pasar por el duro estudio cuyo general objetivo es conocer esa Verdad oculta.

Ahora que te alejaste de ese lugar te sientes desarraigado, darías tu mucha o escasa fortuna por regresar a la cocina de tu madre, a la biblioteca de tu padre y al patio con tus hermanos.

Muy triste y desconsolado tienes sed de tu casa natal y en tus febriles sueños desearías despertarte, por la mañana, en aquella destartalada cama de tu habitación privada.

CAPITULO III

CHACÓN EL RATA

Juan, apodado "Juan el Animal", y Chacón, alias "Chacón el Rata", eran lo bastante amigos como para confiarse el capital y el trabajo. Un buen día Juan el Animal se levantó de muy buen humor elaborando sueños guajiros como para convertirse en millonario de la noche a la mañana. Mientras que Chacón acechaba, desde la sombra, la oportunidad de hacerse de unos centavos de la manera más fácil.

Chacón el rata había pasado una buena temporada tras la rejas acusado por su manía inveterada de tomar lo ajeno. Desde hacía un buen rato observaba todos y cada uno de los movimientos de su amigo Juan el animal, listo para desvalijarlo al menor descuido. El animal decidió poner un dizque centro botanero y para ello pensó en Chacón el rata.

De inmediato se organizó el negocio y una fresca mañana Chacón el rata hizo su debut como encargado del Centro Botanero Nuevo Santiago. La cantina lucía atractiva y pronto los parroquianos empezaron a abarrotarla ingiriendo toda clase de bebidas alcohólicas al ritmo de una solitaria rocola. Las botanas eran abundantes: cacahuates, pepinos, zanahorias, pescado dorado y caldo michi.

La perrada estaba fascinada con el buen servicio, alborotando el ambiente la voz roñosa de Chacón el rata mentándoles la madre a todos los borrachales y éstos se la regresaban con singular emoción. El cotorreo era inigualable mientras las heladas se escanciaban con espontanea alegría. La música susurraba viejos recuerdos de amoríos fracasados y fantasías burdeleras.

A medida que el alcohol entraba en el torrente sanguíneo, los camaradas aflojaban el bolsillo y Chacón el rata, afilaba las uñas para embutirse hasta los cambios. Poco a poco el business iba progresando hasta el punto que la cantina empezó a convertirse en un serio problema de salud pública.

Chacón el rata se paseaba por la plaza como un gran señor, tirándoles los perros a cuanto vieja se le atravesaba y presumiendo con los billetes en la mano, como queriendo comprar aquellos amores que le fueron negados durante toda su estancia penitenciaria. Sin duda alguna, Chacón el rata pasó por serios problemas sentimentales.

Mientras tanto Juan el animal seguía soñando con riquezas inimaginables en espera de los buenos resultados que le reportaría Chacón el rata; ya se veía en los bares más chingones, degustando los licores más costosos, danzando con las viejas más buenas y maniobrando los autos más aristocráticos. Desesperado por la falta de informes de su socio, se aventuró en su busca llegando a lo que él creía su negocio del siglo

Su sorpresa fue infartante cuando encontró un local vacío con un montón de botellas tiradas y una piruja dormida sobre la única mesa del lugar. Comprendió, demasiado tarde, la jugada de Chacón el rata y optó por mentarle la madre a cien por hora. Decididamente su quimera fue asesinada.

Lo rebuscó por cielo, mar y tierra, pero Chacón el rata era maestro en el arte de desaparecer con dinero robado. Juan el animal no tuvo suerte y no tuvo más remedio que hacerse el ánimo de quedar como el perro del Tuito.

¿Con cuántos animales y chacones te has encontrado en tu vida?

¿Cuántas veces has andado como perro en el Tuito?

CHÚPATE ÉSTA

La sociedad está conformada por individuos y éstos, a su vez, integran grupos para realizar los más diversos fines que a sus intereses convengan. Los fines son de toda índole, políticos, religiosos, académicos, deportivos, sociales, delictivos, de esparcimiento, de ayuda mutua, económicos, gremiales, bélicos, de poder, artísticos, etc. etc.

Todos ellos buscan adeptos y además, con mayor o menor intensidad, influencia sobre los demás individuos o grupos sociales que les permita llevar a cabo esos fines propuestos. La principal herramienta de que se valen es el lenguaje expresado a través de los medios de comunicación, de la literatura y actividades sociales distintas. Quien logra mayor influjo acrecienta su poder y el poder genera riqueza.

Desafortunadamente no todos los fines intentados son de buena naturaleza y muchos de ellos pretenden el engaño por la mentira y la difusión del error colectivos, y es el gobierno el grupo social quien más los utiliza, seguido de los monopolios económicos y luego, en tercer lugar, las sectas religiosas. Por mencionar los principales.

El hacernos creer que el poder viene del pueblo, que somos un Estado de Derecho, una república, que hay un federalismo o una democracia, por decir algunas, son las mentiras político-sociales que más impacto han tenido al grado de que todos las creen sin discusión alguna, con excepción de los poquísimos intelectuales que se atreven a contradecirlas.

El bienestar común, el abaratamiento de los productos, las ofertas, los descuentos, los redondeos, los créditos sociales, los apartados de mercancías, las rebajas, los remates, los saldos, etc. son, al igual, las más comunes falsedades que utilizan las empresas para agrandar sus bolsillos y cuentas bancarias.

Que el sexo incrementa la juventud, que no hay infierno, que todos se van al cielo nomás creyendo, que el diablo es uno mismo, que cada quien tiene su verdad, que no hay que rezarle a ningún santo, que sólo unos cuantos que se van al cielo, son otras de tantas y tantas farsas que las mayorías han creído.

Los grupos ecológicos, ambientalistas y como se llamen, despliegan una actividad fanática pidiéndonos dinero dizque que para salvar al méndigo perro de la pradera, al tigre azul de Siberia, a la trucha bizca del Amazonas, a los árboles torcidos de Australia o a los osos pandas con cirrosis de China. Que el agua se va a acabar, que hay un agujero de ozono, que hay enfriamiento, que hay calentamiento, que ya no hay oxígeno, que va a caer un aerolito y un montón más de ficciones que tienen a la perrada con los pelos de punta.

Luego sigue el poder gay y los esqueletos rumberos que se dicen anoréxicos o bulímicos, diciéndonos que ser gay es ser distinto, tener clase y glamour, que hay que ponernos a dieta porque los gordos valen madre y son unos discapacitados, sin auto estima y propensos al suicidio.

Busca el dinero, vive el momento, dale vuelo a la hilacha, consume lo que más puedas, no trabajes, no estudies, no reces y que todo te valga la mitad de catorce, porque esa es la ley de la vida. El valemadrismo, la mentira, el error son los cánceres sociales que nos abruman y dañan profundamente a la comunidad. El mayor peligro para la humanidad no es otra cosa que la mentira social.

Cuando vayas al wc pon tu mente en blanco y arroja por el ano toda esa basura y no te chupes el dedo.

Sábado social es otra mentira pero, ni modo hay que creerla.

CÓMETE TU PALETA DE AGUA

"¡Ay de vosotros, escribas y fariseos, hipócritas! Porque recorréis mar
y tierra para hacer un solo prosélito; y cuando lo lográis, le hacéis
un hijo del infierno dos veces más que vosotros. JESÚS.

Detén un rato tu fatigoso camino, métete en la sombra de un árbol,
respira hondamente, voltea hacia atrás, a los lados, luego hacia adelante,
y pregúntate qué has hecho y qué es lo que pretendes hacer en tu vida.
Reflexiona el porqué has hecho y el porqué harás tal o cual cosa. De
verdad quedarás impresionado.

Lo que hemos hecho y pensamos hacer de, y en nuestra vida es porque
nos lo han dicho, porque han guiado nuestros pensamientos y acciones a
través de los medios de comunicación por: el gobierno con la enseñanza
oficial y publicaciones pagadas, los propios órganos de comunicación, la
enseñanza de los pensadores, de grupos políticos, sociales, económicos;
por las empresas, etc.

Ellos son los modernos escribas y fariseos que conducen nuestras vidas,
porque tu vida no es la tuya sino la de ellos, la que ellos quieren que tú
vivas. Tu vida es sagrada porque es lo único que te pertenece y nada más
es tuyo, sin embargo ellos hacen tu vida, de tal manera que lo que haces,
dejas de hacer o no haces, es porque ellos lo quieren así.

Hidalgo y Juárez no son más héroes que tú, que como padre de familia luchas cada día por el sustento de tu familia. Ellos fueron hombres comunes y corrientes: no te dejes apantallar por los pedagogos del gobierno.

Déjate de dietas y come lo que tú quieras, pégale al chicharrón, a las carnitas, a los refrescos, a las heladas y a todo aquello que más te guste. No te limites y no le hagas caso a los que dicen que los gordos se van a morir. Los que se van a morir son los que se ponen a dieta.

Cuando quieras y puedas tómate tus alcoholes con tus cuates en el lugar que mejor te agrade; el vino genera bienestar porque te elimina el estrés de las cadenas que te sujetan. No te sientas culpable porque te digan borracho y al día siguiente no te arrepientas de nada, cúratela con pasión. Si no la crees, lee el *Banquete* de Platón, y verás.

Cásate con quien tu más quieras y no le hagas caso a tu abuela, ni a nadie, porque el que te vas a casar eres tú y nada más. Manda al diablo los comentarios y mitotes de los envidiosos. Manda al diablo los libros sobre el matrimonio porque éste no tiene nada de teoría, se va haciendo en la práctica.

Elige el trabajo que más te guste y no aquel en el que mejor te paguen: tu salud emocional está de por medio. No importa que estés jodido, sé feliz. Lo mismo pasa con la lectura, lee lo que tú quieras y no lo que digan otros: lee cuentos, novelas, revistas y que no te salgan que si no lees a Saramago eres un iletrado, y que si no lees a Monsivais eres un idiota. No les hagas caso.

Estudia aquella profesión, arte u oficio que más te llame la atención y nunca aquello que esté de moda o con lo cual te vas a ser rico. Si lo haces te convertirás en un frustrado y candidato al suicidio.

No te dejes llevar por la publicidad del consumo, no la veas, no la escuches. Cierra todos tus sentidos pues no podrás nada contra ella pues es irresistible. Al menos, cuando veas tele ponle el mute cuando haya anuncios y si es posible y no te regañan, apágala. En las revistas acuérdate que los anuncios están siempre al lado derecho de cada página.

No te creas que el agua se va a acabar, que tal o cual animal se va a extinguir, del agujero de ozono, de que la familia pequeña vive mejor, de que el hombre va a destruir al mundo, del calentamiento global, de la contaminación ambiental, etc., etc. Y de toda esas sandeces y sartas de mentiras que quieres que te tragues. Nada, nada de eso es cierto. La caraja tierra tiene millones de años y ni millones de generaciones de individuos la han podido ni siquiera arañar.

Si estás enfermo y próximo a la muerte, que no te asusten con el valle de las calacas, con cuentos de ultratumba, alaridos, quejidos y toda clase de pujidos. Piensa que la muerte te va a liberar de toda esa bola de malandrines escribas y fariseos que tanto daño le hicieron a tu vida. No puede haber peor lugar que éste, con excepción del infierno.

No te creas de esas babosadas de que todo hombre tiene que hacer dizque tres cosas en su vida para morir en paz: escribir un libro, tener un hijo y sembrar un árbol. Que no mamen. Cada uno de nosotros es una individualidad y no necesitamos de esas pen… para ser o no hombres. Esa es la peor payasada que he oído en mi vida.

Si tú quieres, no escribas ni en las paredes, no tengas hijos, ni en el pensamiento, tampoco siembres un árbol, que lo siembren los tala montes que es su obligación, después de ir a la cárcel. Al fin y al cabo libros hay muchos, gente también, y los árboles se dan solos. Esa es la verdad y no le busques más.

Que no te digan que los viajes ilustran y luego empieces a viajar porque pobre te vas a quedar y nada vas a aprender, recuerda que Juliio Verne nunca fue ni a la esquina de su casa. Si tú quieres, nunca salgas ni de tu hogar, y si acaso, por necesidad, date una vuelta a la plaza a comer cacahuates con cáscara, oír la música de la orquesta municipal y tomar agua de jamaica. No te preocupes de guardar las cáscaras del maní, tíralas al piso. Siéntete libre.

Cuando sientas que el mundo te aprisiona con sus garras, cuando sientas asfixiarte por el exceso de civilización, cuando te abrume la cultura; suéltate y vete al malecón, reza un padre nuestro, compra una paleta de agua, te recomiendo la de grosella o uva, y siéntate en una banca mirando hacia el mar, de espaldas a la calle.

Olvida todo lo que tan dicho, lo que has hecho o piensas hacer y cómete tu paleta de agua.

COMO PUERCOS PLACEROS.

"...ni echeis vuestras margaritas a los puercos"

Mt 7,6,14.

Nuestra vida se ha convertido en una verdadera porquería en donde nuestros actos están solamente determinados por las emociones pasajeras y por los intereses de circunstancia.

Si al final del día y a solas en la noche a la hora de dormir, hacemos un acto de conciencia, un recuento o memoria de todos y cada uno de nuestros actos, comprenderemos cuánto razón hay de esto

Nos levantamos por la mañana, a duras penas y con una terrible fatiga, maldiciendo a todos los compromisos que nos esperan. Tomamos el baño con desgano e indiferencia tarareando una estúpida canción que oímos en una estación de radio plagada de insulsos anuncios.

Cuando nos dirigimos al trabajo no dudamos de mentarle la madre a cuanto sujeto se nos atraviese, y no solamente a las personas sino en contra de cualquier animal u objeto que encontremos, lanzando todo tipo de improperios hasta el cansancio.

Al llegar al lugar donde ganamos el pan con el sudor de nuestra frente, nos disponemos a reñir con nuestros compañeros de infortunio, hablando mal de ellos a sus espaldas, intrigando y haciéndoles mala cara. Cómo nos gustaría darles de guamazos, pero sobre todo al méndigo jefe que parece un guajolote de navidad.

A esto hay que añadirle que apenas es lunes y no hay modo conseguir una máquina del tiempo que nos arroje al viernes como en la serie de tv "el túnel del tiempo" para así, locos de contento aventarnos a las cantinas de mala muerte y con sendos buches de tequila u otra bebida adulterada desahogamos todas las iras acumuladas.

Ya en el trabajo, hacemos todo lo posible por no trabajar, adictos a las tortas y a los tacos babeamos, cuando el desgraciado mandadero pasa, delante de nuestras narices, con un pedido para el jefe. No hay manera de arrebatarle la bolsita que contiene esos bocadillos que tanto nos gustan. Perro!

Sin podernos aguantar la cruda del domingo, traemos un aliento de dragón y agotamos el agua del garrafón sin preocuparnos de cooperar para comprar el otro envase al hediondo vendedor de agua que no saber otra cosa que rascarse las nalgas y escupir.

Los cuatro jinetes del Apocalipsis están representados en el público a quien tenemos obligación de atender. Los aborrecemos, los odiamos con toda nuestra alma y buscamos la ocasión de perjudicarlos, de hacerlos rabiar y maldecir para luego burlarnos y reírnos de ellos.

Acabada la tormentosa jornada volvemos a nuestras covachas que huelen a orines y nos tumbamos en un colchón con los alambres de fuera, elegimos la peor ofensa, la que más duela, la que más llegue, para dirigirla a nuestra esposa o esposo. Amén de los hijos, los cuales con ojos de borrego nos miran valiéndoles madre todo lo que digamos.

La vieja, ni tarda ni perezosa, nos remienta la madre sesenta veces por minuto. Nos dice que somos poco hombres y unos mantenidos. La cochina comida esta fría y no hay tortillas, tan sólo queda un mendrugo de pan duro que roemos con un trago de coca.

Así igual toda la semana, ah! Pero no se llegue el viernes, porque irrumpimos como marines, en las apestosas cantinas gritando como billy the kid, alborotando como mozalbetes encabritados, hablando como poetas, componiendo el mundo y haciendo un dúo con una de Javier Solís.

Ya hasta el tope y sin dinero nos viramos, otra vez, hacia la barraca familiar para madrear a la vieja y ensañarle quien manda en la casa. Llega la policía nos lleva detenidos pero,¡ y qué! Mañana domingo la vieja va a la cárcel y retira los cargos.

Es domingo y hay que curarla, otra vez a la piquera y otra vez hasta el tope.

Al despertar, es lunes. De nuevo lo mismo.

Como puercos placeros.

CÓRTALE LA CUERDA AL YOYO.

yoyo: juguete de origen chino que consiste en dos
discos de madera, metal o plástico, unidos por un
eje. Se le hace subir y bajar a lo largo de una cuerda
atada a ese mismo eje. Diccionario de la Lengua Española.

Mucho recordamos ese fantástico juguete que tanto nos divertía en la infancia y el asombro que nos causaba la cantidad de malabares que ejecutaban sus jugadores con su increíble destreza. Su principal característica es que el juguete se alejaba del jugador al momento de tirarlo y luego regresaba a él.

Ese ir y venir sin alejarse jamás del jugador, es la propiedad que más interesa del yoyo. Es más su nombre no es más adecuado pues va del yo y regresa al yo. El movimiento del yoyo es fascinante y da origen a muchas reflexiones de toda índole como lo podría ser para la religión, la filosofía y la ética.

El yo es la parte consciente de la persona que se hace cargo de su identidad y de sus relaciones con el medio. Esto no tiene ningún problema así considerado pues todos los humanos tenemos un yo, una identidad con la cual nos relacionamos con los otros.

No obstante la verdadera dificultad se genera cuando al relacionarnos con los demás solamente tomamos en cuenta nuestro yo, cuando toda la realidad la hacemos depender de él en cuanto a visión del tercero y de mí mismo.

Cuando esa identidad que es tan propia de cada ser humano, de cada uno de nosotros, la usamos como patrón y medida de todas las cosas. Pero si en eso parara la traba, no presentaría mayor dificultad. Sin embargo esa perversión del yo va más allá de una concepción egoísta del entorno y de mi idéntico.

En efecto, el mal avanza de manera considerable cuando exijo que esa visión la compartan todos los demás, porque, según yo, esa es la verdadera perspectiva, aquí mis juicios lógicos, juicios morales y religiosos deberán ser los únicos a los que los demás estarán sujetos. Son los insuperables que tengan plena validez.

Pero, hay un tercer grado de descomposición en la actitud del yo y que es el más peligroso por ser tan dañino al alcanzar niveles de auténtica maldad. Cuando el enfoque de las circunstancias lo hago estribar en mí, además exijo a los restantes que tengan esa opinión, adviene, inmediatamente el egocentrismo que consiste en que todos, por ser yo, deberán estar a mi servicio.

Las cosas las veo tal y como yo creo, exijo que todos así también las vean y, por último, demando de los otros que solamente atiendan a mí y a lo que yo poseo. Cualquiera otra opción de los ajenos la discurro como una ofensa no solamente a mi sino a todo lo que mi yo considera como correcto. Odiando profundamente a quienes han herido "mi dignidad".

Observemos nuestra conducta en todas y cada una de las diferentes relaciones que sostenemos con los demás: la vida conyugal, los amigos, los negocios, la familia, lo laboral, lo religioso, lo político, etc. y veremos con toda claridad ese espectro egocéntrico de lo nuestro.

Reivindicamos la pronta y fervorosa atención, el halago, el servicio diligente, el honor, el respeto, los mejores puestos, las más ricas viandas, los primeros lugares y, en casos patológicos, hasta la adoración por parte de los semejantes.

Esa posición soberbia disloca el orden social porque impide el bien común al anular la ayuda mutua, el apoyo hacia los demás y a los más necesitados. Empantana el desarrollo y el crecimiento de la sociedad engendrando un sin número de males sociales.

La verdadera colocación es lo contrario. Trózale la cuerda al yoyo para que ya no regrese a ti sino que quede en y para los demás. Empieza hoy y hazlo en familia como primer intento y observa con mucha atención el cambio que se irá produciendo.

Ya no es tiempo de yoyos, hay que madurar.

COTIDIANO

Lo cotidiano es lo que acontece a diario en nuestras vidas. Lo que acontece dentro y fuera del ser humano.

Se tiene la impresión de que ese acaecer habitual en la existencia del hombre constituye una repetición de hechos, que todo lo que está pasando es lo mismo de lo que ya pasó. Que nada es nuevo, que todo es igual, que todo da vueltas, que nada hay nuevo bajo el sol, que hay puro trabajo.

Llevar a cabo los mismos actos rituales existenciales como asearse, comer, dormir, trabajar, aparearse; contribuye a reforzar ese sentir rutinario de esa sucesión de actos, de ese ver las cosas como cíclicas. Como el suplicio de Tántalo, condenado a subir una roca a la cima de una montaña y que faltando poco para llegar a ella, el peñasco se le desprendía de sus manos para luego caer hasta la base y de nuevo volver a subirla, así indefinidamente.

La cotidianeidad nos lleva a la rutina que no es otra cosa que el hábito de hacer las cosas por mera costumbre y sin razonarlas. Ese automatismo nos produce tedio, cansancio. La conciencia reacciona violentamente, con dolor, ante esas emociones y busca eliminar ese estado sicológico con lo más fácil: las adicciones.

Si nos sentáramos a meditar durante un rato sobre lo cotidiano, llegaríamos a la conclusión de que todo lo que sucede en nuestras vidas nada se repite, nada es lo mismo, ni es igual a lo pasado. Todo lo que hay dentro y fuera de nosotros está cambiando incesantemente y a una velocidad tan vertiginosa que no podemos percibirlo.

El camino que ayer recorrimos no es el mismo que el de hoy. Ha cambiado totalmente, se ha transformado y nosotros con él. Las gentes y las cosas que nos rodean, los hechos que nos alegran o mortifican, no son los mismos. Vamos como en un río caudaloso en donde la barca que nos sostiene nos hace parecer que todo está estático.

Porque esa es la vida, un río impetuoso en el que navegamos dejando una estela, un rastro que de inmediato desaparece cuando volvemos la vista hacia atrás. Porque ver hacia a las espaldas nos hace sentir que no nos movemos, que estamos fijos en un tiempo y lugar. Pero en realidad si se enfoca bien la mirada, descubrimos las huellas que pronto desaparecen, si es a los lados no podemos más que observar las imágenes borrosas del paisaje y si es adelante sólo divisaremos la bruma que nos impide la vista al más allá.

Cada día, a cada segundo, la vida es una nueva vida, son nuevos planes y retos, distintas vivencias, diferentes cosas y personas, aun cuando nos parezca que sean los mismos. Porque la existencia es eso, es cambio total, es renovación absoluta, es celeridad insospechada.

Por eso la vida debe vivirse con intensidad, como si fuésemos a morir al instante, vivirse como en una explosión, como en el stop de una chispa, a todo tren porque no hay paradas. Con fuerza y alegría, con arrojo y temeridad, con miedo y regocijo; con todas nuestras capacidades al máximo; diciéndole: los que hoy vamos a morir, te saludamos.

Evitemos al temor, la venganza y el odio que son como anclas que nos atajan en el libre y magnífico cruzar por el vasto torrente existencial; porque son como rellanos, pequeñas bahías o ensenadas donde nos pudrimos en las fétidas aguas, donde languidecemos en la falsa realidad de la rutina y del fastidio que constituyen el infierno de la existencia.

La palabra correcta para expresar con toda integridad ese vivir es aquella que ha enterrado sus raíces coloquiales en la sapiencia popular: que les valga madre. Que les valga madre todo aquello que los encadene, que los inmovilice en su efímero pasar por la vida actual, que les impida el llegar a la muerte, que es la condición indubitable del acceso a la verdadera vida.

Fuera rutina, dejar el tedio y el cansancio que lo que hoy es no será mañana y lo que dejó de ser, es para siempre. A toda máquina, a pulmón lleno, con el corazón henchido y la mente abierta.

Vive, vive para morir y muere para vivir.

CRUZANDO EL ARROYO

Fuera del hogar todo es extraño, todo es hostil, discrepante, ajeno, impersonal y perturbador. Vamos desnudos como solitarios guardianes de nuestra propia alma, celadores celosos de los pensamientos y herméticos recipientes del corazón. Estamos a la deriva, a ultranza y en penumbra. Quienes caminan a nuestro lado, adelante o atrás podrían ser todo menos nuestros amigos porque son seres a quienes no conocemos, a quien no amamos y que tan sólo deambulan. La calle es así.

Pero la calle está compuesta de banqueta, de acera y de arroyo; estos tres elementos se conjugan para otorgarle frialdad e iniquidad al paisaje. Sin embargo es el arroyo el espacio más terrorífico de los otros dos. Es tierra de nadie porque pertenece a todos, es heredad de una sociedad amorfa, desconocida y absolutamente llena de soledad, de angustia, de temor y de prisa por salir de ella.

En el arroyo no hay humanidad, es ausencia de amor, de calor humano, es desierto, es yermo estéril y baldío. Ahí permanecen los cadáveres insepultos, las ilusiones rotas, las almas desperdiciadas, los cerebros extraviados y la sangre en torrentes. Es dominio del automotor, del claxon y de las mentadas de madre. Es hábitat del cuerpo alcoholizado, de la ambulancia y del sueño trasnochado.

Es predio de los perros, de los gatos y de la mierda humana, de la policía brutal y del delincuente otro tanto, en ella se concentran, atareados, los peores demonios que se hayan sustraído del tártaro, entre ellos Baal y Mammon, en fanática pelotera por las almas de los fieles difuntos a quienes arrebatan sus últimos dones y virtudes para entregarlas a Minos y a su eterna condenación.

La banqueta y la acera (la banqueta de enfrente) son los exiguos refugios de ese lugar maldito en que reside la muerte, la locura, el excremento y la blasfemia. Por eso el ánimo estalla en impaciencia por cruzar el arroyo, por salvar el pellejo, por huir del destino. Entonces el paso se hace apresurado, el aliento jadeante, los ojos sin párpados y el corazón con bomba de un caballo. Nos alejamos, con ultra velocidad, de la aniquilación anónima y profana, mientras el cerebro detiene a sus ideas para producir la adrenalina que tanto urgimos.

Pero si cruzar el arroyo es la peor de las pesadillas, el llegar a la acera es el más dulce de los ensueños y de las satisfacciones porque en ella encontramos el cobijo, el amparo y el vestido a la desnudez. Ahí volvemos la vista al arroyo para verlo con espanto pero con seguridad. Ahí estamos a salvo, es la orilla que tanto ansiamos, es el muelle que divisamos.

En la acera está la nevería y la cantina, la tienda de abarrotes y el templo de culto, la universidad, el estadio, el mercado, el restaurante, el palacio de gobierno y, por fin, ¡ahí está el hogar!, ahí sí está la humanidad y su cosmos, ahí está el ser, el querer, el quehacer y el sentir del hombre. Ahí retozamos en el burdel, traicionamos y robamos en el capitolio, perdemos la razón en la taberna, oramos con fervor en el templo y nos hartamos hasta vomitar y cagar en la fonda.

En el hogar descansamos y juramos dejar de hacer lo que en aquellos lugares hicimos. Luego salimos nuevamente de nuestra morada y otra vez trajinamos por la banqueta, cruzamos el arroyo y arribamos a la acera. Nuevamente nos incorporamos al mundo de la humanidad, al reino del hombre, hacemos lo que hicimos y otra vez a nuestro hogar.

Mañana… y pasado mañana…

No atinamos si es mejor no cruzar el arroyo o si franquearlo, o bien: permanecer en el arroyo para que de una buena vez carguen con nuestros huesos los más carajos demontres que de las tinieblas se hayan liberado y así liquidar, de una vez por todas, con ese redondel de perversión y ruina.

Es sábado y la botana espera, ya nos hacen señas los amigos y las muchachas de la acera de enfrente. La perrada esta sedienta y ya resopla

Anímate, tan solo traspón el arroyo.

CUANDO LA NOCHE CAE.

Todos tenemos una alborada, un crepúsculo y un anochecer en nuestras vidas. Cada una de esas etapas marca la personalidad del hombre, de una manera tan profunda que sus huellas permanecen indelebles.

En ese amanecer de feliz recuerdo suceden muchas cosas que nos invitan a soñar, a saborear un mundo nuevo que nos presenta una y mil imágenes de bello color.

En el ángelus de la vida, el atardecer, la vida es serena, colmada de solera y de rancia postura. Los ardores primeros se han ido y solo han dejado hermosos o tristes recuerdos en el alma. Los conocimientos se han afianzado y alcanzado el grado de convicción.

Cuestiones como la vida, muerte y Dios se nos presentan de una manera clara y contundente. Realidades de necesaria aceptación, querámoslo o no. Es la víspera, que nos invita a la reflexión, a la revisión exhaustiva de nuestros actos. En el ocaso aparecen el filósofo y el teólogo, mientras que en el alba hemos dejado al científico.

La fe como un sentimiento de certeza, adviene después de incontables momentos de existencia. Nos invade la exacta convicción de que las cosas son de una manera tal, que no puede ser de otra. Poco a poco vamos abandonando el apego al mundo y sus farándulas. Carne, mundo y diablo.

De un momento a otro surgen las vacilaciones, el cansancio y el hastío, el temor a la vida y a la muerte, el aburrimiento, la pérdida del sentido por la vida. Es la hora de maldecir a Dios, de blasfemar contra su infinita bondad. De odiar a todo y a todos, a la carne y al diablo.

Nos hundimos en un vaporoso pantano que hiede a pútridos e inconfesables pecados. Nos revolcamos en un cieno y nos asfixia el fuerte vendaval del solsticio de invierno. Se acerca la noche de nuestro tiempo.

Adelantados en las tinieblas, el alma se estremece y cae en dolorosa postración. Deserta nuestra fe, no queremos saber, ni mucho menos hacer. Permanecemos inertes como estatuas de sal, sin movimiento, estupefactos. Dolor por ser, dolor por haber existido y seguir siendo. Maldita sea la vida y todo lo que en ella esta.

Pasada esa terrible experiencia viene la luz, la visión de la vida como un esplendor, como una riqueza que nos fue dada y que tuvimos que también que conservarla y acrecentarla. Una vida que entregamos a nuestros semejantes, que la vamos a perder para que otros puedan vivir.

Es ese mágico relámpago que nos embarga de una honda alegría por haber servido para algo, por comprender que somos sólo viandantes en una avenida en la que hay muchas terminales pero que en ninguna nos frenamos y que de ningún modo concluye.

En un itinerario hacia una perfección que no alcanzaremos ninguna vez, pero que precisamente en eso consiste la paz del alma. Siendo, sin llegar a ser, porque sólo Dios es.

Feliz y afortunado el hombre que entiende, comprende y cree que es un pasajero y que nada es para siempre mientras viva en el mundo. Las cosas y los problemas que de ellas surgen, no son para detenernos en ellas. Las cosas y los semejantes son medios o sacramentos que nos ayudan a salvarnos de la naturaleza y de la misma cultura. A través de ellas trascendemos a planos superiores

Vivamos la vida con intensidad y alegría en cada uno de sus instantes, en espera del cambio de estación que nos aguarda con impaciencia para llevarnos adonde ya no hay natura ni cultura. Anhelemos ese día glorioso, ese día en que nos encontremos a nosotros mismos, tal y como debimos haber sido.

Caminemos, caminemos, caminemos sin mirar hacia atrás, sin parar jamás, PORQUE SOMOS VIANDANTES CON ANSIAS DE ETERNIDAD.

CUICO

Vieja, échale llave a la puerta y ponle la alarma al carro. Mira hijo cuando salgas voltea pa' todos lados y no le agarres nada a nadie, y si te hablan mejor corre. Mañana nos vemos temprano porque va a ver un simulacro de terremoto. No vayas al antro porque hay peligro.

Todas esas expresiones, y más, las oímos a diario, ya sea a nivel familiar, en círculo de amigos, por los medios de comunicación, por boca del ministro de la iglesia o del gobernante que quiere quedar bien. El tema de seguridad pública lo abordan a toda hora y todo mundo habla de ello. Es promesa favorita de los candidatos, de los paneles de discusión, de congresos, conferencias, mesas redondas y de como se llame el foro.

No se diga de la literatura folletinesca y de pasquín, de díptico, de tríptico, de power point, en mails, en Facebook, twiter y hasta en el mercado las viejitas que venden chiles y jitomates en el suelo, todos, absolutamente todos, hablan del tema de la seguridad. Nos acostamos y nos levantamos con ese méndigo sonsonete.

Sin embargo nadie sabe qué es la seguridad pública, en qué consiste, quien tiene obligación de llevarla a cabo, en qué medida el ciudadano está también obligado a realizarla con sus propios medios. Pero lo peor de las cosas es que realizamos actos cotidianos que ponen en peligro la seguridad nuestra y la de los demás, sin reflexionar que estamos vulnerando la seguridad pública.

Nos imaginamos que es cosa de cuicos, narcos y todo tipo de malandros que de vez en cuando se agarran a balazos, hay heridos, muertos y detenidos. O bien de ejecutados con torturas infames. Siempre la imagen clásica de policías y ladrones, de tipos desmadrosos que alteran el orden público orinando, defecando o mentando la madre en la vía pública, no falta, además, el tipo borracho que se estrella y tumba una palmera.

Sea como sea, la gente nace, vive y muere con miedo, cualquiera que sea la causa. Ese miedo nos impide desarrollarnos con normalidad, nos provoca enfermedades sicosomáticas y altera nuestras relaciones con los demás. La violencia ha desbordado los niveles de control y el Gobierno ha respondido, claro está, con más violencia y con ello ocasionado un avance infinito en la vorágine de sangre, sudor y lágrimas.

Necesitamos más chota, más verdes, marinos y más cárceles. Más jueces, ministerios públicos, peritos, hospitales y, sobre todo, más cementerios. Pero eso no es nada porque está fuera de nosotros. El verdadero problema es la violencia familiar que produce más muertes, enfermedades y pobreza que cualquier otro tipo de desmadre.

Ya encierran al marido golpeador, a la mujer que les pega a los hijos, a la caraja abuela que inventa toda clase de tormentos, a las parejas que se dicen de madre arriba y a los chavos que los oyen con orejas de dumbos. A los que no mantienen a la familia, que les dan mal ejemplo, que andan de infieles con otros u otras. En fin, el peor peligro es la seguridad familiar porque de ahí emerge la inseguridad pública.

Es en núcleo familiar donde se cultiva el caldo del delito, es ahí donde se encuentra el verdadero tema de la seguridad pública y que no se les ocurre a los que manejan dizque las técnicas para abatir el crimen organizado, a aquellos que recorren el país diciendo que son tarzanes y que van a matar al león a pedos.

Es por eso que gran parte de los programas de seguridad deberán estar dirigidos a la familia, hechos por equipos multidisciplinarios, eficaces para prever el delito, las adicciones destructivas y proporcionar planes de calidad de vida. Más familia y menos cuicos, deberá ser el slogan.

Pero también hay que ver que el problema de la seguridad púbica deja billetes y mientras haya tajada pues no hay que aflojar. Es una de las razones más poderosas por las que no se abandonan los programas dizque para reducir la delincuencia. Ambas partes, buenos y malos, se reparten un botín cuantioso, mientras nos hacen creer en los noticieros que los batos locos se están acabando.

Que siga la mata dando.

DALE EL ALMA AL DIABLO

Hasta hace algunos años se hablaba del diablo como si fuera el coco de los carajos chiquillos llorones o de los que se portaban mal. Puras méndigas mentiras, decía la perrada científica amachada con sus miopes métodos de experimentación y comprobación, dizque de una realidad objetiva.

No fue sino hasta la filmación del filme "El Exorcista" cuando todo el mundo volvió mirada hacia la existencia real e indubitable de una entidad espiritual totalmente distinta a la humana llamada diablo. Su existencia y presencia es tan evidente como la silla donde se sentaba mi abuela para contarme sus cuentos y tirarse de pedos.

Al demonio le vale sombrilla nuestra civilización y sus valores ya que desprecia todo lo que huela a humano. Se caga de risa cuando le perreamos para hacernos dizque ricos, poderosos, famosos y lujuriosos. El pleito es con Dios, no porque le vaya a ganar, sino porque le odia profundamente por tres razones: por haberlo expulsado de su Presencia, por estar siempre sujeto a ÈL y por amar al hombre.

Para el diablo nosotros no somos más que instrumentos de venganza en contra de Dios, venganza que el mismo Dios permite dentro de los límites que Él establece. El diablo no puede dañar más de lo que se le permite. La acción única y fundamental del demonio es la de dañar. El daño es la esencia del actuar diabólico.

Todo podemos hacer siempre y cuando ello no implique un daño hacia ti mismo o hacia los demás. Venderle el alma al diablo es cuando hacemos lo contrario. Los siete pecados capitales no son otra cosa que la antítesis de las siete virtudes cardinales. El pecado, el delito, la falta, o como se le quiera llamar, existen y tienen su razón de ser por el surgimiento del daño. Por otro lado el daño tiene que ser reparado por ley universal. Todo lo que se daña exige una reparación y de ahí la justificación del castigo y de la indemnización.

La Religión, el Derecho y la Moral son los utensilios que prevén y corrigen la conducta dañosa. El diablo no daña directamente porque sabe que su acción sería inútil, sino que comete el daño utilizando la voluntad del hombre, el cual posee un libre albedrío y es sujeto de sanción.

Mientras que para hacernos ricos robemos, que para obtener el poder aplastemos, humillemos, mintamos, traicionemos, que para satisfacer nuestro instinto sexual forniquemos, etc., etc. le estaremos vendiendo el alma al diablo. Un alma que al diablo no le interesa porque no es de él sino de Dios. Venderle el alma al diablo no es otra cosa que privarnos de la Presencia de Dios.

El diablo no quiere que estemos con él en el infierno pues nos desprecia infinitamente y si caemos en el averno, pobres de nosotros al tener a un lado a un enemigo mortal y sin gozar de la protección de Dios. Todo el odio reconcentrado que tiene Belcebú con Dios, se volcará con toda su saña y ferocidad contra nosotros.

Hagamos lo que hagamos, queramos lo que queramos, pensemos lo que pensemos, no importa, siempre y cuando no cometamos daño; si lo hacemos tendremos que repararlo al grito de ya pues de otro modo nos la veremos con Satán como sus huéspedes incómodos. Mejor no hay que buscarle.

Pasar la vida haciendo el bien significa vivir con plenitud, desarrollando nuestras potencias en paz, viviendo para ser recompensados. Vivir bien no es difícil sino al contrario.

Mi abuela entre pedo y pedo me contaba unos cuentos cotorros y hacía que me durmiera, ya no se si por las mecidas o por la pestilencia de los gases intestinales; pero lo que sí se es que me ponía los pelos de punta con lo de la llorona, el ahorcado y el cañón que disparaba solo.

Pero cuando me contaba del diablo me valía súper madre y entonces yo era el que me pedorreaba de carcajadas; entonces me aventaba de la silla y me daba de cintarazos. Los pedos los cuentos y los cintarazos de mi abuela me hicieron reflexionar, más tarde, sobre la teoría del daño. En realidad mi abuela fue una excelente profesora de filosofía.

Las teorías de mi antecesora eran extrañas y me llevaron por caminos insospechados. Mientras se mecía en su vieja silla me miraba con ojos raros y farfullaba engargolados razonamientos producto de una mente abierta y penetrante. Ella me mostró al diablo.

Así, entre pedos, cuentos y cintarazos vamos descubriendo al demonio.

Ojalá y no seamos sus vecinos.

DÁNDOLE VUELO A LA HILACHA

Es el mero mes de diciembre, el tiempo de las posadas y sus desmadres, el mes del aguinaldo que hay que partirle su m…, el mes de los regalos de a montón, es el mes para ponerse hasta el tope y de absoluto reventón, es el tiempo de los zopilotes disfrazados de comerciantes que despojan de sus dineros a los incautos que durante todo un jodido año lo reservaron; que nadie salga vivo de aquí, dijera el famosísimo Jim Morrison. Que nadie se atreva a discutir lo contrario pues recibirá anatema y se queda corto.

En el tiempo dizque de Navidad hay una efervescencia económica que enriquece a unos cuantos y empobrece a millares, es la cultura del dispendio, del derroche y del suicidio, es la etapa de la angustia de enero y sus reyes magos, la ocasión de la falsa alegría que oculta a las almas tristes. Porque cuanto más hay luces multicolores, estallidos de fuegos artificiales, regalos en lustrosos oropeles, frases felices y abrazos calurosos, más existe oscuridad en los espíritus. La angustia se esconde, se cela en los artilugios de una inauténtica Navidad.

Son los plazos en que se revela esa ansia de eternidad, ese deseo inocente e imposible de vivir en el presente, ese ambicionar el olvido del pasado y la rotunda negación de afrontar el futuro, esa imprescindible necesidad de dejar lo que ya fue y el horror del vacío oscuro de lo que no se sabe qué vendrá. Lo que renunció de ser nos acongoja, nos mancha y nos avergüenza, pero lo que pronto arribará nos llena de inquietud, de espanto.

Vamos, con piernas extenuadas, cargando largas y gravadas cadenas de culpas inconfesables, hacia un lugar sin horizonte y fosco. Por eso queremos ardientemente poder detenernos, aunque fuese un instante, en ese inhumano transitar, un segundo de respiro, un momento para suspirar, un intervalo para olvidar, y de ahí pues esa gran ocasión y oportunidad, que es nada menos que la quimérica Navidad. Esa es la profunda razón que explica la batahola navideña, esa es la causa de la sed de felicidad, de una felicidad que sólo Santa Claus y sus renos nos pueden conferir, la tranquilidad del oropel.

Luego los pobres de la tierra, los hambrientos de mendrugos. Estos ven con ojos vacantes y escuchan con oídos de radar, todos y cada uno de los sucesos navideños, sintiendo una honda apetencia, una congoja imperecedera por no poder participar de esa alegría de papel de china, y luego sus corazones languidecen y mueren abatidos en los callejones, en las alcantarillas, a un lado de tambos con papel quemado. Cadáveres olvidados hasta por el H. Cuerpo de Bomberos de la gran ciudad.

Del lado contrario los ricos, los poderosos y las élites sociales disputan con champagne, vinos especiados y suculentos guajolotes inyectados con vino blanco de buena cosecha. Los aplausos, los mimos y los cariños por doquier. El dinero se desplaza de los bancos hacia las tiendas de lujo, como río caudaloso. Toda felicidad está presente y como quimera huye la tristeza.

El alcohol y las drogas son las sustancias preferidas por todos en su graciosa Navidad. Las empresas vitivinícolas, las cerveceras, las refresqueras y los narcotraficantes son los médicos de la angustia; ellos realmente gozan del diciembre navideño. Se embolsan cantidades ingentes de dinero, convirtiéndose cada vez más en absolutos dueños del mercado, de la bolsa y de la banca. Para ellos Cristo es bienvenido, es una bendición que haya nacido en la Tierra y no en otro planeta. En sus despachos deberían venerar al Dios-niño.

Pero ya basta de acongojarnos y disfrutemos de una excelente cena, acompañados de la familia y de los camaradas, ahí les va una receta como para rascarse la barriga y tapar el W.C., sin remordimiento de culpa alguna.

Un kilo de frijol peruano, un kilo de garbanzo y otro de haba, diez chiles habaneros, sal al gusto y dos kilos de tortillas sin maíz (maseca) por lo de la dieta. Poner a cocer por separado el frijol, el garbanzo y la haba; cuando estén ya cocidos mézclalos en una olla grande, añade los chiles y las tortillas partidas en dos, revuelve y disfruta de esta deliciosa receta. Para tomar una Pepsi bien helada con un golpe de rompope. Envíame tus comentarios.

¡Feliz Navidad!

DE AFTER PARTY CON EL CARACOL

Dicen que el animal más haragán el mundo es el perezoso, otros que la marmota, más de uno afirma que el ostión; en fin, cada quien tiene una idea distinta al respecto. Sin embargo, sin temor a dudas todo nos hace pensar que es el caracol, por ese lentísimo avanzar y esas detenciones tan prolongadas.

La idea general es ver al trabajo como un valor positivo universal; la otra es mirarle, desde lejos, como una maldición dada por Dios al Hombre. La mayoría de los seres humanos intentan incrustar en la mente del recién nacido, y más si es varón, que todo se gana con esfuerzo, que la vida es puro trabajo, que el hombre trabajador es mejor, que si no trabajas no comes y "lero, lero, lero" hasta la saciedad. Entonces el pobre niño crece con ese apotegma dogmático y no hace más que trabajar toda su vida como un auténtico buey y con un gran complejo de culpa.

Se desliga de su familia y de todo lo que le rodea substituyéndolo por un trabajo fiero y obcecado cuyo resultado es la neurosis y demás trastornos de la mente o de la personalidad. Se convierte en el hombre trabajo, el robot proveedor que se aleja de Dios y de la sociedad.

De ahí, pues, que todas esas ideas sobre el trabajo como valor supremo y único son falaces y perversas ya que alteran la individualidad de la persona, trocándola en un ser negativo para la estructura social pues genera ansiedad, tristeza, frustración y demás cuando el trabajo es elevado a categoría suprema sobre cualquier otro valor.

Por ello, se debe trabajar por gusto, jamás por obligación, en lo que le guste y acomode a cada quien. Y cuando se trata de haraganear… pues hay que hacerlo y, con mucha fe. No hay más mejor que un descanso de una semana y sin hacer nada, simplemente no trabajar. Eso te refresca tu cuerpo y tu espíritu. Manda por un tubo a esos agoreros que te dicen que si no trabajas no comes. Goza de la holganza, levántate a la hora que quieras, come cuando tengas hambre y descansa como un oso para hacer la digestión.

Haz de tu vida una eterna primavera, no te preocupes por el mañana y trabaja cuando tú lo quieras y en lo que desees, recuerda que el trabajo te destruye y produce la muerte.

Lo único que te recomiendo es que estudies, estudies y estudies; que ejercites tu mente pues ella es como un músculo y los conocimientos son ilimitados. Te aconsejo estudiar una ciencia y si eres muy chucho éntrale a la Filosofía y a los idiomas, sométete a exámenes rigurosos y continúa con un posgrado. Dale cuerda al cerebro.

Pero cuando haya bailes, conciertos, comidas, desayunos, cenas y carnes asadas aviéntate tal cual eres, se como lo eres tú y dale duro al diente y a la gargantas, no te arrepentirás.

Siéntate en esa banqueta que tanto te gusta, a la sombra de ese poste de luz. Ahí, destápate las caguamas y dispensa su contenido a discreción. De verdad que no lo lamentarás, máxime si las acompañas con un snack de chicharrón y chile jalapeño con tortillas calientitas. Deja volar tu pensamiento mientras les dices piropos a las muchachas y platicas fervientemente con los lava carros. De verdad que lo disfrutarás enormemente. Es tuyo el presente, es tuya la vida. No hay nada mejor que no hacer nada.

Y para seguir en la jarcia, no hay mejor camarada que un caracol de jardín de esos que llaman "babosos". Son los mejores amigos para el afer party.

Todo eso pone una distancia apropiada entre tú, los médicos y el camposanto.

Abur.

DE PARRILLLADA CON LA MARMOTA.

Me desperté y he visto mi sombra.
ha comenzado la primavera.

LA MARMOTA.

Desde cuándo y a veces me he despertado en blancas sábanas rodeado de vergeles sin fin, contemplando el resplandor de mi figura en el sucio espejo que en el muro se balancea.

Como en aquel sueño recurrente de ese barco que danza en espumosas olas de viejos recuerdos, amargas experiencias, dulces y sonrientes esperanzas; cruentas luchas de perenne heroísmo y cobardes actos de sumisión, contrición y rendición.

Pedimentos convertidos en inadecuadas oraciones, religiones abandonadas y un panteón de dioses sin templo claman al centro, a los lados, abajo y hacia lo alto.

Hemos construido, para vivir, una madriguera con gruesas paredes, con una ancha abertura para entrar y con otra pequeña para poder salir. La puerta de entrada, aunque de considerable tamaño, la he hecho para mí, para mis amigos, para los que me quieren, para los que me dan.

La otra, de menor dimensión, la he fabricado para salir, para dejar por siempre mi hogar, para huir de él. En mi nido no hay ventanas para dejar pasar la luz, sus paredes son a prueba de sonido y los pisos poseen la horizontalidad del mar.

La he amueblado a mi gusto, he rellenado los anaqueles de la biblioteca con los libros que yo quiero leer. He escogido mis programas de televisión, mi música y me he casado con la mujer que yo he querido. He procreado y criado hijos que siempre desee que fueran como yo. Les he comprado los juguetes que siempre quise y nunca tuve.

Invito y recibo a aquellos a quienes considero mis amigos y con los cuales asienten a mis temas de conversación. Tengo un gran espejo en mi sala donde me miro y me vuelvo a mirar cada vez que respiro. La pintura, la decoración, el orden y todo aquello que hay en mi covacha lo he dispuesto a mi forma de ser.

Tengo a mis propios santos a quienes rezo las oraciones que he preferido cuidadosamente y de los cuales estoy seguro me concederán los favores que les solicite y si no es así, simplemente, y sin cambiar el altar, coloco otros santos que me sean más favorables.

Creo en un Dios que se ajuste a las medidas de mi choza y de mis aspiraciones; le ofrezco los sacrificios que juzgo prudentes y, además, detesto la idea del infierno. Todo lo que yo pienso de Él es cierto y no puede ser de otra manera. Soy su sacerdote.

Creo en un gobierno al cual no le deba obediencia y en unas leyes que den la opción de cumplirlas o no; en un régimen que me garantice mi seguridad y la de mi familia. En mi casa yo mando.

Pero, hoy me encontrado con mi amiga la marmota, quien me ha susurrado sus ancestrales y secretos consejos. Es primavera y apenas deja su cueva siguiendo su pequeña y graciosa sombra. Se le ve radiante de alegría, castañean sus blancos dientes y me invita a una parrillada donde abundará la cerveza y los vegetales.

Ha abierto su casa y ha entrado con profusión la luz, ha vendido su vieja biblioteca, sus muebles y todo el demás ajuar. Hizo nuevos amigos, charla sobre temas frescos y se derrumba en el tibio pasto cantando una canción de cuna. Es mas, puso en venta su antigua guarida y ahora pretende construir otra, fantaseando sobre los detalles que deberá aplicar.

He prometido a mi amiga la marmota seguir su ejemplo. Para principiar asisto a su parrillada.

Debemos comenzar por la panza.

DE REGRESO A CASA

Esa parábola que Jesús pronuncia y dirige a la perrada farisea todavía hoy resuena como si fuese actual. Se trata del hijo pródigo al que todos podemos y debemos conocer dada su gran difusión a pesar de que no seamos doctos en Sagradas Escrituras o Teología.

En realidad el llamado hijo pródigo es sencillamente un tipo que, como todos, exige dinero y una vez que lo obtiene lo malgasta en desmadres. Hecho lo anterior y viéndose ya como un paria decide retornar a la casa de su padre para ya una vez ahí placenteramente instalado vuelve a gozar de aquellos bienes que dilapidó.

Sin embargo hay que advertir que cuando el hijo pródigo decide regresar a su hogar paterno no lo hace por arrepentimiento sino impulsado por la pobreza extrema de su condición y a decir verdad que era mucha pues les arrebataba las lavazas a los puercos para poder sobrevivir.

Incapaz para administrar su herencia le da vuelo a la hilacha sin medida ni recato, sin apercibir que el caudal disminuye sino se le gestiona con la debida diligencia. Valiéndole madre, como buen gallo, se tira, sin zacate, a todo tipo de vicio y placer extremos. El resultado no se hace esperar.

Resuelto a huir de su desgracia no le queda más opción que volver a su padre pedirle perdón y a gozar de nuevo. Pero el arrepentimiento no surge sino hasta después de que su padre lo perdona y cuando se hace sabedor de la gran misericordia de su progenitor: este es el verdadero instante del remordimiento y no antes.

El mensaje va directo y en concreto para todos nosotros que se nos ha dado una herencia llamada vida y todo ese conjunto de oportunidades llamado dinero. Valiéndonos gorro hacemos un desmadre de administración de esos bienes malgastando todo en puras pendejadas.

Con ese legado que nos fue dado, nuestra decisión de utilizarlo para nuestro provecho y de los demás o no, depende de uno mismo. Dos cosas sumamente valiosas, ya lo dijimos, poseemos en nuestra existencia: la vida y sus coyunturas, sus chances, que bien utilizadas obtenemos un bienestar insuperable para uno mismo y para los demás.

Luego, ya en el carro de la tribulación, cargados de deudas, enfermedades y desesperación volteamos la mirada hacia Dios y a cuanta santo nos recomiende la viejita rezandera, novenas, penitencias, mandas e indulgencias al por mayor. Pero, como el hijo pródigo, no lo hacemos por contrición sincera sino aguijada por la desventura.

Poseedores que fuimos de una riqueza fenomenal somos presa de la desesperación por haberla perdido, por tirarla o desperdiciarla. Hay que recordarlo bien: vida y oportunidades constituyen el máximo capital para invertirlo. El problema es que aquí no podemos hacerla como el hijo pródigo pues no tenemos un padre millonario que nos quiera recibir, si acaso un alma caritativa que nos de el cuarto de los trapeadores donde habitar, pedir limosna para comer, el seguro popular para la salud y una fosa común para los huesos reposar.

Hay que pensarle muy seriamente y empezar a utilizar con sabiduría los recursos que nos fueron dados porque no son renovables y porque no hay padres misericordiosos.

Caso contrario vete comprando tu balde, una franela y escogiendo tu esquina. Amén del tonallan.

DEJA IR

Dejar significa, entre otras acepciones, soltar algo, retirarse o apartarse de algo o de alguien. Esto quiere decir que el dejar presupone el tener algo, porque primero se tiene y luego se deja. Los seres humanos somos por naturaleza tenedores, esto es, nos es propio el poseer algo o a alguien. Ningún hombre, por más indigente que sea, puede abstenerse de tener, aunque fuese lo mínimo.

Lo primero y más básico que tenemos es nuestro yo y todo lo que en él existe, luego nuestro cuerpo y así sucesivamente hasta el infinito. Esto quiere decir que en primer lugar, y de manera indispensable, nos tenemos a nosotros mismos como única condición de poder tener lo demás. Primero nos es necesario tenernos.

Para poder ser nosotros, para poder vivir y realizarnos en la vida ocupamos de tener, de poseer y de ahí viene ese deseo irrefrenable e insaciable de tener. Porque sin las cosas y su posesión no podríamos vivir ni seguir haciendo la vida. El hombre se hace en las cosas y en las personas. Para ello ocupa poseerlas.

Pero tratándose de personas, el tener y poseer se vuelve dificultoso y complejo. Esto es así porque los individuos no pueden ser poseídos como si fuesen cosas ya que se resisten a ello. Siempre decimos: "nuestros hijos", "nuestra esposa o esposo", "mi amigo", "mi trabajador", "mi socio", "mi amante", "mis seguidores y mis fieles", "mis súbditos", en fin, todo es "mi, mío, nuestro".

Esa intención de tratar de tener a las personas, de poseerlas como si fuesen objetos, provoca serios conflictos en las relaciones humanas. Es esa confusión de límites, en ese no ver la gran distinción entre un simple objeto y un humano es lo que nos hace sufrir intensamente de una manera innecesaria.

No nos es posible pretender apoderarnos de un alma humana, la cual posee inteligencia, sentimiento y voluntad propios. Esa existencia particular es el resultado de un complicado proceso vivencial a través de un incesante transcurrir y forma una unidad diferente a todos los demás.

Por eso, a las personas no se les tiene ni se les posee sino que se convive con ellas haciendo del respeto hacia las mismas el exclusivo instrumento para tratarlas, procurando en todo lo posible evitar cualquier relación de poder que venga a disminuir su estado de seres humanos.

El no comprender eso nos ha llevado a situaciones tan críticas, tanto en lo individual como en lo social, tales como guerras, dictaduras, crímenes pasionales, suicidios, profundo dolor moral y trastornos de la personalidad. El saber que los demás son libres y que no necesariamente deben someterse a nuestra férula, es incentivo para la paz y el orden.

El ansia de poder sobre los demás, el querer controlar e influir sus vidas, el manipular sus deseos, su mente y hasta su cuerpo mismo tiene algo de naturaleza diabólica porque tanto afectamos a los demás como a nosotros mismos.

Coexistir, convivir, tratar con tus semejantes, te proporciona libertad a ti como a esos con los que tú vives, trabajas o de algún modo te relacionas con ellos. Donde es más patente esa necesidad es en la familia. Eso te lleva a querer a la esposa o esposo y a los hijos. Que ese "mi esposa, mi esposo o mis hijos" no quiera decir que son tuyos, que te pertenecen, porque no es así ni nunca podrá ser de ese talante.

Si algunos de ellos, cualquiera que sea la causa, no desea seguir contigo, si alguna de las personas con las que llevas trato cotidiano adoptan la decisión de apartarse o retirarse de ti, tu, de la misma manera, toma la decisión de dejarlas ir de tu vida y de ese trato que mantenías con ellas.

El dolor de dejar proviene de esa perniciosa e insana actitud de poseer como si ellos fuesen tuyos. Lo que te duele no es la falta de su trato con ellos sino el ya no poder imponer tu señorío y tu mando sobre esos seres humanos, porque lo que en verdad queda profundamente herida es esa supuesta autoridad, es un abierto desafió a tu ego.

Porque cuando ese ser querido muere, tu sufres no porque lo hayas querido o porque te haya querido, sino más bien porque ya no estará más a tu disposición para complacer tus deseos, porque te ha dejado solo o sola, porque te ha privado de su presencia. Esa es la verdad y lo demás es artificio, es betún del pastel.

Para que puedas liberarte, convive y deja ir.

DÉJATE NO LLEVAR

Desde que saliste de la matriz materna en donde seguramente te desenvolvías en un estado de precaria seguridad pero al menos con un mínimo de necesidades elementales, hasta tu existencia y vida actuales la sociedad en la que estas anegado te han conformado de tal manera que lo poco genuino que quedaba de ti, se ha desvanecido.

Ahora eres copia fotostática de toda la estructura social de la colmena humana, pero quizá ni tan siquiera eso, sino que eres parte de ella misma al grado de que ya no te distingues sino que te has identificado, porque identificar no es diferenciar sino, al contrario, es asemejar.

Fue triste verte cuando todo aquello que te pertenecía, todo ese equipo que llevabas encima, te fue despojado durante un lento y eficaz proceso de asimilación, como si fueras un autómata a quien le transferían los programas sociales y los tuyos originales te eran reemplazados.

Preferí verte muerto al pensar en esa masa amorfa que hoy eres tú. En ese amasijo de modales, costumbres, reglas, normas, etc. del cual hoy reaccionas de manera acomedida y a la medida. Sin embargo y quizá, si mi atención no me falla, creo percibir de cuando en vez, algún débil destello de tu personalidad extraviada, de ese ser primigenio con el que te apareciste llorando; ante el mundo, ante la carne y ante los demonios.

Y lo observo en esa peculiar forma de caminar, de sonreír y de hasta masticar el chicle, como lo haces tú. Eso hace en mí nacer la esperanza de que algún día te recuperaré, que algún día te encontraré y entonces comprendo que no estás perdido del todo. Pero también entiendo que esa redención, si es que adviene, se dará mediante un tardo, doloroso y largo proceso. Pero, indudablemente, para esa estación yo habré cerrado mi ciclo de paso por el mundo y ya no estaré contigo para vigilar, diligente, otro de tus destellos de tu individualidad primordial. Pero me iré confiado en que así será. Desde luego, ahora que recapacito creo que es lo mejor, porque ciertamente, yo soy también para ti, esa parte de la abejera humana que no deja asomarte al exterior.

Mi partida será de gran alivio para ti, porque yo represento mucho de lo que tú eres. Por eso mi consejo es: déjate llevar por aquello que tú crees sea lo mejor, no porque los otros piensen por ti. Cuando en medio de las exigencias del trabajo te sientas fatigado, pues descansa. Vete de vacaciones, disfruta esta vida con fruición y deleite. Has oídos sordos a los gritos y reclamos.

Primero goza y después trabaja, jamás al revés. No sigas los mismos caminos que otros hollaron, busca los propios con ayuda de tus faros. Lee los libros más raros, bebe los vinos más añejos, cultiva la amistad con hombres y mujeres pero no te ates a ellos, come todo aquello que te apetezca y nunca hagas caso de las dietas que sólo mortifican tu cuerpo y entristecen al espíritu.

El dinero es para que obtengas lujo y placer, si lo tienes úsalo para esos fines, no te arrepentirás. Si tienes el poder no dejes que se adueñe de ti, úsalo para los demás y, cuando puedas, abandónalo con vale madrismo. Vive a tus anchas, sin ligaduras. Siente el placer dionisíaco de ser tú y nadie más que tú.

Sin embargo en esa anhelada y pretendida autonomía existencial no olvides ayudar a los jodidos, a los que valen madre. Eso te dará entereza de mente y corazón. Y mejor aún, paz en tu alma. No olvides, por encima de todas las cosas, buscar a Dios, sólo en Él podrás descansar.

Por último, contrario a lo que todos piensan, la cerveza se toma al tiempo.

¡No te dejes llevar!

DESDE EL CLOSET

Yo confieso ante Dios Todopoderoso, y ante ustedes hermanos
que he pecado mucho de pensamiento, palabra, obra y omisión.
ORACIÓN LITÚRGICA CATÓLICA.

Es el subconsciente la parte de la mente en que se guardan los pensamientos ocultos, deseos inconfesados, graves faltas a las normas morales, religiosas y jurídicas, pasiones desenfrenadas, vicios, conflictos sin resolver, hábitos privados, preferencias sexuales, complejos, miedos, frustraciones, amores prohibidos, manías, odios, fobias y todo aquello que deseamos que los demás no se enteren.

Es el closet.

Todos, absolutamente todos, tenemos un closet donde guardamos los tiliches, las escobas y los trapeadores. Es el lugar adonde no permitimos, que nadie eche su mirada, que jamás, ni por intento, se acerque; es el alto secreto de nuestra personalidad, de la otra cara, del lado oscuro.

Sin embargo, todos esos triques forman parte de nuestra vida, son el yo mismo, único e indivisible que pertenece a un ser humano desde que nace hasta que muere. La vida se desarrolla con todo ese bagaje subconsciente que en muchas ocasiones nos provoca profundas perturbaciones.

Por ello, muchas personas padecen de incontables trastornos de la conducta y hasta enfermedades mentales al no poder resistir la influencia de esos datos sombríos, sobre su vida cotidiana; su influencia se hace evidente y nadie es capaz de resistirla.

Por eso los confesionarios de los sacerdotes, los divanes de los siquiatras y las salas de los sicólogos, se encuentran atestados por la gran muchedumbre sufriente, por algo que, si lo aceptaran como parte de su vida, lo llevarían con más ligereza y no pagarían tanto dinero por consultas y tratamientos.

Lo primero que necesita nuestro consciente es aceptar y reconocer que somos *"pecadores"*, esto es, que la parte neblinosa de nuestra mente es algo natural y que forma parte del ser mismo de la persona. Que si bien cierto que no podemos confesar fácilmente lo que tenemos dentro, también es cierto que no nos debemos avergonzar de ello.

Echemos por la borda la vergüenza, el miedo y la preocupación por sentirnos observados de los demás, y por saber que otros saben lo que somos, que nos valga sombrilla que alguien nos va a descubrir, porque ese alguno es igual a nosotros: también tiene algo que esconder.

Por otro lado, la existencia del closet es sumamente necesaria, y hasta indispensable, porque es el espacio de la mente donde se almacena aquello que atenta contra los demás. Es el desván o el cuarto de los trapeadores y de las escobas de la vecindad.

Es la cloaca de la mente y ante tal suciedad no podemos sorprendernos ni extrañarnos, porque es como el excremento que se deposita en los intestinos. El actuar diario en nuestras vidas produce boñiga que es conducida al closet; de ahí su importancia higiénica.

A pesar de todo, hay cosas que no deberían estar en el closet pero que por los convencionalismos sociales o por una deformada idea de lo moral; las arrojamos, indebidamente, a él. Y no necesariamente cuestiones sexuales, sino de otra índole. Lo sexual es una de tantos y tantos objetos que están en el closet.

Piénsese en alguien que tiene una vocación determinada y no es capaz de llevarla a cabo por temor a la represión familiar, en ese ser humano que ama a otro y cuyo amor no lo puede expresar porque iría contra un tabú, el que quiere revelar una verdad pero la sociedad se lo prohíbe.

La comunidad que exige un comportamiento social puritano que no queremos, que exige obediencia a reglas absurdas que no nos gustan, ideas equivocadas que se nos imponen, modas, hacer lo *"adecuado"*, pensar como los demás, escribir diciendo las palabras correctas, etc. etc.

Ese es el momento de sacar del closet lo que eres verdaderamente tú y no ser como los demás quieren que tú seas. Si es tonto ser santo y tú lo quieres ser, pues que te valga madre, selo. Si quieres estudiar, durante 20 años, arte mexica del período precolombino y no medicina, pues estudia arte mexica hasta que te doctores. A toda madre.

Si te quieres casar con esa muchacha o muchacho pobre, pero honrados, pues cásate y ya, manda por un tubo a tu abuela. Si te dan ganas de hacer tus necesidades fisiológicas y no hay baño en la calle, pues hazlas donde quieras. Si te mientan la madre, no se la regreses como los demás que lo consideran propio de un bato macizo.

Si la perrada roba, miente, mata, fornica y demás; si tú quieres, sé honesto, veraz, manso y casto. Sal del closet pero de manera positiva, y no con desmadres como esos de que te gusta el pedo, la mota y de que ya eres pulmón o marimacha. No mames.

Por último, no guardes tus calzones usados en el closet.

ESTAR EN EL POZO

Se habla de los caminos por la vida en el sentido de que nuestra existencia atraviesa por muchas circunstancias de diferente índole, todas ellas importantes porque nos van conformando el carácter y la personalidad. Con ellos llegaremos a ser lo que quisimos ser, lo que quisieron de nosotros, lo que no quisimos ser o lo que no quisieron de nosotros. Al fin y al cabo somos y seremos, cualquiera que sea el modo de ser.

Esos caminos a veces seguros, tranquilos o llenos de penas, algunas otras bordeando barrancos, pequeñas hondonadas o subiendo a cuestas elevadas mesetas o hasta gigantescas montañas. Con terreno desértico, frío, suave o aterciopelado, llenos de maleza, de pista de tartán, pedregoso, etc. Días de rosas, vino y música, momentos de ira, concupiscencia, envidia y odio, lágrimas de funeral y abrazos de encuentros inolvidables, viejas fotos de recién casados e impecables actas de divorcio.

Días sin noches, lágrimas sin ojos, llantos y alegrías que suben al carrusel para darle la vuelta completa a una feria sin payasos, sin rueda de la fortuna y sin tíos vivos. Pero lo peor de todo, caer al pozo. Desplomarse al hoyo es la peor fatalidad que pudiese ocurrir a un individuo. Significa el abatimiento de todas las fuerzas, la aniquilación de la libertad y la angustia suprema de dejar de ser.

Dentro del pozo hay oscuridad, gemido, sollozo, atrición, súplica, gritos, alaridos y miedo, profunda tristeza y agonía, decepción y depresión *in profundis,* a un milímetro del suicidio, pero más allá: de la condenación eterna, del no absoluto, de la soledad egregia, de la infelicidad *in crescendo.* De la unión profana y blasfema con los espíritus del mal.

Así lo considera nuestra conciencia cuando estamos presos, enfermos, en la bancarrota, dejados de los amores de nuestra vida, cansados, alejados de Dios, humillados u ofendidos y próximos a la muerte. Es el momento en que el alma debe reflexionar y hacer frente a todos sus demonios. Estar en el pozo es saludable porque nos acerca exactamente a lo que realmente somos. Pone al hombre en su punto de equilibrio y con mirada aguda sentimos el valor de las plegarias.

Estar en el pozo es esperanza de volver a las prístinas fuentes de la vida, de la sencillez, de la honradez y del amor; es alegría por habernos reconocidos tal y como somos y no como creíamos ser o como nos hacían creer que éramos, es confianza y fe de que ya no seremos más de lo éramos, es fuego que ha quemado el último rescoldo de servidumbre, futilidad y pecado.

Estar en el pozo es cantar la melodía más dulce que de nuestra propia boca hayamos escuchado, es escuchar lo inaudible, es conversar sin palabras, es tocar lo que no tiene materia, ver lo invisible y pacer sin rebaños. Por eso no intentemos salir con fuerza y desesperación, hay que permanecer en él, en lo más profundo del hoyo, resignados pero esperanzados que en algún momento las circunstancias nos sacarán por sí mismas.

Aprendamos a amar al pozo, a su lobreguez, a su humedad, en medio de su aislamiento ahí encontraremos un alimento rico para el espíritu, quedémonos en él voluntariamente aun cuando sea por un poco tiempo, así el pozo nos dará sus más recónditas enseñanzas, curará las heridas, salvará nuestra mente y poco a poco él mismo nos sacará a la superficie.

Dejemos que obre sus maravillosos poderes, que nos comunique su primitiva sabiduría, que nos susurre sus consejas, que nos hable de muchas generaciones, que nos haga sentir el cálido y sofocante abrazo de un amigo. Porque es necesario que caigamos a muchos pozos y porque todos ellos tienen su propia historia que contar. Cada uno de ellos es distinto y muchos han tenido como visitante al propio diablo.

No nos invada la desesperación, la abjuración y la imprecación, que nos acometa la calma de estar en el pozo, porque nada hay más seguro que estar en él, porque ahí nadie nos envidia, humilla, adula, odia o persigue, el mundo nos olvida. Y hay veces que necesitamos que nos olvide el mundo y olvidarnos también de él. Durmamos en él, soñemos en él, perfeccionémonos en él. Estar en el pozo es lo mejor que nos puede suceder. Quien está en el pozo está más cerca de la superficie y aquel que está en la superficie está más cerca del pozo.

Estar y salir del pozo es una porción de la vida, porque también en él hay vida.

Además, ahí no ocupamos refrigerador para ponerlas a helar.

DESDE LA SIMA

Por problema debe entenderse a aquel conjunto de hechos o circunstancias que dificultan la consecución de un fin. Y si el ser humano durante toda su vida persigue metas o fines es entonces que debe, necesariamente, enfrentarse a problemas.

Pero, ¿por qué siente la necesidad de seguir fines, cualesquiera que sean éstos? La respuesta la podemos encontrar en la propia naturaleza del hombre que entre todas sus cualidades está la de ser de un modo o de otro y aumentando cada día sus formas de ser.

El ser siente horror por ser nada, esto es, por no ser, y entonces toma la determinación de ser cada día más, ser de una manera o de otra. Así, si soy rico quiero ser más rico pues me produce angustia el dejar de ser rico y convertirme en pobre, en nada.

Cuando se trata de ser es cuando se corre tras una finalidad, de un querer ser así o querer ser asá. Sin embargo los hechos, las circunstancias y generalmente las demás personas se oponen a mis deseos y de inmediato surgen los problemas pues dificultan lo que yo quiero ser.

La actitud natural del sujeto es eliminar el problema que le representa un escollo y que es la solución más rápida. Pero no siempre es tan sencillo eliminar dicho problema y empezamos a buscar otras soluciones pero siempre con la mente de solucionar el problema y así poder alcanzar lo que pretendemos.

El enfrentarse diariamente con problemas y estar continuamente planteando sus soluciones nos convierte en hombres en pleno desarrollo con una fuerte vocación de perfeccionamiento en todas nuestras capacidades, porque eso es la vida: una lucha por ser cada día, por aumentar nuestro ser y alejarnos palmo a palmo de la nada; del dejar de ser de un modo o de otro, del dejar de ser rico, dejar de ser feliz, dejar de ser lo que soy, etc. A esto se le llama caminar hacia la cima.

Pero no todos tienen esa actitud frente a la vida y desertan de los problemas al renunciar de la búsqueda de fines y a la sazón se sumergen en la mediocridad viviendo una vida gris, mediana pero sumamente cómoda. Esa es la gran mayoría de la población humana en la tierra, vagan como fantasmas sujetos a las costumbres de las masas y así obtienen un relativo estado de satisfacción, próxima a la del animal.

El estilo de otros es seguir fines y tienen verdadero deseo de ser pero su actitud frente a los problemas no es de resolverlos sino el de huir de ellos pues les provocan dolor. Son los espantos de la depresión y de la angustia que los empujan a los consultorios de los siquiatras, de los terapeutas o a los oscuros pasillos de los manicomios.

Pero también esa huída va en dirección de las adicciones profundas y por consecuencia, al delito, a los presidios y, por último, a la tumba. Estos son los débiles espirituales pues son incapaces de hacerle frente a los problemas. Este tipo de personas son también legión. A esto se le llama, estar en la sima, o sea en las profundidades.

El tercer grupo es aquel que en líneas arriba se comentaba. Son los auténticos fuertes sociales, los que imponen marcas indelebles en la sociedad al aportar sus frutos al bien común. Son los capaces, los líderes en su posición, los que sobresalen y sirven de faros para los demás que les siguen.

Para aquellos que son buscadores de fines y solucionadores de problemas, la vida es una herramienta maravillosa que les permite perfeccionarse cada vez más en sus aptitudes; los que encuentran la verdadera satisfacción, no pastando como reses ni huyendo como ovejas, sino en el esfuerzo cotidiano por vivir cada momento y por cada momento. Cada quien sus fines, sus ocupaciones, sus preferencias, pero todos con una característica común: buscadores de fines y de soluciones en un constante e ininterrumpido trabajo, estudio u oración.

Los mediocres y los débiles no tienen cabida en la asamblea de los dioses porque su espada se ha enmohecido, mientras que los fuertes la han lavado con la sangre de sus enemigos o de ellos mismos. Aquellos que dogmáticamente son.

Meditemos con sinceridad y elijamos la clasificación que más nos conviene: Hundirnos en el cieno y el estiércol de los insignificantes, encerrarnos en el corral de las reses o sublimarnos en el carro de la victoria marchando hacia el paraíso.

Charles Bukowski, el gran poeta del realismo sucio hizo de su vida viciosa el triunfo de su vida, porque quiso ser y fue a pesar de.

CAPITULO IV

DESESPERACIÓN.

De todas las cosas que hay, dentro o fuera de nosotros, la única más importante es la vida. Sin mí las cosas no tienen razón de ser, pero también si no hay cosas no puedo existir, no tendría sentido.

Por eso existe una absoluta indivisibilidad entre las cosas y nuestra vida. Conservando su primacía ésta última. Es en, por y para nuestra vida donde las cosas adquieren sentido; fuera de ella todo es absurdo.

Todas las cosas se encuentran ya dadas, hechas como son y sujetas a las leyes. Así el reino mineral, el vegetal y el animal son cosas que simplemente son y son de tal manera que no pueden ser de otra. Los cambios que en ellas observamos están rigurosamente predeterminados y no pueden variar ni un ápice.

Sin embargo, nuestra vida es muy diferente porque aunque es algo dado también tenemos que ir haciéndola, ya sea conservándola, acrecentándola y de ello depende de nuestra inteligencia, sentimiento y voluntad. Conocer, querer y hacer.

Así, la vida es esperanza. Esperar es aguardar la realización de algún acontecimiento que nos daña o no. La esperanza es parte del sentimiento y como tal posee un alto grado de importancia para nosotros. El esperar es el aliciente y bálsamo de la vida cuando el objeto de ese esperar lo constituye algo que nos reportará un beneficio en general.

Pero también la vida encierra una gran carga negativa: la desesperación. Muchos creemos que ello significa un sentimiento, sumamente penoso, resultante de el hecho de no poder alcanzar algo que nos beneficia. El quiero pero no puedo.

En modo alguno. La desesperación es la ausencia de esperanza. No es el quiero pero no puedo, sino la ausencia del querer y por tal el no poder. Contradictoriamente aquí se presenta un sentimiento por no sentir, por no querer. Sentir por no sentir. Esa es la auténtica desesperación. La incapacidad para sentir nos hace sentir y sentimos la desesperanza.

Muchos de nosotros no nos damos cuenta de que sobre nuestros hombros, como lo decía Charles Baudelaire, cabalga la quimera de la desesperación. Y no nos percatamos porque no sentimos, porque en nosotros no hay querer. Sólo percibimos un extraño sentimiento que nos incomoda, es ella, la desesperación.

Nuestro siglo es característico por darse en mayor escala ese grave sentimiento. Ese sentimiento que nos causa la falta de sentimiento. Si nos preguntamos con sinceridad: qué es lo que verdaderamente queremos, nos daremos cuenta exacta de que nada queremos.

Porque todo nuestro supuesto querer no pertenece a nosotros sino a lo que quieren los demás. Pretendemos querer lo que no queremos, por la simple razón de que otros quieren. Pero nosotros, en nuestro yo genuino; no queremos.

El no querer lleva el no hacer. Entonces somos tibios, inútiles higueras que hay que cortar y arrojar a la hoguera. Y, cuántos de nosotros somos así!

La plenitud de la vida es conocer, querer y hacer. ¿Qué más hay?

DIA DE TODOS LOS SANTOS

En el plano o desde el punto de vista existencial que pertenece exclusivamente al ser humano es interesante descubrir los diferentes significados que para algunos tiene el concepto de hombre-santo, independientemente de su contenido religioso.

Es por todo singular la opinión de Cristo en el ya famoso sermón de la montaña, el cual debe analizarse a la luz de su esencia filosófica existencial para esbozar lo que Jesús entendía por ser- santo y ver si concuerda con el pensamiento actual. Porque el ser-santo es un tema obligado en la temática existencialista.

Cuando Jesús proclama al mundo sus ideas sobre el hombre-santo lo hace explicando sus características mas no lo define. Cuestión propia y muy común en Él. De esa manera señala con toda claridad lo que es ser santo: pobreza de espíritu (que no es otra cosa que la humildad, lo contrario a lo soberbio), el llorar (como sinónimo de expresión de dolor), el sufrir (como sinónimo del propio dolor en sí), hambre y sed de justicia (aquellos que buscan la aplicación no sólo del orden jurídico sino de los principios de justicia, la cual es fundamento del Derecho).

Limpieza de corazón (que significa ser congruente el pensamiento con los actos y viceversa, bien intencionados; corazón quiere decir conciencia), trabajo por la paz (los que procuran la solución de conflictos por vía de la

conciliación y el perdón), injuria, persecución, difamación y calumnia (el
acontecer cotidiano en la vida de todo ser humano).

Esa es la óptica de Jesús para explicar la categoría existencial del ser santo.
En realidad la visión de Él coincide con lo que se piensa del hombre
santo en la actualidad. El ser santo es estar en el mundo de una manera
tal que debamos cumplir con un orden ético y jurídico en beneficio de la
sociedad.

El ser santo es la realización no de un valor sino de una totalidad de
valores sometidos a una jerarquía que privilegie a los mejores. En esa idea
el santo es aquel que se esforza por ser superior cada día que ocurre.

El sermón de la montaña nos describe una serie de valores que nunca
han perdido actualidad porque todos los valores son absolutos, valen
para todo tiempo y lugar; aunque en algunas épocas algunos valores no
se practican y otros se ponen de moda, pero no quiere decir que hayan
desaparecido. Los valores no se inventan, se descubren.

Los valores que enuncia Jesús en la montaña son descubiertos por primera
vez, por lo que por este simple hecho se le da la categoría de genio, dada
la gran dificultad que representa esa revelación. En el orden científico
sería como formular leyes o teorías novedosas, como las de Galileo,
Copérnico, Einstein, etc.

A partir de esa develación de valores adviene su incrustación en el tejido
social lo cual provocó y provoca serias perturbaciones en las estructuras
culturales de cualquier índole, y a la vez un suavizamiento en las
relaciones interpersonales de los agentes sociales: los seres humanos. Algo
así como inyectar una sustancia en el cuerpo.

A partir del sermón de la montaña el mundo ya no fue igual. Fue un
acontecimiento que marcó una nueva era en el ámbito de los valores, de la
filosofía cuyas repercusiones fueron enormes. Visualizamos en verdadero
terremoto que sacudió a toda la cultura y que a partir de ese momento
el hombre se lanza a descubrir ignorados valores que vengan a aliviar sus
pesados problemas.

Porque Jesús no sólo se limitó a decir quién era el hombre-santo, sino que alteró la historia al mostrar que hay un universo de valores, que los valores son infinitos como tales las arenas del mar. Milenios después le toca a Max Scheler teorizar sobre lo mismo que Jesús le dijo a aquella muchedumbre en un caluroso día en el desierto. Dudamos que en aquel tiempo haya habido alguien que lo hubiese comprendido y menos cuando los filósofos ni tan siquiera habían elaborado una teoría de los valores.

Es J. Hessen otro de los pensadores que se aproxima al pensamiento axiológico de Jesús para intuir que esta frente a una necesidad real de replantear, desde sus cimientos, la contemporánea teoría de los valores, a la luz del sermón de la montaña, bajo esa gran visión de los valores infinitos.

Pero todo lo anterior quiere decir que todos los seres humanos podemos ser santos que ser santo no es mas que realizar valores en nuestras vidas, realizar es practicar con los pensamientos, con el sentimiento y con el hacer los valores que nos han sido descubiertos.

Ser santo no estar hincado en un templo de de día y de noche, santo no es ser bonachón y decir los buenos días, santo no es poner la cara de melolengo y andar rezando por las calles, santo no es observar las normas de urbanidad.

Ser santo es trabajar, estudiar, ser honesto, abstenerse de dañar a los demás, ser solidario, cumplir con las leyes, procurar la paz con los vecinos, familiares y, sobre todo, otorgar el perdón. No le hagamos al cuento y no andemos diciendo que ser santo esta cañon llevando una vida de perros y gatos, de puro desmadre.

DÍAS DIFÍCILES.

Definimos a la crisis como una coyuntura de cambios en cualquier aspecto de una realidad organizada. Para poder mejor entender esta definición debemos desmenuzar sus contenidos y decir, en primer lugar, que por coyuntura entendemos lo que es cambiante pero que es importante durante el período en que se presenta. En segundo lugar, por cambio se comprende el paso de un estado a otro.

De aquí podemos concluir que la crisis no es otra cosa que el cambio coyuntural. Esto es, la transición de un estado a otro dentro de un plazo que es decisivo. Por ejemplo cuando se habla de la crisis de la adolescencia al implicar una serie de transiciones de uno a varios estados y que se dan, precisamente, dentro de un lapso sumamente importante pero que es pasajero.

La crisis involucra a la evolución pero cuando los cambios coyunturales son violentos, profundos e imprevistos entonces se rebasan los límites y estamos en presencia de una revolución. Así pues la crisis es un cambio pero que tiene mucha importancia para quien la tiene. Nuestra naturaleza es, por decirlo así, reacia a cualquier cambio y tiende a la permanencia, no nos gusta estar aquí y luego allá, aún cuando ello sea para nuestro beneficio.

La causa de ello es que se tiene temor a la nada, al dejar de ser lo que soy aquí para ser allá. Abandonar una posición social, un hogar, una patria, una familia, etc. por otros estados; nos produce angustia. La ilusión de estar aquí y ahora nos produce tranquilidad y sosiego. El máximo miedo es la propia muerte porque conlleva al dejar todo, a la nada.

Y hablamos de ilusión porque en realidad nuestra existencia se caracteriza por la crisis, por el cambio coyuntural ya sea evolutivo o revolucionario que nos aflige y nos produce dolor, un sufrimiento existencial que desemboca en la angustia, pero debemos de entender, porque así es y así será, que nuestra vida transcurre en una serie interminable de permutaciones determinantes que son imprescindibles para nuestra formación como personas.

Ello nos induce a enumerar algunas de tantas crisis tales como podían ser, las crisis de valores, las crisis familiares, las económicas, las personales, las políticas, etc. etc. La historia misma no es otra cosa que una reseña de las crisis por las que pasa la humanidad, y cada uno de nosotros también tenemos nuestras crisis en nuestras vidas personales o de familia. Cuando nacemos, cuando nos casamos, cuando dejamos de tener dinero, cuando perdemos o ganamos honor y prestigio, cuando dejamos de ser jóvenes, cuando nos enfermamos, cuando nos divorciamos, cuando tenemos problemas en general; todo, todo ello, sin excepción, constituyen crisis inevitables que es propio del humano y que no nos podemos imaginar sin ellas.

Comprender tal verdad existencial y aceptarla como tal nos ayuda a disminuir el padecimiento pues el huir de ese contexto surte el efecto contrario. Enfrentar las crisis como algo necesario pero que también tiene un objetivo, una finalidad, es sumamente sano para el equilibrio psico-somático. Generalmente tal circunstancia se presenta en la edad avanzada cuando la visión de la vida adquiere una mayor serenidad, lejos de los ardores de la juventud.

Es de advertir de que, la finalidad de esas crisis cada individuo debe dársela conforme su condición personal de religión, ideología o creencia.

Pero, desde luego, no todo es negativo y pesimista porque si bien es cierto que hay cambios, estos pueden ser también positivos y engendran acrecentamiento de la calidad de vida, que nos ayuda a desarrollarnos en muchos aspectos de nuestro ser. No debemos y no podemos sustraernos a lo cambiante, para bien o para mal y, vale más que nos vayamos acostumbrando a esos días difíciles de la existencia.

Llegará el momento en que esos plazos serán sólo un frío recuerdo, no todo, en esta vida es para siempre; afortunadamente.

DIOS HA MUERTO….. NOSOTROS LO HEMOS MATADO.
Federico Nietzsche.

Hoy es Viernes Santo y por ello me parece justo hacer algunas consideraciones sobre la relación entre nuestra vida cotidiana y lo religioso, específicamente nuestra correspondencia con Dios.

Efectivamente, podemos constatar la veracidad de la lapidaria frase de Nietzsche: Dios ha muerto. Pero no contento con ese hecho hace resaltar al autor de su muerte: el Hombre. El motivo de eso es, superponer en el lugar de Dios al mismo humano, como el nuevo Dios.

Es cierto que hace ya más de dos mil años matamos a Dios porque ello es histórico y nadie lo puede dudar. En nuestra actual sociedad también lo hemos eliminado.

La nueva estrategia no es negar a Dios porque el ateo en su negativa encierra una afirmación de Dios. No se puede negar lo que no existe. No es tampoco idear falsas apreciaciones de Dios, al estilo de los herejes y los cismáticos. Mucho menos olvidarlo, porque no podemos borrar nada de nuestra memoria, como lo hacen los freudianos.

Lo nuevo es ignorar a Dios. Ser indiferente a Él. Eso significa que le hemos dado muerte.

Lo sacamos de nuestras vidas privadas, lo expulsamos de las escuelas, de las universidades, de los negocios, de las diversiones, del gobierno, de la filosofía, de la ciencia, del arte, del Derecho, de la justicia. En fin, se le ha expulsado de todos los niveles de nuestra vida.

Se ha creado nuestro propio infierno, un infierno peculiar y novedoso, en donde todo tiene sentido menos Dios. Y si nos referimos a un infierno especial es porque en el verdadero infierno las cosas operar de manera contraria. El diablo y sus secuaces no ignoran a Dios, al contrario, le ponen mucha, muchísima atención.

La civilización actual ha sido construida sobre un falso humanismo. Sin embargo el hombre, esta probado, no puede resolver sus problemas por sí mismo, pero se empeña en ello y de ahí su angustia, sus neurosis y profundas depresiones que lo arrojan al suicidio.

Vivir sin Dios es cotorro y a toda madre; porque así logramos dar rienda suelta a lo que queramos. Nos hacemos los zonzos para cometer toda clase de fechorías imaginando que no hay responsabilidad. Cómodamente violamos los diez mandamientos pensando que ya la hicimos.

En el lenguaje vulgar del mexicano todo lo anterior quiere decir que nos hacemos pendejos al tratar de ser indiferentes a Dios. Por ello, esa postura no es filosófica ni constituye una nueva teología. Simple y sencillamente es, sacarle al parche.

El problema del Diablo no fue que quiso ser igual a Dios, Satanás no es ningún tarugo, sino sustraerse a la autoridad de Dios, independizarse, huir de la responsabilidad. La única diferencia entre nosotros y Luzbel es que él no se hace del occiso y nosotros sí.

Así pues todo aquel que pregone la irresponsabilidad de nuestros actos, llámese Nietzsche, Freíd, Sastre o como se haga llamar, de inmediato le prestamos oídos y presurosos afirmamos todo lo que ellos dicen, porque así conviene a nuestros intereses y no porque efectivamente sea verdad.

Dejémonos de andar buscando pretextos para nuestros desmadres. Agarremos al toro por los cuernos y volver al redil de Dios. Que nuevamente sea Él quien sea el centro de nuestras vidas.

Al fin y al cabo cuando ya estemos agonizando, y después de una existencia de francachelas y babosadas, de nada nos va a valer hacer las paces con Dios. El hacernos los indiferentes es como hacen los avestruces.

El pobre viejo loco, aunque sabio, de Nietzsche dijo una gran verdad. Lo único que le falló fue que no contaba con la astucia de Dios: Resucitó.

Alegrémonos de que Dios haya muerto porque ha resucitado.

DIOS Y EL MEXICANO.

EN UN TIEMPO, DEL QUE YA NO RECUERDO, DESPERTÉ Y VÍ QUE TODO A MI ALREDEDOR ME PARECIÓ RARO, INTERESANTE Y CURIOSO; TOMÉ EN MIS MANOS TODAS LAS COSAS QUE PUDE, PERO NO PARA SABER QUÉ ERAN SINO SIMPLEMENTE PARA PALPARLAS.

EL MUNDO Y SUS COSAS ME DELEITABAN.

PASADO MÁS TIEMPO Y DESPUÉS DE UNA SIESTA PRECEDIDA DE UNA MAÑANA INTENSA Y VIGOROSA, VÍ TODAS AQUELLAS COSAS Y EL UNIVERSO QUE LAS CONTENÍA. ME PARECIÓ CONOCERLAS Y ASÍ IMPONERLES MIS IDEAS A PESAR Y EN CONTRA DE MIS SEMEJANTES QUE ATENTOS ME OBSERVABAN.

EL MUNDO Y SUS COSAS ME ENSOBERBECÍAN.

YA MÁS TARDE, Y ANTES DEL MEDIODÍA; DEAMBULABA POR LAS TABERNAS BEBIENDO, EN COPAS DE PLATA, SABROSOS LICORES. BELLOS PLACERES ESPIRITUALES DE INTENSOS ESTUDIOS. DESCABELLADAS Y FARISAICAS DISCUSIONES EN LAS SILENCIOSAS AULAS. ARDOR FEBRIL POR CONOCER.

EL MUNDO Y SUS COSAS ME CAUSABAN PROBLEMAS.

YA AL MEDIODÍA MALDIJE Y ABJURÉ DE DIOS. DECIDÍ HUIR DE ÉL PARA ODIARLE CON MAYOR LIBERTAD, PARA BLASFEMAR CON MÁS COMODIDAD.

ME FUI AL DESIERTO E INSTALÉ MI TIENDA EN EL MURO CONTIGUO A LA CASA DE LA SERPIENTE ANTIGUA Y POR LA NOCHE PARTÍ A VISITARLA PARA DECIRLE QUE ERA SU NUEVO VECINO.

EL VIEJO REPTIL, ESCAMOSO Y TACITURNO, BESÓ MI ROSTRO CON SU BÍFIDA LENGUA, ABRIÓ SUS PUERTAS QUE NO TENÍAN BISAGRAS, ME LIMPIÓ LAS LÁGRIMAS CON EL PAÑUELO DEL OLVIDO: LUEGO ME OTORGÓ SOLEMNEMENTE LA BIENVENIDA A SU MÁGICO REINO Y ME MOSTRÓ UN LIBRO SIN ESCRIBIR Y ME DIJO QUE LO LEYESE. QUÉ FELIZ ME SENTÍA.

OLVIDÉ A DIOS, AL MUNDO Y SUS COSAS.

ESCUCHÉ A LUZBEL DURANTE UN TIEMPO LARGO Y SU CÁTEDRA ME PARECÍA MAJESTUOSA PORQUE NO HABLABA DE DIOS. LO HABÍAMOS OLVIDADO. QUÉ PORTENTOSAS BIBLIOTECAS REPLETAS DE SABER PROFUNDO ACUMULADO POR TANTOS PENSADORES. SUS PALABRAS ERAN INCIENSO Y ORO LÍQUIDO QUE DULCIFICABA MI CORAZÓN. QUÉ A GUSTO SE ESTABA AHÍ.

LEVANTÉ UN ALTAR AL REBELDE CAÍDO Y EN ÉL ME REGOCIJABA.

LLEGADA LA NOCHE DE MI TIEMPO, ASISTÍ AL CINE DE MI VIDA; CURIOSIDAD, SOBERBIA, SABER, ODIO Y OLVIDO FUERON LOS ARGUMENTOS. ENTONCES SE ME REVELÓ DIOS A QUIEN LE DIJE: "SEÑOR, A DÓNDE IRÉ QUE NO ESTÉS TÚ?"

DIOS ME CONTESTÓ: "VEN A MIS BRAZOS SUFRIDO HIJO MÍO, YO TE PERDONO PORQUE AL FIN Y AL CABO ERES MEXICANO"

NO SE HABLE MÁS.

DOÑA FIDELA

Cuando vamos a dormir la mona lo hacemos por una necesidad fisiológica que es el descanso y el sueño. En ambos casos recibimos una respuesta reparadora al desgaste de la mente y del cuerpo. Pero también cuando nos acicalamos acudimos al espejo para ver en él la imagen reflejada de nosotros. Aquí la necesidad que satisfacemos es la de ser aceptados por los demás por medio de un arreglo personal estético.

De ahí nos trasladamos a nuestra vida familiar y social para interactuar con los demás de acuerdo con todo aquel equipo cultural que hasta esos momentos hayamos recogido. En ese recorrido diario por la realidad social ejecutamos todo tipo de actos y de omisiones de lo cual ni tan siquiera, por asomo, hacemos una reflexión de ello.

Reflexionar sobre el *tour* social cotidiano de nuestras vidas significa el valorar lo que hicimos, no hicimos o dejamos de hacer respecto de lo más importante y dejando atrás lo menor. Si ello lo lleváramos a cabo a cada que nos vayamos a la cama y antes de dormir tendríamos un balance de esos actos que nos ayudaría a mejorar nuestras vidas.

El simple cotejar lo del día con, al menos, los diez mandamientos de Moisés nos llevaríamos una enorme sorpresa. Y decimos los diez mandamientos porque sería inútil comprar un Código Penal y ponernos a leerlo. Las tablas de la ley que nos enseñaron en la doctrina religiosa, con eso nos bastan, para empezar.

Y decimos sorpresa grande porque describiríamos la gran cantidad de yerros que cometemos a cada momento, pero lo que es más admirable, el gran número de veces que repetimos ese mismo tropiezo. Apostamos cien uno que a diario deshonramos a nuestros padres, matamos con el pensamiento y la palabra, deseamos a la pareja del prójimo, robamos, mentimos, envidiamos, en fin.

Pero el pecado más feo y macuco es el de la infidelidad, que no es otra cosa que la falta de lealtad a nuestros principios o a una persona, porque nos lleva ineludiblemente a la traición y ser judas es ser abominable y despreciable. La falta social más grande que se nos puede imputar es la traición.

Traición a todo, a nuestros hijos, al cónyuge, a los amigos, a los principios ideológicos, a la religión y a la sociedad en general. El que traiciona, dice el dicho, traiciona dos veces y nadie, en sus cabales, confiaría en un perjuro. Porque la confianza es la seguridad que se tiene de uno mismo o de otra persona.

Porque el dolor más agudo, la destemplanza mayor y la agitación más fuerte de nuestro espíritu es el de sentirnos vendidos precisamente porque se violó lo que es más sagrado para el ser humano: la confianza. Porque es la seguridad el factor prioritario para el desarrollo de la personalidad a través de la vida.

Y exigimos seguridad porque sin ella habría no sólo desorden en nuestras vidas privadas sino en el orden social. Las instituciones como estructuras, los fundamentos de ellas, la cultura y todo lo que el hombre ha hecho se vendría abajo sin no hubiese esa seguridad que engendra confianza. Por eso se dice que el hombre vive confiado.

Pero todavía más allá. La confianza inspira esperanza firme que se tiene en algo o en alguien. Y esperanza es ese estado de ánimo en el que se nos presenta algo como posible y acomodado a nuestros deseos. Esperar es sentir la seguridad, la confianza de que algo va a ocurrir conforme a nuestras aspiraciones. Por eso el hombre espera y en el esperar va de por medio su propia vida.

Cuando nos acerquemos al espejo no sólo veamos nuestro cuerpo sino el retrato de nuestras acciones, el inventario y valoración de las cosas que nos acontecieron en aquel pequeño viaje por el escenario social. Por eso, petate y espejo son dos objetos habituales que nos inducen a recapacitar sobre el impacto de nuestra conducta en los demás.

Y sobre todo, cuando vayamos por ahí en la vida, alegres y despreocupados, confiados y esperando, no dudemos de hacernos acompañar de esa dama de gran y tasada alcurnia de nombre: Doña Fidela. Sin duda, pasaremos con ella un buen rato.

DORMITORIO 27

"Apreciable maetro, lla llevo ocho meses y dos días encerrado en este mendigo chiquero y ya asta me olvide de dios porque ya nose acuerda de mi, somos como veintidós en la misma celda que se llama dormitorio #27 todos apretados y algunos dormimos sentados. A la semana de haber entrado me violaron como tres batos y luego me golpiaron y me amenazaron, tuve que quebrarlo el brazo a uno para darme a respetar sino me iban a seguir violando.

Ya me vale madres mi familia porque ni siquiera vienen a verme, el cabron de mi abogado me dijo que ya no podía hacer nada porque disque no le habían pagado su chamba, mejor le he pegado a la mota, al guayul por lo barato no tengo dinero y soy chalan de Jorge el maciso y hago el aseo limpio la cagada y los miados.

Todo esta bien apestoso nos train viejas mucha droga y alcohol pero yo no puedo pagar el masiso me debe dos semanas, me dijo el secretario del jusgado que iba a estar 10 años mas estoy muy desesperado no oigo mas que puras mentadas y diario golpean a los presos los mediomatan y los violan. Ya no creo en dios en nada tengo mucho coraje quiero matar a todos pero tengo miedo hace tres días me aventaron a los tiras y me pusieron una madrisa de valde porque me pusieron el dedo. Hay cuates que tiene billetes y tienen todo viejas alcol tele y pueden salir al patio cuando quieren. Algunos ya salieron con licenciados bien pagados pero yo soy un pinche bato jodido me dan ganas de llorar pero me aguanta porque luego me violan.

175

Los guardias están bien ricos train buenos carros porque los ricos les dan lana yo trabajo diario y me pagan muy poco apenas pa los chescos y el chemo acaban de matar a un bato porque se paso de lansa los guardias son ojetes lei sus artículos y yo quiero que ponga en el periódico esta carta para que todos se den cuenta de la pinche corrupicon que ay lla estoi hasta la madre me quiero matar colgarme de una reja, el masiso me dijo que se la sentenciaron los sapos y yo no quiero que lo maten porque me cuida y me da dinero es como mi padre.

Mi vieja anda con otro compa ya me dijeron y mi hijo anda en malos pasos anda robando y un dia de estos nos vamos a ver las caras ayúdeme lic pero no les diga mi nombre mándeme unas palabras de consuelo muchas gracias un cuate del dormitorio 27 a lo mejor no salgo vivo no tengo quien jale conmigo gracias."

Gracias a ti, Conde de Montecristo, y te diré que tu vida va a cambiar. Gracias por tu confianza. Tu carta será publicada con las reservas que me pides.

En esta Navidad, en lugar de pensar en borracheras llamadas posadas, en lugar de enviar cursis tarjetas con hipócritas deseos, de comer hasta vomitar, de fornicar, de poner luces y adornos; vayamos a visitar a aquellos marginados que lloran y sufren las vejaciones de un sistema carcelario opresivo.

Muchos de ellos no tienen el poco de dinero para pagar su libertad bajo fianza y muchos de nosotros poseemos lo suficiente para pagar por ellos, ¿podríamos sacrificar nuestro aguinaldo a cambio de la libertad de uno de ellos?

Y si no, ¿podríamos darles unas palabras de consuelo, darles unos momentos de compañía? Porque aunque cumplamos escrupulosamente con todos los ritos de nuestra religión, de nada nos valdrá porque somos como sepulcros blanqueados.

Quién estará más privado de la libertad, ¿ellos o nosotros? Feliz Navidad a todos los del dormitorio 27, sueñen con su libertad, pronto la recuperarán, no pierdan la confianza. Piensen que los de afuera no somos mejor que ustedes.

Algún día, no muy lejano, seremos huéspedes del dormitorio 27.

DOS DE BUCHE

Lo mejor de los tacos son los perros.

Los hay de nana, de canasta, dorados, de asada, al pastor, de cabeza, de suadero, de ojo, de maciza, pa llevar, paseados y de un sinfín de nombres que campean en la imaginería mexicana cuyos orígenes atraviesan las épocas prehispánicas, donde Moctezuma le atoraba a los tacos de nopales.

Crudo o cansado, desesperado o feliz, rico o pobre, con deudas o con calor, en el frío duro o en la banqueta desnuda; el mexicano se aproxima al taquero en un protocolar solemne y significativo. Es el aborigen que merodea en los poliedros buscando algún órgano que se le haya escapado al sacerdote del sacrificio. No acude por hambre sino para satisfacer el insondable atavismo del indio antropófago.

El taquero pertenece a la clase sacerdotal que en lo más alto del monumento piramidal se prepara para inmolar a los vencidos en las guerras floridas, su figura es imponente pues es capaz de ver a Dios mediante el holocausto humano, se aproxima a los semidioses o a los héroes condecorados en el Olimpo, cumple con sumo cuidado, un ceremonial que se remonta a tiempos innombrables.

La hecatombe de la carne humana, en el sacerdote-taquero, no es un acto meramente caníbal o de atrocidad demencial, es una plegaria a las fuerzas del Absoluto para adquirir poder sobre cosas y hombres, visiones a un futuro indecible, evocación de un pasado ilustrador y afirmación del presente beatífico.

El taquero-sacerdote es el mediador entre las fuerzas cósmicas y el hombre, es el pontífice, constructor de puentes, que enlazan a la tierra con el cielo, el santo y el orante legitimado, que aboga por el destino de la humanidad, por ello es el abogado por excelencia, el intermediario, el conciliador de la ira divina por los desvíos humanos.

El taquero se constituye en sacerdote-pontífice, en abogado y, además, en el dador del alimento universal y, por tanto, ora, aboga y nutre. En esta triple función el taquero puede ser configurado como aquel que pide a Dios por nosotros, aquel que media entre nosotros y Dios y, por último, el que distribuye el alimento a todos los hombres según sus méritos y obras. Por eso el acercarse al puesto de tacos significa un culto que anida en la genética del mexicano, no va sencillamente a comer, sino a ponerse en contacto con la divinidad, a través del pontificado y arbitraje del taquero.

Ir al puesto de tacos es peregrinar a la pirámide del sol, permanecer en su base, pues solo los sacerdotes pueden acceder a la cúpula, esperar con humildad el consejo sabio, la ayuda oportuna y el mejor taco. Dios, pecado y barriga son resueltos por conducto del sacerdote- taquero en un acto de profunda devoción escondida en los pliegues del alma pre colonial mexicana.

Desde las cúspides más altas del edificio piramidal, se distingue la figura sempiterna e inmaculada del sacerdote-taquero, el cual implora, reconcilia y alimenta a su pueblo rogante y peregrinante: el pueblo mexicano. De ahí la explicación del porqué el mexicano es profundamente taquero; ahí confluyen todas sus clases sociales, se integran todas las religiones y las más divergentes ideas políticas. Es la liturgia del taquero.

Cada taco, cada bocado, cada sorbo de coca o de agua de horchata, es la presencia de una oblación, de una ofrenda destinada a ser protegidos por Dios. Cada inmolación significa abundante sangre, homicidio premeditado, ansia por apagar la cólera y obtener el favor divino. En el taco encontramos la carne del enemigo sacrificado, es carne de matanza, de degolladero, pero también de sumisión a Dios.

Cuando vayamos con el taquero seamos reverentes y veamos en él a la casta sacerdotal, al poder judicial y al proveedor, inclinémonos ante su presencia y busquemos el consejo, la solución al conflicto y el remedio del hambre. Dios, ley y panza son las divisas del taquero mexicano. Es la figura más sagrada de la sociedad.

En lo alto del templo el taquero otea la lejanía inquiriendo, detectando la carne que para el día siguiente servirá como expiación de las faltas de los hombres. Nosotros, desde la base, esperamos ver el cuchillo rojo en sangre que rasga los tejidos que nos darán esperanza, paz y buena tripa.

Honremos a los taqueros, una hurra, un bravo y una tumba de esplendor para ellos.

Recomiendo los de buche, salsa del molcajete y agua de la llave sabor limón.

DULCES TONTERÍAS

El tonto es el que comete tonterías; el tonto es aquel falto o escaso de entendimiento o razón, pero y ¿quién no es un tonto? Todos los que vagabundeamos en cuerpo y alma por la geografía y el acontecer no hay día ni hora que no hagamos una tontería, porque la vida se compone, decididamente, de una serie infinita de tonterías.

Pero esas boberías, esas simplezas son las que le dan ese sentido "sin importancia" a la vida. Esas gansadas le confieren a tu existencia un carácter valemadrista, un no sé qué me interesa, un aire de dejadez, de esa flojedad y desgana que rompe con el duro cartabón del diario vivir.

Hay un donaire en el hacer, el dejar y en el no hacer; ese dejarse llevar por el suave aire de las tontadas, del abrir de boca y ojos, de esos banales tropezones tan propiamente humanos, muy humanos. Porque no hay ser en el cosmos que cometa idioteces como nosotros abundantemente lo hacemos.

Y es que en la profundidad de la mente se esconde esa angustia por la existencia y entonces nos dolemos de un enemigo común, poderoso y letal llamado "miedo" que nos paraliza, inutiliza todas nuestras capacidades llevándonos a la inacción y luego al suicidio. El ser humano que tiene miedo deja, escuetamente, de vivir. Sólo existe.

Ante ese tan formidable riesgo es causa necesaria la presencia de muchos modos de eludirlo y uno de tantos consiste en cometer tonteras, porque no es un olvidarse del miedo sino de enfrentarlo con un arte taurino. Sólo el tonto vive sin miedo, sin angustia, pero no porque lo evite o huya de él, sino porque se burla de él y le da su real lugar. Y es que la guasa es el antídoto del temor.

Por eso, no debes tomar muy en serio tu vida ni las cosas o gentes que la rodean, porque las cosas y las personas están en tu vida y no viceversa. Por eso me gusta que hagas tonterías, melolengadas, cosas que aparentemente carecen de valor pero que son meritorias para realizar tu vida con calidad y plenitud.

Abandona con gracia y galanura esa adustez, esa exagerada responsabilidad, esa apetencia de la imagen perfecta, el aplauso, el qué dirán, el examen con 100 cien y todo angélico perfeccionismo. Ello te mortifica; mata, lentamente, tu cuerpo y tu espíritu. Si quieres seguramente vivir, haz necedades, sandeces, como le llames. Te desprenderás, de verdad te digo, de muchas cadenas que te han atrapado desde hace muchos años.

Los valores te instan a vivirlos pero tensan, cual si fuese una cuerda, tu frágil vida. La panza te llama a que la llenes pero te esclaviza rematando con la única cosa de la cual eres genuino propietario: tu cuerpo. Los otros, la gente, te llama, necesita de ti pero aprisiona lo más elevado de tu ser: tu yo.

Valores, barriga y gente pueden convertirse en obstáculos enormes para una sana vida.

Por eso me fascina cuando mascas chicle en un concierto de Beethoven, cuando dejas tu carro estacionado en el lugar destinado "para mujeres embarazadas", cuando te ríes y te burlas de un antiestético, cuando arrojas basura a la calle, cuando no saludas a nadie, cuando pides fiado y pagas cuando quieres, cuando te tomas una cerveza al tiempo y, sobre todo, cuando afirmas que no eres nadie siendo que el mejor eres.

Pero, más que nada, cuando cometes esa dulce tontería de ver películas en "mute" en tu hd televisión.

ECHADO

Todo mundo listo pal debate porque va a estar grueso y se van a dar hasta con el balde. El peje es perrísimo, el Nieto es muy mamón, la chepina es vieja y el cuadri vale madre. No le hace va a estar de poca este cotorreo del debate y pues a ver quien gana, y es más a lo mejor sale una ruca con buenas chichis.

Los comentarios van y vienen por todos lados, mientras los concurrentes se acomodan de un salto en sus sillones que huelen a orines de chiquillo y a perro sin bañar. La gritería no se hace esperar cuando alguno de los compañeros llega con un cartón de amargas bien heladas y las mete al congelador.

A nalgadas meten a la chiquillada en sus cuartuchos llenos de basura y apestosos a pedos intestinales, en tanto que la ama de casa, despeinada, en chanclas y en fachas barbotea silenciosamente puras mentadas de madre al marido y a sus acompañantes. La tarea que le espera es dura, pero durísima, lo presiente en el aire festivo que rodea a los presentes.

Llueven como granizos los cacahuates rancios y enchilados, los garbanzos quiebra muelas, las papitas y los churrumais; al son de las heladas que se consumen con intensa fruición y asombroso volumen. Los comentarios son imprecisos, vociferadores y retadores.

Cada quien trae su gallo y eso dificulta la comunicación. Una mentada de madre al peje desata una reacción en cadena de injurias, escarnios y provocaciones. Luego vienen las porras a los rojos, a los azules, a los amarillos acompañados de los malos recuerdos de los que fueron expresidentes, gobernadores, diputados y senadores. Cada uno denigra a los de su bando contrario y exige justicia social.

No deben faltar los aciertos de los gobernantes, la alusión al gober precioso, a Colosio, a la ibero y porras a Zedillo porque fue un chingón. Los ánimos se calientan conforme la ingesta de lúpulo embotellado aumenta, y más de alguno tira un manotazo al aire como queriendo asustar. La pobre vieja adivina momentos procelosos y opta por encerrarse en su pocilga comunal.

El bato y ella no son casados sino arrejuntados, ambos tienen hijos ajenos y su pareja ya tiene seis meses que no trabaja y del billar no pasa. Pero eso sí, echándole a la cheve es inigualable. De un momento a otro estalla lo pronosticado: vuelan botellas y sillazos por todos lados, luego la chota, el compadre que presta pa la fianza y luego la cruda moral y el pedir perdón bajo promesa de no volver.

Aplastado sobre el sillón orinado, el camarada medita sobre la venganza que va a tomar, las trácalas que va a hacer para sacar unos centavos y apostarlos en una carambola. La vieja tiene que lavar y planchar ajeno, y de vez en cuando a teibolear para sacar para pagarle al ojete de la tiendita. Por su parte el baturro se hace de la vista gorda.

Los chavos andan con las greñas pegadas con engrudo, reprobando en la escuela y alguna que otra ocasión quintándole los espejos a un carro y con ello pagar el tonsol, el resistol o el guayul. La chemada tiene sus propias reglas y no tardará mucho para que alguno de los chavos acabe en la correccional para menores o en sepulcro blanqueado.

Una buena tarde, aparecen los mismos sujetos camorristas, del otro día, en la entrada de la casa, vistiendo uniformes, unos del América y otros de las Chivas. Alegremente se instalan en los sillones orinados, encargan cacahuates, papitas y cueritos. De repente, como un huracán, sale, alegre, corriendo el bato y enciende la televisión: es el partido estelar, Chivas vs. América.

La vieja aprovecha, se va al téibol y apenas lleva media cuadra recorrida cuando escucha el rumor sordo de botellas quebradas y de silla rotas, las patrullas y el compadre...

Ella desaparece en las tinieblas de la noche, se quita la ropa, baila acompasadamente bajo las brillantes luces de la pista, deslizándose por un tubo, esperando un cliente.

El bato sigue echado en su sillón orinado, pensando en venganzas, acariciando una cerveza, esperando un debate...

¿Ya compraste, el sillón, el cartón y la televisión? Yo pongo la vieja.

ÉCHALE AGUA A LA MACETA

La edad de la Tierra la han calculado los geólogos y los geofísicos en unos 4470 millones de años y hasta la fecha sigue dando vueltas y más vueltas en ese espacio llamado sideral. Esto ha demostrado la autosuficiencia de este planeta que constantemente se renueva a sí mismo convirtiéndose en una perfecta cápsula de supervivencia y máquina del tiempo, a la vez.

El agua y los minerales que contiene siempre han sido los mismos. El suelo que pisamos y el agua que usamos son los mismos que utilizaron los dinosaurios y quién sabe que otros más bichos. Los organismos vivos tuvieron la misma estructura que ahora la tienen, ni más ni menos.

Todo el reino animal y vegetal se ha transformado en inmensos reciclajes que han regenerado más vida, vida infinita en variadísimas formas. Así pues, la tierra se sustenta a sí misma por medio de ciclos renovadores de materia y energía. Pero no es solamente la tierra la que hace todo eso, sino es con la ayuda de todo el sistema solar donde las leyes de la gravitación y atracción le permiten a todos los planetas guardan un equilibrio constante y estable.

El sol mismo satisface la necesidad energética, tan indispensable para la mutación de la materia, como lo hace también la actividad interna de la tierra manifestada en los volcanes y movimientos sísmicos. En el planeta tierra todo está equilibrado, esto es, todo esta ordenado en número, peso, lugar, extensión y tiempo. Nada escapa a un control absoluto.

Por eso las méndigas teorías ambientalistas en el sentido de que las especies se están extinguiendo, que nos vamos a quedar sin petróleo, sin alimentos, que estamos contaminando, que los babosos agujeros de ozono, que ya no va a haber agua, ni aire, que esto y lo otro, todo ello, absolutamente todo eso es falso. Las emanaciones solares cotidianas llevan más radiaciones que mil bombas atómicas y un millón de hoyos de ozono.

Todas las industrias del mundo no son la mil millonésima parte de las expulsiones volcánicas, las reservas petroleras han aumentado, la producción de alimentos se ha incrementado, se ha reducido la erosión de las zonas arboladas y la cantidad de agua que encierra este planeta es inagotable. El Armagedón ambientalista es una farsa creada con fines muy oscuros.

En cuanto a la población ésta se mantiene, al igual, en proporción pues el índice de decesos debidos a múltiples causas es muy alto. Los homicidios, ya sea en guerra o por delito, junto con las enfermedades, manejan un rol muy enfático en el control de la población, no se diga los producidos por accidentes. Si duda son traumáticos los inventarios de nacimientos, pero más respecto de las defunciones. Estudios serios han demostrado esas mentiras eco-ambientales.

Pero también es muy significativa la parte que le corresponde al hombre en el cuidado y acrecentamiento de los recursos, pues no se puede decir que una persona que nace sea una boca más a alimentar, sino un contribuyente más en la generación de bienes.

Hay, por tanto, que olvidar las manías de cuidar excesivamente el ambiente, que no nos mientan, que no nos atemoricen con monsergas de monja necia y de mente esquizofrénica, voces de profetas crudos y amenazas de verdugos sin hacha. Disfrutar de la vida y de sus recursos con mesura y serenidad sería la mejor de nuestras conductas frente a los carroñeros de la buena fe y mamones del medio ambiente.

Lava tu carro con manguera, quema tu basura al aire libre, fuma donde quieras y si quieres que esa planta bellamente florezca, no escatimes y ¡échale agua a la maceta!

No olvides ponerte un cinto de cuero de cocodrilo.

ÉCHENLE ZACATE AL BUEY.

Cuando, en cierta ocasión, escuché en la calle a la perrada decir: "quióbole buey"; definitivamente atrajo mi interés al punto de hacer una reflexión más sobre nuestra existencia, esa existencia que es primordial y que está por encima de todo.

Así es. Al hombre se le puede ver desde muchos puntos de vista, bajo muchas categorías, pero la más acertada es esa, la categoría del hombre-buey, porque es la que mejor describe al hombre del siglo XXI. Pero, ¿por qué es así? Fijémonos bien. Es a partir del siglo XIX cuando se inicia con una corriente filosófica denominada positivismo.

Ese positivismo no fue otra cosa que el precedente de la era tecnológica y que abrió las puertas hacia una falsa concepción del progreso. Se originó la visión equivocada de que el hombre estaba al servicio de la técnica y por ello se convirtió en un número, en un punto de vista. No es que hayan dejado de existir los valores, sino que se le dio una primacía al valor utilidad sobre todos los demás valores.

A partir de ese momento predominaron las llamadas ciencias dizques exactos y todas las demás ciencias, incluyendo a la Filosofía, se subordinaron a ellas. Primero la técnica y después el hombre. Y de ese momento, se puede decir, empezaron a decirnos un sin número de mentiras.

Se nos habla de cosas tan absurdas como la ecología y el hábitat para decirnos que es más valioso salvar a un méndigo tigre blanco siberiano o un feo y hocicón cocodrilo, que a un niño. Se nos dice que es más valioso combatir al agujero de ozono que dejar de bombardear a poblaciones.

Que vivimos en una era de democracia, que le estamos ganando al crimen organizado, que tenemos un superávit, que ganamos un partido de futbol, que ya se murió el negro Jackson, dizque el "rey del pop", que vivimos en un estado de Derecho, que estamos avanzando, que el próximo gobierno será mejor, que elegimos libremente a nuestros gobernantes, etc. etc.

Puras y absolutamente mentiras y más mentiras que ya nos tienen hasta la madre, como hasta la madre nos tienen el IFE y las marranadas de los partidos políticos. Hasta la madre nos tiene la democracia, el negro Obama, el bocón de Chávez, la economía nacional, la selección nacional. A todo, a todo, el pueblo les recuerda, siempre, el diez de mayo a cien por hora. Que ch…. todos, bola de perros.

Nunca antes el hombre había sido tan maltratado, tan encarcelado, tan torturado, mutilado, asesinado, humillado, robado, engañado, violado, marginado, empobrecido e ignorado; como ahora se ha hecho. Los gobiernos, las grandes corporaciones económicas y las organizaciones criminales son los principales actores de estos y de todos los latrocinios.

Pues ese es el hombre-buey. A ese al que todos le sacan provecho, al que trabajan a reventar por un mísero zacate, al que hieren con la pica cuando se rehúsa a caminar por fatiga, del que se burlan cuando a solas dirige una oración a Dios en medio del cansado silencio del pesebre, del que se mofan cuando va a votar engañado por cursis promesas.

Sí, ese hombre-buey que con su enorme trabajo, con sus gruesas gotas de sudor, con sus pobres patas enlodadas, con sus cuernos retorcidos, con su piel picada por nubes de infames mosquitos, con sus resoplidos y sus enormes ojos tristes, con su paciencia y mansedumbre; mantiene a una pandilla de vividores que pregonan la ciencia, la economía, la democracia, la transparencia y quien sabe qué otras más sandeces.

Ese hombre-buey que, para escapar de su inmenso dolor y angustiada soledad, sentado en su estercolero, se empina las caguamas, se avienta una grapa, le quema las patas a judas y se pone hasta la madre porque lo tienen hasta la madre. Sus sueños artificiales son su único consuelo. Siembra, cosecha, comercia, posee o consume enervantes porque es ignorante, porque es miserable, porque lo han aplastado.

Esa es la auténtica realidad social del hombre-buey, del hombre del siglo XXI que esta condenado a perecer en la más cruenta ignominia de sus semejantes, de su odios, de sus racismos, de sus fanatismos, de sus codicias, de sus perversiones sexuales. Se ha llevado al extremo lo del hombre lobo del hombre.

Por eso la raza, los batos, en su jerga callejera, ha fundamentado una de las categorías más trágicas del hombre: la del hombre-buey. El signo del hombre moderno. Todo lo demás es mentira, absoluta mentira.

¿Quién podrá redimir al hombre-buey?

Mejor pónganlas a enfriar y traigan los limones que hace mucho calor.

EL BAÚL DE LA ABUELA

Fatigado en el cuarto de estudio decidí dar un breve paseo por los antiguos rincones del hogar, por esos lugares nunca frecuentados, olvidados en la penumbra del quehacer cotidiano, de la actividad banal. En ese pequeño territorio llamado desván donde se guardan los tiliches, aquello que ya no sirve para nuestro vivir existencial.

Ahí, precisamente ahí, se encontraba un pesado y oscuro objeto: era el viejo y eterno baúl de la abuela. De esa viejecilla adormilada al calor del sol que miraba hacia un infinito que sólo ella conocía, esa mujer extraña y ajena a nuestra vivaracha realidad; un enorme peso de pasado soportaba y sus pasos le pesaban al suelo, en tanto que sus manos hacían rechinar la herrumbrosa chapa del baúl de sus evocaciones.

De entre las ciento y más cosas que contenía aquel arcano cofre, se distinguían muchos objetos religiosos de variadas formas y expresiones, era como el interior de un templo rico y ornamentado. Allí pululaban las campanillas de cobre, los porta velas de ortodoxas figuras, los crucifijos, los rosarios…todo encerrado durante años y años en una hermética lobreguez.

Mi vista, acostumbrada poco a poco a la opacidad, se dirigió, casi por designio, hacia una pequeñísima figurilla de colores descoloridos, de aristas desgastadas y de algo de mugre en sus repliegues. Se trataba de una Virgen María que sostenía a un niño de apacible sonrisa. La mantuve en mi mano y la observé con atención: ambos personajes, al parecer, me miraban con viva atención, como si fuesen dos curiosos geniecillos avivados por una súbita libertad.

Con inusual interés trasladé la estatuilla a mi cuarto de estudio y una vez ahí me dediqué, por un tiempo que no podría recordar, simplemente a mirar a aquellos ojos diminutos de la Virgen como del Niño. Sin saber por qué, sencillamente la llamé como la "Virgencilla del Niñito Jesús". Y también, sin conocer razón alguna, entendí que es aquella pequeñísima Virgen del Niño Jesús que aguarda en los más sombríos escondrijos de los hogares, en espera y anhelante de ser descubierta. Un aguardo en el que no importa el tiempo, sino en ser vista por los fatigados buscadores de verdades, por los desconsolados que cargan, sobre su humanidad, pesadas cadenas.

En medio del tráfico de los viandantes, de las imprecaciones, de la soledad de los moradores, ahí, en el más insospechado lugar de la casa, se encuentra la Virgencilla, con la esperanza de penetrar en sus almas para transformar sus desesperadas vidas, para dar luz y paz a esas desenfrenadas viviendas.

Ahí, con sus vivaces miradas, la Virgencilla y el Niñito, atienden con inquieta esperanza, cualquier intento de hallazgo, de interés extremo por ser descubiertos, casi al borde de gritar su sitio, su lugar de expectativa, con esa exaltación que produce un "¡aquí estoy!". Pero esa voz es luego acallada para no interferir en la libertad humana.

Por eso, sin saber por qué, comprendí que en cada casa, pobre o rica, ahí está, escondida, la Virgencilla abrazando a su niñito Jesús y quien los busca los encontrará. También supe, otra vez sin saber cómo, que ellos sufren amargamente la desventura de los residentes de esa casa, les duele su abandono, su no escrutar, mientras aguarda en la negrura de los rincones ese precioso momento en que el alma se lanza en su búsqueda.

Ambos, la Virgencilla y el Niñito, son absolutamente inseparables, ambos corren la misma suerte, los dos viven el abandono de los cuartos de trapeadores, de los desvanes, de los rincones cualquiera, ahí habitan hasta que su presencia es revelada por las almas que han sido tocadas.

Escudriña tu hogar con sincera intención y te aseguro que ahí, donde quiera que sea, se te revelará la "Virgencilla del Niñito Jesús".

Para ese entonces tu existencia será otra.

EL CUARTO IMPERIO

Desde que inició la gran gesta humana sobrevino la fuerza del poder. Y no es porque el hombre haya adquirido, a fuerza de costumbre, el dominio, sino porque su naturaleza está totalmente inmersa en el deseo de ejercer el imperio a través de todas sus relaciones con sus semejantes y con el orden natural.

Muchos son los conductos por medio de los cuales se manifiesta el mando pero que se pueden aglutinar en cuatro formas, a saber: el poder del Gobierno que se realiza a través del dinero, de las armas y de la ley. El poder de la Religión que se despliega por medio de las operaciones superiores del espíritu. El poder Civil que lo constituye todas las estructuras sociales, políticas, económicas e intelectuales integradas por los gobernados.

Merece especial atención el cuarto poder integrado por los "no alineados" que es el más numeroso, el más fuerte e invisible. Esos no alineados son todos aquellos que transgreden las normas civiles, militares, religiosas y todos los principios que rigen a la organización social.

Pero, ¿y quiénes son esos transgresores, esos "no alineados? La respuesta no es tan sencilla pero se puede decir que lo somos todos, todos aquellos que de una u otra forma hemos vulnerado las normas y los principios instituidos. Son todos aquellos, además, que han institucionalizado la guerra, el hambre, el delito, la mentira, la corrupción, la calumnia, la traición y todas las conductas antisociales, a tal grado que ya no se les ve como un estado de excepción sino de habitualidad, de cotidianeidad.

Este poder es oscuro, invisible, y no tiene cabeza porque está formado por la gran mayoría de nosotros, por todos aquellos que de una forma u otra colaboramos, en no pocas ocasiones, con el acrecentamiento de ese poderío avasallador y superior a los otros poderes. Es un poder al que tú y yo, inconsciente o con toda la intención, pertenecemos y así le inyectamos esa gran energía con que se mueve. Falsamente se pretende hacer creer que son los llamados "narcos" o el tan llevado y traído "crimen organizado" los únicos malos de la escena.

Estos elementos no son ni la milésima parte de ese gran ejército de los no alineados, de los transgresores. Realmente su autoridad deviene porque se encuentran incrustados en todos los poderes y capas que lo componen, de tal suerte que son como la hidra de mil cabezas a la que nunca se podrá aniquilar.

Pero lo más grave de todo es que tú y yo también tenemos credencial de identidad con ese poder, somos nosotros los que alimentamos a ese Cancerbero insaciable, a esa niebla que todo lo penetra. Y es así que sucede por nuestras propias acciones que se empatan con las de aquellos que han instaurado la habitual transgresión.

El poder de los no alineados carcome las bases de los demás poderes porque se encuentra totalmente infiltrado en ellos y los ha paralizado hasta el punto de tratar de pactar la no agresión entre ellos, lo cual es sino impensable, imposible. A esos transgresores no los podemos encarcelar ni eliminar porque están en todas partes, somos tú y yo. Somos todos.

No te dejes engañar con que los únicos transgresores son los delincuentes, es únicamente una mascarada para ocultar un mal general proveniente de nuestras inclinaciones.

La única caraja forma de debilitar a ese gran poder, es no contribuir con él, no cebarlo con nuestra propia conducta. Contrario a ello, no hay potestad humana que lo pueda combatir.

Empecemos por nosotros mismos, por ti y por mí. Por el bien de nuestros hijos.

EL DIABLO TIENE HAMBRE

Cielo o infierno, ¿qué importa?

CHARLES BAUDELAIRE. Poeta maldito.

Mucho se ha discutido sobre la libertad, sobre los valores, sobre Dios, sobre Ciencia, Arte, Ética y Filosofía; más, todavía, acerca de política, de narcotráfico, de guerra y de amor. En la boca de todos se habla de todos estos temas y hasta el más ignorante alega su razón.

En la mañana, cuando nos levantamos, lo primero que hacemos es encender la tele y ver al montón de gente ejecutada, enferma, pidiendo limosna, avisos de desaparecidos, delitos al por mayor, discursos políticos predicando democracia en nombre del pueblo y una pila de méndigos anuncios sobre infinitas chucherías.

Programas idiotas y cursis, telenovelas de serote, películas de pornografía barata y de historias mediocres que los gringos nos arrojan como excremento. Todo eso desde al iniciar el día, todo eso en lugar de agradecer a Dios por ese distinto amanecer, por esa oportunidad que nos da para alejarnos de la perra vida que llevamos.

Durante el transcurso del hoy, llevamos esa pesada carga anímica, ese bulto de porquería lo transportamos a nuestro trabajo, a la escuela, al templo y todos los lugares que visitemos, ahí va esa quimera pegada, encarnada en nuestra alma, agobiando el cuerpo, raspando la vieja herida, apretando las tripas y el corazón.

Por si fuera poco aparecen como fantasmas; las mentadas de madre, los corajes, los sustos, la falta de dinero, los carajos cobradores como la cfe, tel, ayto, copl, hda y toda esa fauna de torturadores mentales, la suegra, el amigo que pide prestado, los pordioseros disfrazados de ciegos, franeleros, traga lumbre, marías, pirujas, gays, volanteros, tránsitos y toda esa caterva de saca dineros.

Pobre hombre del siglo XXI, de ese siglo dizque del conocimiento, que vaga por una vida de papitas, palomitas, chescos, cine, plazas comerciales y modelos Dorian gray. Pobre hombre del siglo que de todo habla y nada sabe, que no hay dinero que le alcance, que no hay deseo que no sea coche, nalga y antro. Lo demás vale madre.

Pobre hombre del siglo XXI con la fe del caracol, con la inteligencia de vallet parking, con el amor de un armadillo, con el miedo de un conejo y el hambre de un león. Barriga y miedo son los códigos del tiempo. El vientre no tiene hambre porque está llena de lonchibonos y de vikingos con coca diet de franquicia, la tripa quiere mundo y carne, mientras que el miedo es del diablo.

El mundo son las cosas, apetito por ellas, sed eterna por ellas; la carne son los deseos de los ancestrales instintos, de lo atávico creado en la profundidad de las eras, necesidad intensa por la materia, por la tierra, por lo elemental. El diablo es el miedo, el miedo a vivir, a todo porque todo lleva un riesgo. Miedo a no ser o a dejar de ser.

Panza es necesidad, es hambre y el diablo es desasosiego, es temblor, es escalofrío nocturno de una conciencia atormentada, de un espíritu que anhela la nada, de un ser que quiere ser Nirvana, de un ser que de Dios no escapa, por más que su voluntad pudiera. No piensa, no quiere y no hace porque tiene miedo, mucho, pero mucho miedo. Sus demonios por su ventana lo olfatean.

Pero se sigue hablando de libertad, de valores y de todo lo demás que ya no recordamos. Pero se tiene hambre en la panza y miedo por el diablo.

Los abdómenes y los demonios son los que nos arrastran hacia las fronteras del no ser. Porque en tanto tengamos panza seremos esclavos del hambre y mientras haya diablo morderemos del miedo.

Por eso, el diablo tiene hambre y nosotros sus aprisionados.

EL ESCUADRÓN DE SOREN AABYE KIERKEGAARD.

La angustia es el vértigo de la libertad.

KIERKEGAARD. Filósofo Danés.

El viejito palapero, como le dicen sus cuates de abajo del puente, que antes era un próspero empresario, padre de familia y que en sus ratos de ocio acostumbraba coleccionar centenarios; saca su armadillo de entre un morralito y con mirada distraída se empina un buen buche. Anoche la peda estuvo gruesa y la perrada arrasó con todo.

Nadie se acuerda qué celebraron, pero el pedo fue en grande. Los camaradas vociferaron, cantaron y contaron una y mil aventuras en un mundo lleno de colorido y fantasía, donde todos eran héroes de una realidad más hermosa que la de esta vida. Se imaginaron estar en el paraíso. Puro tonayaso, súper.

Panchón el mentador de madres y, la Berenjena que siempre que lo mandaban a comprar se quedaba con los vueltos; al Chendo le daba por pleitero; el Chiapas feo como el cancerbero, el Ojo Rojo el mugroso afecto a su mismo sexo que le tira los calzones a todos; el Mulas y la Saraguata un par de bellacos que decían ser marido y mujer y que eran hacendados. Todos andaban hasta el tope. Hasta el Manchado que decía ser abogado del diablo, le valía madre.

No se diga del Patas Arrastrando, vetusto indio oaxaqueño, que hacía gestos de gente encantadora mientras daba buenos consejos a aquellos que ya no los necesitaban. Todos ellos pertenecían al escuadrón.

Hombres y mujeres sucios, hediondos a alcohol barato, a mugre rancia, a excremento y orines, con heridas pútridas, miembros deformados repletos de moscas, perturbados de sus facultades mentales, sin dinero, apartados del mundo y de todos sus oropeles. Viviendo una vida absolutamente miserable, de honda y abismal negrura.

Una existencia que horroriza a todos aquellos que no se cuentan en el escuadrón, pero que es deleitable para sus miembros. En ese estado alterado reina la quimera, el ensueño, la sensación de bienandanza y de plétora; pero más que nada, ese extraño sentimiento de libertad; de esa libertad que poseen aquellos que ya no tienen nada que perder, excepto su vida; y su vida la viven para morir.

Aquellos que huyeron del desasosiego, son los que viven en el escuadrón, porque el escuadrón no solamente es una caterva de borrachos, es algo más y más; es una cofradía, una hermandad, una francmasonería, con reglas que se auto imponen y que las obedecen; una comunidad de hombres y mujeres que se han encontrado a sí mismos en el vicio del alcohol, pero que, al fin se han encontrado.

Pero el miembro del escuadrón no pertenece a él sólo por el alcohol porque no se necesita ser del escuadrón para emborracharse. Lo hace porque ahí se identifica con sus camaradas que tienen el mismo sentir. Es lo mismo que un club deportivo, una iglesia, un partido político o una comunidad de apóstoles.

En el escuadrón se encuentran nuestros hermanos, hijos, padres, esposos, amigos, el sacerdote, el médico, etc. Todos aquellos que decidieron vivir otro estilo de vida, que optaron por abandonar al mundo como aquellos que se recluyen en un monasterio o en un ejército. Una vida que es, que no fue y que no pretende ser; solamente es.

Pero aunque no todos tomemos la crucial decisión de ingresar al batallón de bacantes, todos pertenecemos a un escuadrón; llámese como se llame, pertenecemos a uno de ellos. Al de los políticos, al del trabajo, del estudio, de la oración, de los deportistas, etc. Todos estos, al igual que el de los borrachos, están compuestos por aquellos cuya libertad les produce angustia.

Hecha excepción de los santos, porque ellos han vencido la angustia de la libertad. Fue aquel famoso filósofo precursor del existencialismo, Kierkegaard, el que fundamentó teóricamente a los escuadrones, es el padre de ellos, él les dio la explicación y justificación de su existencia. Verdadero progenitor de los escuadrones que vemos todos los días debajo del puente, en la playa, del terreno baldío.

El viejito palapero, el chendo, el patas arrastrando, la saraguata y el mulas, el ojo rojo, el Chiapas, el manchado y la berenjena, son como otros más, los discípulos fieles de Soren Aabye Kierkegaard; quien alguna vez tuvo dos horrores en su vida: cuando su padre blasfemó de Dios y cuando también su mismo padre tuvo relaciones con su sirvienta.

Queramos o no, lo que enseñó Kierkegaard es verdadero. Somos fugitivos de la angustia que nos da la libertad. No queremos libertad porque no queremos estar angustiados. Construimos refugios llamados escuadrones para librarnos de la angustia. Pero esos resguardos son indispensables para la salud social. Debemos fomentarlos.

Solamente un loco o un santo esta fuera de los escuadrones. Nadie puede escaparse del escuadrón y quien lo hace termina en una institución de salud mental o en los altares de la Iglesia, aspirando el incienso de Jerusalén, de mirra y de sándalo. En medio de plegarias y arrebatos místicos.

Kierkegaard también perteneció a un escuadrón: al de los filósofos.

El más peligroso de todos los escuadrones.

Destapen la de coñac, yo pongo las fantas, los vasos y el hielo…. y un libro de Soren.

EL FABULOSO SANTA

*No me importan sus sablazos, déjenme
tranquilo y tráiganme un Buchanan.*

SANTA CLAUS, súper héroe de Navidad.

Hace ya muchos años y en un lugar remoto se desenterró la carta del "abuelo Job" (a) "el jodido", y que databa de muchísima antigüedad. La epístola se encontraba escondida detrás de la barra de un burdel que funcionaba durante el día y que era frecuentado por ricos e intelectuales parroquianos de la época. Curiosamente el escrito estaba dentro de una botella de vino vacía.

Ese documento fue analizado con la prueba del carbono 14 y se determinó que su envejecimiento correspondía a la era de antes de Cristo, probablemente pertenecía al período de las tribus hebreas que recorrían los desiertos de la actual Palestina. Los entendidos comprobaron su autenticidad y se probó, además, la existencia de Job y de Santa Claus. Pero lo más intrigante es que la misiva estaba dirigida a Job y firmada por Santa. ¡Santa le escribió a Job!

La traducción fue difícil pues pertenece a un dialecto mesopotámico ya perdido en el polvo de los tiempos. Sin embargo por vez primera fue descifrado por un grupo de investigadores de una acreditada Universidad de Alemania. El texto es abigarrado, denso y produce una sensación de impudicia, por lo que se recomienda leerlo con amplio criterio y cautela, dice así:

"Saludos mi Job, alias el jodido:

En estos méndigos tiempos de desmadre y reventón no me cabe cómo te la pasas a diario rezando y ayunando sabiendo que eso de nada vale. Mientras te pudres en vida ve pensando que muriéndote te irás con Satanás. Francamente no sé qué pensar de ti y de tus locuras estrafalarias. No eres más que un perdedor, viejo necio.

En mi reino hay de todo menos tristeza, aquí te la pasarías de maravilla. La gente piensa que soy un baboso panzón que se caga de risa a cada rato, piensan que soy un idiota que les voy a dar regalos sin trabajar nomás por el simple hecho de escribir una pu... cartita llena de melolengadas. Y lo pior (sic) es que los carajos padres les dicen a sus hijos de su... que me pidan, valiéndoles madre saber quién soy yo.

Ya estoy harto mi Job de tanta mentira y tanto desgraciado pedigüeño, ya estoy hasta el tope de que no trabajen por conseguir las cosas con su trabajo, harto de que me consideren como una vulgar fantasía nacida de un bato borracho que un buen día amaneció crudo y tras después de gastarse toda la lana en una cantina y no tener para darles regalos a sus hijos se le ocurrió la peregrina idea de decir que yo regalaba juguetes a los chavos. Fue un sueño de crudo desesperado y arrepentido.

De esa manera adquirí fama y tú sabes que así es. Pero también tengo mucho que agradecerle a ese camarada, pues de ahí pal real me la he pasado cachetona, echándole al vino a morir y pues rucas no me hacen falta, tu bien lo sabes mi estimado Job. El mundo donde vivo también fue creado por todos los penitentes que lo imaginaron, unos animales cuernudos llamados renos, muchos regalos, mucha riqueza pues me hicieron rico, no es chascarrillo mi Job, no te rías, sí, inmensamente rico.

Soy el súper héroe en una fecha en que nació Cristo con el cual nada tengo que ver porque en nada me parezco a Él y no sé por qué demontres me piden a mí y no a Él. De veras que no comprendo a tus paisanos, pero en fin allá ellos, es su bronca.

En esta navidá vente conmigo mi buen cuate Job, aquí nos echaremos unos buches, hay buena música, muchas viejas y mucho dinero. Como hace frío haremos una buena lumbrada con el montón de cartas que ya me están llegando. Ya deja de sufrir.

Un abrazote mi Job y como siempre… jojojojojo.

Tu amigazo Santa".

El cinismo de Santa nos lleva a la decisión firme de no volver a pedirle nada. Pero ¿qué le respondió Job a Santa?, sencillamente le dijo: "préstame tu gorro Santa".

Saquen conclusiones y también saquen los hielos y el Buchanan.

EL GUSTO DE MENTAR LA MADRE.

En este florido pueblo de México nada hay tan agradable, tan higiénico, como el mentar la madre.

Mentársela al vecino enfadoso, al compañero aprovechado y sangrón, al casero que mes tras mes nos pica el hígado con la renta, a la esposa que nos regaña cuando regresamos a casa hasta el tope, al méndigo perro sarnoso que no deja de ladrar, al futuro sancho, al carajo compadre que se pasó de lanza, al insoportable maistro que nos reprobó, al malandro franelero que no lavò bien el carro, al mugroso paletero por sus paletas aguadas y caras, al maldito tàmaro que nos mordió, al rata del cantinero que nos dio Castillo por whisky, al Bush por montonero, a los yucatecos por cabezones, al cochino del cine que se hace del gracioso aventando gases y eructos a media película, y en fin, a todo el mundo que ch........

a su madre.

En todas partes y en todo tiempo los mexicanos mentamos madres.

Y no solamente la mentamos sino también nos gusta que nos la mienten para asì desquitarnos con mentar otras mil madres.

Pero tambièn hay de mentadas a mentadas. Está la mentada de cuates, la de a deveras, y que por ello nos damos en la madre; la mentada por saludo y la de por costumbre.

Así el mexicano nace, vive, sueña y muere mentando la madre.

Pero la madre no tan sólo se mienta por injuria sino también como expresión que demuestra diferentes emociones: me vale madre, de poca madre, a toda madre, te parto la madre, ando hasta la madre, ando echando madres, pura madre, darse en la madre, nos damos de madrazos, en la madre, la madre de todos los diablos, etc.

Son mentadas que significan ofensa, honor, gusto. Glorificamos, alabamos y ofendemos a la madre, amor y odio hacia ella.

La madre es el símbolo de lo inferior, de lo que no queremos ser por ser la india tomada a la fuerza o de buen grado, por el padre español. Por ser hijos de esa madre es por eso que nos sentimos de condición miserable. Pero también amamos a la india-madre porque ella nos crió, nos educó y no otorgó su cariño.

Pero es el padre-español el ejemplo a seguir, lo superior, pero que nos abandonó y por eso también lo odiamos.

Pero es el padre-blanco a quien buscamos por ser el único que nos dará una posición social elevada y por ello las expresiones peyorativas tales como: "está bien padre, qué padre"

Por eso nada hay en el universo tan agradable y de tanto valor terapéutico que entrar a una cantina, sentarse en la barra y a todo el mundo mentarle su madre.

Qué desmadre¡

EL HIJO DESOBEDIENTE.

Carlitos, como lo conocían sus amigos, descansaba para siempre, con toda su extinta humanidad, en el frío cemento de una celda mejor conocida como "separo".

Habituado, desde la adolescencia, al consumo de drogas, alcohol y cualesquier otra sustancia tóxica, su corta vida deambuló entre el delito y su fracaso como persona. No careció de educación porque fue a la Universidad y se graduó.

Conoció a sus padres, quienes le orientaron para un buen vivir, tuvo amigos y hermanos que lo quisieron dándole su apoyo en las difíciles circunstancias de la existencia. Esposa e hijos que lo esperaban con la mesa servida para escuchar sus vivencias del día, departir las tortillas y el refresco.

En la realidad hay millones de Carlitos que pasan por la continuidad de la vida; atentos únicamente a desobedecer.

El escenario del mundo transcurre dentro de un proceso dominado por el orden natural y el orden humano. El orden se explica por la subordinación, esto es, por la necesidad de obedecer lo que está por encima de nosotros.

Las leyes, la moral, los preceptos sociales y religiosos son estructuras de orden creadas por el hombre cuya finalidad es la de preservar a la sociedad, su desarrollo y su bienestar. A su vez, para beneficio de todos y cada uno de los que la integramos.

El orden natural viene establecido por las leyes mismas de la naturaleza y de las cuales también nosotros participamos en ellas, desde el momento que somos también, materia corpórea.

El orden, en sí mismo, tiene la característica de que no puede ser alterado sino que lo que es trastornado es quien en su perjuicio se perturba. No porque se viole la Ley ésta sufre esa conmoción pues en realidad quien padece es el que esta bajo esa ley.

Ningún acto humano ni ningún hecho natural pueden conmover el orden que ya se encuentra establecido. El orden tiene como finalidad el bienestar del individuo en sociedad. Y si ese individuo hace caso omiso de él, necesariamente que sobrellevará las consecuencias.

Aparentemente parece que determinados actos nuestros o de la naturaleza conculcan ese orden, pero no es así porque todo lo que existe esta sometido a ese orden y aún las cosas más descabelladas e insólitas se encuentran bajo el imperio de ese orden. Nada ni nadie puede escaparse a él.

Ni las guerras, desastres ecológicos, accidentes, desgracias sociales, plagas, pestes, cismas, doctrinas, revoluciones ni nada puede afectar, ni un ápice, a ese orden; porque todo ello esta previsto.

Todo lo que vemos y todo lo invisible tiene un número y el número no es otra cosa que el ser de las cosas. Como por ejemplo, una palmera no puede medir más de lo que debe de medir, ni dar más cocos que los que debe de dar. Un pensamiento no puede ser otra cosa más que eso, un pensamiento. Tiene una estructura determinada y no puede ser variado.

Toda nuestra libertad se centra en obedecer, o no, a ese orden. Si elegimos en desobedecerlo, ello nos traerá graves resultados porque contraviene a la finalidad de ese orden. Pero no solamente afectaremos a nuestra vida sino también a las de los demás como aquel que fuma perjudica la salud de los que le rodean.

No obedecer implica la descomposición social y con ello todos los males que conocemos. No podemos decir: que al cabo es muy mi vida porque nuestra vida se encuentra íntimamente ligada a las de los demás aún a aquellos que se encuentran muy lejos, espacialmente, de nosotros.

Somos como un solo cuerpo que tienen variados y diferentes miembros con distintas funciones que sirven a todos porque ese cuerpo somos todos. Lo que yo hago de mi vida se lo hago a la vida de los demás. Dicho de otro modo, cuando se enferma mi corazón, o cualquier otro órgano, todos los demás miembros de mi cuerpo verán disminuidas sus funciones fisiológicas con el serio detrimento del cuerpo hasta llevarlo a la muerte.

Pero lo que siempre debemos de tener en mente es que así nos muramos de una cruda en una cantina, o nos hallen en la calle bien tirados, nada ni nadie perturbará el orden universal al que estamos y debemos estar subordinados.

No juguemos a ser Dios. Por favor.

EL LLAMADO DE IXTAB.

Eran como las tres de la mañana cuando Pancho el Mugres, de oficio alarife, llegó súper borracho a su casa; dando tumbos se dirigió al destartalado patio, le arrebató la soga que amarraba a su trasijado y pulguiento perro; la pasó por la viga, se sujetó el extremo al cuello y subiéndose a una silla se arrojó al pequeño vacío. Quedó tilinteando con la lengua de fuera. Expiró.

Al día siguiente su amasia se percató de los hechos y en compañía de sus seis chilpayates dieron parte a la policía, al ministerio público; luego salió una nota, en la página once, del periódico local, que se titulaba: "se colgó otro albañil".

¡Maldita sea!, exclamó el forense, otro pendejo que tengo que abrir. Con rabia mal contenida se apresuró a terminar su sucia labor; luego apretó un cigarrillo entre sus labios y gustoso se dirigió a la barra de la cantina donde lo esperaban sus cuates. Ahí le dio piso a una de vodka, con mucho jugo de naranja; así le gustaba.

Su querida y los hijos del matorral, como así los llamaban sus vecinos, abandonaron la casucha y se fueron a radicar a su lugar de origen. Después de eso nadie sabe su paradero. Al poco tiempo hizo acto de presencia un desaliñado sujeto, quien preguntando por el obrero, dijo le iba a cobrar unas cuentas. Enterado de su suerte, se le vio romper la nota no sin antes injuriar a los ahí presentes.

Alguien recogió los pedazos del papel y uniéndolos leyó: seis tonayas, 50 pesos- ocho cheves, ochenta pesos- un pase, ciento cincuenta pesos- ficha a la Mireya 200 pesos- una botana de pata bofe y buche, 20 pesos- rocola, 45 pesos. El documento tenía manchas de vómito.

De Pancho el Mugres ya ni siquiera se sabe donde esta sepultado. La misma muerte lo ignoró, no así Ixtab, la Diosa del Suicidio para los mayas, quien como psicopompo de su atormentada alma, lo condujo al paraíso.

Un paraíso donde ya no hay cosas que nos opongan resistencia, seres humanos a quien enfrentar; donde ya no hay impedimentos. Donde cosas y humanos ya no nos producen angustia, esa intranquilidad que no pudo soportar el Mugres y que decidió terminar por el camino de Ixtab.

Porque la vida para muchos es un dolor extremo que no pueden sobrellevar. Porque la vida para muchos es oscuridad, furor y exasperación. Porque, para muchos no hay Dios, diablo o muerte, sino hastío. Porque para muchos la vida es avasallamiento, tiranía, pavor, fetidez, desprecio.

Porque muchos se hacen y hacen la vida para los demás, un infierno. Momento a momento le hacen imposible la vida a sus prójimos, fabrican sus propios purgatorios y cavan sus mismas tumbas. Encerrados en su sufrimiento no pueden, por sí mismos, salir de él.

Y porque muchos, muchos de nosotros somos los responsables de que haya tantos Mugres que optan por Ixtab. Con nuestro ultraje e indiferencia hacia los demás, los empujamos a la búsqueda de la auto aniquilación.

Una sonrisa, un saludo, un abrazo; pueden llevar tanto bálsamo a un alma enferma.

Repensemos nuestra conducta.

Por lo pronto hay que dejar de comprar sogas y no ir a cantinas de mala muerte. Ixtab nos puede llamar.

CAPÍTULO V

EL MAÑANA SIEMPRE SERÁ MEJOR.

Otra vez la burra al trigo. Cada año se repite la misma idea llevada y traída durante siglos por una humanidad que no ha podido superar la barrera ficticia del tiempo, el espacio y del progreso. Se nos ha hecho creer que todo tiene una edad, que se encuentra en un lugar y que las cosas van progresando. Nada más falso que una moneda de treinta centavos.

El hombre inventa las condiciones de tiempo y espacio con objeto de poder comprender las cosas que le rodean, porque de esa manera se entiende que todo se encuentra sucediendo o aconteciendo y que se encuentran en un lugar para poder medirlas y pesarlas.

Impotentes para captar la idea del infinito tenemos que reducir todo a medida, peso, orden, número y contenido. Para poder entender los cambios se inventa el tiempo. En realidad no existe el tiempo ni el espacio tal y como se nos ha enseñado.

El pasado no existe por el simple hecho de que ya pasó, mientras que el presente no puede ser porque todo lo que esta pasando lo hace de una manera vertiginosa e ininterrumpida, para que hubiese presente sería necesario congelar un momento de las cosas, pero como todo seguiría su curso ese momento ya pertenecería al pasado.

Por lo que ve al futuro ni que decir que tiene fundamento alguno pues, éste, ni tan siquiera se ha presentado y tan sólo lo hay en nuestras proyecciones mentales. Las cosas que se van presentando se van convirtiendo en pasado. Las cosas y nosotros no fuimos, ni somos, ni seremos. Simple y sencillamente estamos siendo.

En el mismo sentido es el espacio de donde sólo tenemos la idea del mismo pero no podemos decir que el aquí, el allá, etc. constituyan el espacio pues éste es de una naturaleza infinita. Lo único que podemos decir es que estamos siendo contenidos por algo más extenso que nosotros y que las cosas. No ocupamos lugar alguno simplemente estamos contenidos en un infinito.

Creemos a pie juntillas que tenemos treinta, cuarenta o cincuenta años; que nacimos en tal o cual lugar, que mañana haremos un buen negocio, que me voy a casar, que pasado mañana habrá puente y reventón, que el año pasado fue mejor, que ya mero viene el año 2009 y que el 2008 ya se va. Son meras mediciones inventadas para una vida práctica pero que no tienen ningún sólido sostén.

La idea del progreso también es algo que se nos ha imbuido como un futuro cada vez mejor, pero no siempre sucede de esa forma como lo podemos comprobar en muchas ocasiones. En realidad lo que a veces hacemos es ejercitar y descubrir valores a lo largo de nuestras vidas, y de la misma forma desear lo que consideramos es lo superior.

Cuántas veces retrocedemos y nunca avanzamos. Desde ese punto de vista es totalmente falso que progresemos.

No obstante lo anterior y para vivir mejor, es indispensable sostener lo contrario, esto es, hacer como que algo nos sucede, como que estamos en algún lugar y que progresamos. Meras imaginaciones, aunque útiles para endulzar esta vida.

Congruente con ello, mejor brindemos al son de la tambora y del acordeón, cántenme la que se fue y que destapen las primeras que de las últimas yo me encargaré.

No le hace que no sea verdad, que al cabo y qué. La vida es bonita y hay que vivirla. Salud, ¡feliz y próspero año nuevo!

Aunque gaste todo mi dinero en chupe y botanas con los camaradas y me quede de pobre, al cabo que mañana será mejor.

EL OCASO DE LOS ÍDOLOS

Es verdaderamente impresionante y lleno de significado aquella narración que la tradición conserva sobre una de las etapas de Jesús y es la que se refiere a su viaje a Egipto, cuando sus padres huyeron de Herodes el Grande atemorizados por la matanza de infantes.

Se dice que al entrar a Egipto, lugar de cultura milenaria, todas las imágenes que representaban a cada uno de los numerosos dioses, éstas se derrumbaron al pasar el chiquillo Jesús frente a las estatuas. Los ídolos del antiguo Egipto son los mismos que en la actualidad persisten.

Los ídolos siempre han existido y representan los anhelos de la humanidad, los deseos manifiestos u ocultos del hombre que aspira al goce terrenal; por eso son a la medida de aquel que se postra ante ellos. Por eso es el atractivo de ellos, porque se ajustan exactamente a la aspiración de cada uno de nosotros.

Si bien es cierto que en la actualidad sería banal sostener que hay un Júpiter o un Zeus, no es menos cierto que los ídolos de ahora lo son los símbolos y las ideas. El dinero es un ejemplo clásico del ídolo-símbolo. El pensamiento filosófico es otro ejemplo del ídolo-idea.

Las ideas y el dinero son los padres de todos los ídolos contemporáneos y a quienes se reverencia por una buena parte de la sociedad. Sin embargo, las ideas o pensamiento filosófico tienen mayor influencia en la marcha de la historia humana porque conforman la conducta a seguir de aquellos a quienes se les infunde.

Podemos aseverar sin mayor discusión que, el pensamiento filosófico ha fracasado en todos los tiempos pues aún cuando se ha avanzado en el conocimiento de las primeras causas, también se ha retrocedido en los otros valores y principalmente en el valor bienestar-felicidad.

Así la ruina de las heterogéneas concepciones filosóficas, tales como el racionalismo, el positivismo, etc. han llevado al hombre a la desesperación existencial. Lo han sometido a la fría lógica cartesiana. Lo han dividido en tantas partes como puntos de vista hay. Lo han reducido a un mero concepto o cuando mucho a un objeto de explotación y de consumo.

Las corrientes del pensamiento romántico, como adversario del racional, han inducido al hombre a un mero humanismo que se apoya en lo humano finito e imperfecto, el hombre que confía en el hombre, esto es, que se considera no sólo autosuficiente sino como la solución a todos los problemas que aquejan a dicha humanidad.

No es necesario tener conocimientos profundos de filosofía para enterarse de esa gran frustración causada por la búsqueda infructuosa de satisfacciones al legítimo deseo de la felicidad que sentimos todos los humanos en lo más íntimo del ser.

Y no sólo a esa averiguación vana, sino al empleo de soluciones erróneas para satisfacer esas esperanzas. Por supuesto que todo ello produce un dolor verdaderamente agudo que desemboca en hondas depresiones.

Por eso, cuando se dice que Jesús derribó los ídolos con su mera presencia de niño, quiere entonces decir que con su mensaje de adulto nos hace una propuesta-solución al problema existencial de cada individuo y de cada sociedad.

Ese mensaje no constituye una doctrina filosófica, ni una ideología sino una forma de vida para alcanzar un fin trascendental. Considera al hombre como un todo, no como lo concibieron los griegos: mente y cuerpo, un dualismo. El ser humano es una unidad indisoluble de cuerpo y alma que requiere soluciones unitarias y no parciales. Sus deseos fluyen de esa unidad que de manera ficticia la hemos partido en dos.

Podemos ensayar esa propuesta-solución en cada uno de nosotros de una manera bastante simple: seguir el mensaje de Jesús. Con ello nada perdemos y al menos ganamos en relaciones humanas.

Es posible derribar ídolos, empecemos por los más fáciles para no caer en el desaliento.

El más difícil de demoler es el ídolo de nuestro yo.

EL REY LAGARTO FUE ASESINADO.

"SI LAS PUERTAS DE LA PERCEPCIÒN FUERAN ABIERTAS

DE PAR EN PAR, CADA COSA APARECERÌA COMO REAL

MENTE ES: INFINITA" WILLIAM BLAKE. (POETA INGLÈS)

EL 03 DE JULIO DEL 2006 SE CUMPLIERON 35 AÑOS DE LA MUERTE DE AQUEL GLORIOSO Y JOVEN POETA NORTEAMERICANO, JIM DOUGLAS MORRISON; MEJOR CONOCIDO COMO JIM MORRISON, "EL REY LAGARTO" COMO ÈL MISMO SE AUTODENOMINÒ.

POETA DEL HEDONISMO, LA VIOLENCIA Y LAS REVUELTAS. ALCOHÒLICO HASTA EL FINAL: "SER BORRACHO ES PARTE DE MI SER" ALGUNA VEZ DIJO.

NO DEBIÒ SOSLAYAR EL LADO OSCURO DE LA LLAMADA "GENERACIÒN DEL AMOR" REPRESENTADA POR LOS GRUPOS "FRESAS" COMO THE BEATLES, THE BYRDS, BUFFALO SPRINGFIELD, LOVE, CARPENTERS, THE ANIMALS, BOB DYLAN, THE LETTERMEN, PETER PAUL AND MARY, BOBBY GOLDSBORO, ETC. ETC.

SU MÙSICA, VERADERA POESÌA MALDITA, ESTÀ MÀS ALLÀ DEL ROCK, NO ES ROCK; FUERA DE SU ÈPOCA, Y HASTA NUESTROS DÌAS ES RITMO Y CADENCIA DESCONOCIDOS. SUS TONOS NO SON PARA BAILARSE O TARARAEARSE SINO PARA VOCIFERAR, PARA DELIRAR, PARA SUMIRSE EN UN ABISMO DE AUTONEGACIÒN, UN LARGO GEMIDO DE ANGUSTIA Y HORROR SIN PASADO, PRESENTE O FUTURO, SIMPLEMENTE SIENDO.

SU PÙBLICO LO ADORABA Y LO ADORA HASTA LA ETERNIDAD. SUS CANCIONES VIOLENTAS Y EXTRAÑAS AÙN RESUENAN CON ECOS IMPERECEDEROS EN LAS CALLES DE LAS URBES DONDE SE DAN CITA LOS MÀS FANTÀSTICOS PERSONAJES. ES ALUCINACIÒN, PERDICIÒN, REBELIÒN, HUIDA PERENNE DE LA REALIDAD ABSURDA Y FRUSTANTE. NADIE COMO MORRISON EXPRESÒ CON TANTA MAESTRÌA ESOS SENTIMIENTOS DE LA SOCIEDAD ACTUAL.

INMERSO EN LA POESÌA DEL HOMOSEXUAL ARTHUR RIMBAUD, DEL HEROINÒMANO THOMAS DYLAN, DEL INSANO MENTAL GERARD DE NERVAL, DEL VAGABUNDO Y ALCOHÒLICO JACK KEROUAC. DEL MISÒGINO CHARLES BAUDELAIRE, DEL EXTRAÑO WILLIAM BLAKE; MORRISON COMENZÒ A GESTAR SU PECULIAR MÙSICA.

PERO PORQUÈ ESA ACTITUD DEL AUTOR DE LA CÈLEBRE LIGTH MY FIRE?

LA SOCIEDAD DE LAS POSGUERRAS MUNDIALES Y DE LA ENTONCES DE VIETNAN, ERA UNA COMUNA DE HIPÒCRITAS CUÀQUEROS Y PURITANOS. SU MORAL DE CASA DE MUÑECAS, HACÌAN EL AMOR DECENTEMENTE, MENTÌAN Y ROBABAN COMO HABILIDOSA PRÀCTICA COMERCIAL, REZABAN A UN DIOS BLANCO QUE TODO LES PERDONABA, NO CREÌAN EN EL DIABLO, ENVIABAN A SUS HIJOS A LAS GUERRAS PARA MATAR A LOS ENEMIGOS DE LA DEMOCRACIA, SE EMBORRACHABAN SOCIALMENTE, FORNICABAN COMO MUESTRA DE VIRILIDAD, MATABAN LEGALMENTE EN LA SILLA ELÈCTRICA. ESA ERA LA VIEJA

GUARDIA. LOS QUE REPRESENTABAN A ESA SOCIEDAD PODRIDA DE CUERPO Y DE ESPÌRITU.

ELLOS MATARON A SUS HIJOS, LES DESTROZARON NO SÒLO SUS CUERPOS SINO TAMBIÈN SUS ALMAS. LES QUITARON SUS ESPERANZAS, SUS IDEALES, SU VIDA Y LUEGO LOS METIERON A LA CÀRCEL POR DESOBEDIENCIA.

CONTRA ELLOS SE REBELÒ JIM MORRISON, EL MAGNÌFICO REY LAGARTO. SE CONVIRTIÒ EN EL APÒSTOL DE LOS RENEGADOS, DE LOS MARGINADOS Y CON TODAS SUS POTENCIAS LANZABA SU POESÌA DE DOLOR, DE ANGUSTIA, DE HUNDIMIENTO, DE DESESPERACIÒN A TODOS AQUELLOS QUE SUFRÌAN, Y QUE SUFREN, A UNA SOCIEDAD ASESINA.

POR ELLO MORRISON NO HA MUERTO, SE LE SIGUE ESCUCHANDO, SE SIGUE YENDO A SU TUMBA DE PARÌS PARA DEJARLE DE OFRENDA BOTELLAS DE WHISKY, DROGAS. TODO ELLO NO COMO UN SÌMBOLO SINO COMO LA EXPRESIÒN DE UNA REALIDAD LACERANTE Y ACTUAL. DE ESA ANGUSTIA QUE INVADE AL HOMBRE MODERNO QUE YA NO TIENE A ADONDE IR, SIN DIOS, SIN PATRIA, SIN SEMEJANTES; HA PERDIDO EL CAMINO A CASA

"NO SÈ ADÒNDE IR" DIJO LLORANDO JIM, EN UNA FIESTA CUANDO SE ENCONTRABA TOTALMENTE ALCOHOLIZADO.

PONGAMOS EN LA COCTELERA TRES PARTES DE WHISKY Y UNA DE AGUA, MUCHO HIELO Y BRINDEMOS POR JIM PORQUE HA SIDO ASESINADO.

EL TIEMPO

Es texto obligado aquel que se escribe con motivo de esta fecha llamada de fin de año y que se hace consistir en algunas reflexiones sobre el tiempo. No es nada fácil abordar esta cuestión que es analizada por la filosofía con mucha profundidad y desde muchos puntos de vista. La complejidad del problema del tiempo se viene estudiando desde hace muchos siglos y aún no ha habido un consenso definitivo.

Sin embargo sí hay acuerdos mayoritarios que definen al tiempo. En realidad el tiempo tal y como se le concibe popularmente, no existe como tal. Lo que la gente llama tiempo es aquel medido en unidades en atención a los movimientos astronómicos de la tierra sobre sí misma y alrededor del sol.

La invención de las medidas de los movimientos de nuestro planeta tiene una gran importancia para la ciencia y la vida cotidiana pues en ellas basamos todas nuestras actividades así como también analizamos los muchos y variados fenómenos que interesan a la comunidad científica. Sin embargo a eso no se le puede llamar tiempo.

El movimiento es el ingrediente fundamental de lo que llaman tiempo pues es la mensura de dicha movilidad. En tanto que el espacio es condición *sine qua non* para que haya movimiento. Otros tantos conceptos que van unidos a la denominación tiempo son: el pretérito, el presente y el futuro.

A lo que ya se movió se le llama pasado, a lo que se está moviendo, presente y a lo que nos imaginamos que está por venir, futuro. Sin embargo ninguno de ellos tiene fundamento racional alguno pues lo pasado no existe, el presente es el futuro que está pasando, en tanto que el futuro tampoco existe porque aún no pasa.

De esa manera se deduce que el tiempo como tal se piensa, no tiene ninguna existencia. Pero, entonces ¿qué existe? Lo que realmente hay es simplemente un fluir de acontecimientos que los medimos con unidades diversas, a saber: metro, kilogramo y día, por mencionar algunas. A ese flujo constante e ininterrumpido de sucesos los filósofos le han llamado "duración".

Todas las cosas del universo, visibles e invisibles, duran, esto es, fluyen de manera incesante y sin que pueda detenerse ni por ningún instante, están sujetas al movimiento y al cambio. Todo, absolutamente todo, se encuentra mutando e inmersas en corrientes. La realidad no puede paralizarse como tampoco nosotros lo podemos hacer. Siempre vamos.

Ahora bien, el decir la edad de una persona o el año en que vivimos, o el año que se avecina son cosas que no tienen sentido pues en el fondo ni tenemos edad, ni vivimos en año alguno, como ningún año nuevo vendrá. Sencillamente fluimos, duramos. Cuando medimos esa corriente de movimiento y cambio entonces lo que hacemos es una ficción a la que llamamos tiempo.

Sin embargo, como ya lo dijimos, esa invención tiene un origen práctico pues nos ayuda a organizar nuestra vida y estudiar la realidad desde la óptica de la ciencia, pero en ningún momento tiene una realidad aparte. Pasado, presente y futuro son sólo unidades generales de medida que dan origen a otras subdivisiones con fines meramente utilitarios.

Entrar al tiempo y al espacio significa ingresar a la corriente del cambio y del movimiento, al fluir, al siendo ora aquí y ora allá. Esa es nuestra vida y todo la que lo rodea. Vivir y morir no son más que efemérides en ese enorme proceso de cambio, de transformación, como otras tantas.

Recordemos que no tenemos edad ni hay año viejo ni año nuevo. Pero si de celebrar se trata pues entonces sí es pretexto para creer en nuestro cumpleaños y en el nuevo año. Con esa excusa podemos esperar el vino y la cena para festejar el año entrante y maldecir al que ya se fue.

EL TÍO MAMERTO

¿En cuántas ocasiones te levantas de tu cama con los ojos medio cerrados, el aliento putrefacto, oliendo a orines, a excremento y llena de baba la cara, maldiciendo al nuevo día por su maldita rutina banal? Todo a tu alrededor te parece aburrido, anodino, hasta tal punto que arrastras los pies para sumergirte, de regreso, a tu mugrienta cama.

En una carta que recibió un amigo de parte de su tío Mamerto (sic), desentraña ese misterio. La misiva en cuestión contiene alusiones pornográficas, lenguaje obsceno y violento, mensajes con apología al vicio, a la prostitución, al homosexualismo, al adulterio, al divorcio, alcoholismo, drogas sintéticas, incitación al delito y al satanismo; por eso fue necesario censurar algunas de sus partes. Dice así:

"Querido y pu…sobrino:

Una vez me fui de vacaciones y de cab… yo solo pues dinero tengo y a nadie le pido gracias a Dios. Me largué a una isla de poca ma… en donde había de toocho morocho, le apuré al pedo, a las viejas y dormí hasta con cuatro, cual si fuera en méndigo sultán. Comí hasta que san juan bajó el dedo, en la madrugada llegaba de los antros a gatas y a veces me acompañaba un puñal (sic) (hay que probar de todo sobrino). En dos ocasiones hice esquina en un bulevar y varios batos me levantaron y ¡ya sabrás sobrino! Pura canela. Al fin y al cabo quería vivir la vida a todo tren pues ya estoy viejo y no había probado nada de lo bueno. Ya conoces a la vieja, ya está fea y pues no la hace conmigo, soy un volcán. Luego mis hijos pues ya están grandes y todos casados. Toda mi vida me la pasé, tú te diste cuenta, puro chambeando como perro levantándome a las cuatro de la mañana a hacer el pan y luego a entregarlo y era de diario hasta los domingos.

Tu madre te mitoteó que le pedí el divorcio a mi vieja pues me quería juntar con la vecina que tiene como veinte años pero la vieja no quiso y luego diario lo mismo y lo mismo, no salía de perico perro. Por eso ahora me di una escapada y pues no te imaginas, diario hasta el tope y de todo, hasta al guayul le he hecho, pero se me hace mejor el Resistol y la cáscara seca y molida de plátano, súper nice, súper macizo. Uff y recontra uff. En la mañana viene la cura y le meto al champán y al coñac, con pura música de Pedo Inflarte. Luego me invitaron a un concurso de miss México de puros cabs... pulmones travestis y qué crees sobrino ¡me disfracé de toña la negra y canté a dúo con paulina rubio y Marilyn Monroe! Estuvo de súper poquisisíma ma... esa vez me liberé, sentí que mi espíritu volaba y que ya toda me valía gorro. Ese soy yo decía, y tenía razón sobrino esa es la méndiga vida que me gusta. Y te voy a confesarlo sobrino pero muy debajo del agua, lo de toña la negra ya me está gustando y hay un bato que me tira los perros a lo mejor me animo sobrino. Estoy descubriendo mi propio yo, lo que yo soñaba. Yo te aconsejo que mejor dejes a tu novia y que no te cases vente conmigo y no te arrepentirás, déjate de matrimonios y de hijos, vive la vida, vívela como tú la quieras, sin límites, sin frenos. Ya me voy me está tocando la puerta una chava que si la vieras mandarías a la ch... a tu novia melolenga que no sabe ni darte un beso, acá puro cañaveral y tengo 70 años ¿cómo la ves desde ay? Tu tío Mamerto (sic)". Hasta aquí la carta.

La opción del tío de mi amigo es drástica pero da una idea de cómo la gente busca evadir su estilo de vida. Sin ánimo de imitar al tío Mamerto y su trepidante existencia, lo importante es revitalizar el vivir, buscar alternativas para una mejor calidad en la existencia. Unas vacaciones no caerían mal.

Escojan la isla.

URBANO DE MEDIODÍA

Hágase a un lado pinche bato...

EXPRESIÓN DE UN PASAJERO DE CAMIÓN URBANO

Son las tres de la tarde y voy agarrado de un tubo metálico conservando difícilmente el equilibrio, a bordo de un camión urbano, rumbo a mi trabajo, entre vomitadas de un viejo borracho que me mira agresivamente, apestando a alcohol barato y a orines rancios.

De aquel lado el desgraciado cancionero que se desgañita rascándole las cuerdas a su guitarra, diciendo quién sabe qué canciones y perforando el cerebro a través de mis oídos. La prostituta de cincuenta pesos me mira de reojo enseñándome las nalgas para que me anime.

Perfumes abigarrados confundidos con el acre olor del sudor, del tufo de las patas, de las papitas y los picos de gallo de pepino jícama. Olor a orines y a excremento mientras que en el asiento contiguo dormita el viejo maistro albañil que sueña con regresar a sembrar elotes en su tierra de origen.

El méndigo chiquillo que no se calla el hocico ni un solo momento, gritando cada vez más y más a todo lo que dan los pulmones, ante la indiferencia de aquella gorda mujer que finge ser su madre. De repente se para bruscamente el camión y algunas gentes caen unas sobre otras, mentadas de madre al chofer y un intento de bronca entre los pasajeros.

Majaderos y babiecos alternan con chistes obscenos y grandes risotadas que enseñan una boca babosa con dientes podridos y alientos de cebolla con ajo. A la par entra el vendedor de chicles con los pelos parados y mirada de chemo, causando lástima para vender sus infames gomas.

El que la hace de sordomudo queriendo engañarte con sus baratijas, el idiota que empieza a pregonar la dizque palabra de Dios recitando de memoria trozos de la Biblia, afirmado que te vas a ir al cielo si le compras sus asquerosos libros. El gay que se contonea con ridículos movimientos feminoides para atraer tus hormonas en un hotel de mala muerte.

El corrupto tránsito que le exige al chofer su cuota diaria, mientras el gringo con cara de lelo dirige una mirada vacía a las sucias calles como si estuviere en un sueño de opio, de vez en cuando farfulla un español horrible y deletrea el diccionario que nunca comprenderá.

El ratero atrapado por la policía es sometido a una andanada de golpes brutales que desparraman sangre por todos lados, la gente se limpia el rojo líquido y maldice a los cuicos por su saña y al ratero por su mala suerte. La prostituta hábilmente escamotea el botín y baja en la siguiente esquina.

Los corridos de Tony Tormenta, de Nacho Coronel, de la Barbie y del Pozolero alternan en el ruidoso estéreo del camión, la gente asiente con gusto y ríe celebrando las hazañas criminales de los anti héroes, de los archi villanos. El chofer siente el entusiasmo popular y generosamente sube el volumen.

El calor y la pestilencia son intolerables y sólo les pido a todos los santos llegar pronto a mi trabajo, y se me eriza el pellejo al pensar con el regreso. Ese retorno al lugar donde no vivo, donde no habito, donde sólo existo como un zombi, como un alienado, un insano.

Si el urbano del mediodía es espantoso, mi casa es infinitamente peor; mejor es la calle. Si el urbano del mediodía transporta la muerte, mi vida empezó a extinguirse desde que nací.

Prefiero vivir y morir en el urbano del mediodía. Entre borrachos, rateros, policías, choferes y peores gentes.

EN EL EXCUSADO.

Frank se levantó lentamente del retrete y mientras se vestía miró hacia la ventana de su angosto baño divisando las verdes plantas que a lo lejos se recortaban en un azul cielo. Era la primera vez que ponía atención.

Bajó las escaleras dirigiéndose con premura hacia la cocina y mientras caminaba notó que sus pasos eran más ligeros que en otros días, contempló con atención los amontonados trastes del fregadero y, extrañamente, sintió deseos de lavarlos.

Cocinó aquellos huevos revueltos con tocino que tanto le gustaban durante las mañanas; en realidad tenían un nuevo sabor, verdaderamente exquisitos. Sus papilas y las membranas mucosas se estremecían en un sendo torrente de placer. Oyó tocar la campanilla de la entrada de la vivienda y se apresuró a abrir.

Recibió efusivamente al vecino, otrora individuo molesto y malhumorado, haciéndole saber que estaba presto a sus ordenes, no sin antes ver en el rostro de su interlocutor un dejo de asombro y sorpresa. El sujeto que vivía contiguo sintió que se dirigía a un extraño. Presintió algo raro.

Momentos después de la visita del colindante, su esposa estacionó el pequeño compacto haciendo el rutinario estruendo de un motor mal afinado. Frank sonrió y aspiró el chillante perfume de su mujer. Era realmente delicioso. La felicitó también por su pelo suelto y bonita bolsa de mano.

Afuera de su hogar se encontró con alguno de los muchachos del barrio quien pateaba furiosamente una pelota tratando de anotar gol en la portería del contrario. El bullicio era fenomenal y alcanzaba altos decibeles. Por un error la pelota vino a rebotar en el rostro de Frank. La tomó con sus manos y dándole un buen puntapié se la regresó al mozalbete aconsejándole una estrategia. La muchachada quedó estupefacta.

Como era tarde y las labores del día le habían agotado pasó su mano por el estante atiborrado de libros que había en su extensa biblioteca. Reflexionó que eran muchos los libros que había comprado y ninguno que hubiese leído. Abrió uno de ellos y comenzó su lectura. Cayó de sus manos el grueso volumen; vencido por la fatiga deslizó sus párpados y quedó cálidamente dormido. Tuvo sueños raros y extravagantes.

El trajín familiar del habitual domingo le despertó, se aseó, vistió sus mejores atuendos, instó a su consorte y vástagos para que asistieran al servicio religioso de la santa misa. Profundizó en el rito, pero mayor fue la atención que observó al contenido del evangelio y en la homilía.

Todo el domingo meditó sobre su novísima situación sin acertar el motivo de su actitud. El lunes trabajó y trabajó sin descanso alguno; ora ayudando a sus compañeros, ora silbando una antigua melodía, ora gastando una chanza. Sus cofrades coincidieron en que Frank se estaba volviendo alcohólico.

Decididamente había una peculiar relación entre aquella breve estancia en el excusado con su nuevo estado. Frank había defecado, se había liberado de todo su excremento. Había arrojado cadenas de lombrices, candados de amebas, grilletes de bacterias, esposas de virus, sogas de microbios, manojos de traumas.

Años después el cuerpo de Frank yacía en el lustroso féretro, rodeado de amigos, familiares, sacerdote y oraciones.

Al fondo de la sala mortuoria se divisaba un blanco excusado.

EN EL MERCADO.

¡Cuántas cosas hay que no necesito!

SÓCRATES EN EL MERCADO DE ATENAS.

Hace unos días quise distraerme de las diarias ocupaciones y preocupaciones que nos mantienen atados a este planeta y que en muchas ocasiones no nos permiten ver más allá de nuestros ojos.

Entonces me dirigí al mugroso y caro mercado del pueblo para abastecer un poco la despensa y la barriga, también para darle un mayor uso al drenaje. Todo ello no sin antes guardar bien el dinero y haber comido algunos tacos por si se presentan los antojos que engordan a las lombrices y adelgazan los bolsillos.

La gente se arremolinaba alrededor de podridas verduras, desgarrados utensilios de uso corriente y vulgar, de pedazos de carne sanguinolenta desparramados en sucias superficies y cubiertas de moscas, a quien la gente observaba con boca babeante.

En los puestos de comida, dispuestos como comedores de prisión, se sentaban una fila de fantasmas delirantes que engullían extraños y oscuros trozos de bazofia acompañándolos con chasqueantes sorbetes de chescos al unísono de mocos, eructos, estornudos y gases intestinales.

En una de las esquinas esperaba, paciente, la mariposilla a su futuro cliente, bien pintada y mascando un chicle se imaginaba, gustosa, las futuras ganancias. Alrededor de ella, un individuo de aspecto maloliente le miraba con ojos brillantes mientras tanteaba el fondo de su indecente cartera.

En la vieja esquina donde guardan los infectos tiliches para el aseo, se tumbaba el sórdido borracho de barrio quien con una pequeña ánfora de alcohol de extraña procedencia hacía gestos de disgusto mientras maldecía con su desdentada boca a los avaros marchantes. Las moscas eran sus únicos acompañantes.

En el fondo del edificio se dibujaban los temibles comerciantes, siempre dispuestos a asaltar al desprevenido cliente, ofreciendo sus baratijas como si se tratara de piedras preciosas y prometiendo absurdos descuentos. El cliente meditaba su decisión para hacerse de una de sus mercaderías al menor costo posible y si era necesario hasta recurrir al robo.

El consuetudinario pordiosero lanzaba imprecaciones a todo aquel que se atrevía a no arrojarle al abollado bacín unas cuantas monedas. Toda su postura y andrajos eran cuidadosamente estudiadas para causar el mayor impacto de piedad en los ingenuos marchantes y así despojarlos de sus dineros. En realidad éste era uno de los más ricos del mercado.

Ya para salir, emergió la figura del vocinglero estafador de la conciencia política; arengando por extrañas formas de organización social donde, como siempre, el pobre era su objeto de redención y el rico el blanco del desprecio de la sociedad; no sin esto pedir una "cooperación" para sostener su causa. El indigente, la ramera y los mercaderes le miraban con curiosa atención, mientras el bacante orinaba a sus pies.

Las horas continuaban y ya el estómago reclamaba su ración, encaminé el rumbo a la salida reflexionando sobre las vivencias en ese lugar llamado mercado. Todos eran diferentes menos en una cosa: obtener dinero. Todos se afanaban, se mortificaban hasta la abnegación por unos cuantos pesos más. Acaso esto era lo único que valía la pena en nuestra existencia.

La ciencia, el arte, la filosofía, la religión y la ética no podían tener cabida en nuestras vidas porque, aún éstas, están en el mercado, sujetas a un precio y a la oferta y a la demanda. Por eso concluí que la vida no solamente es un mercado sino que es una de tantos manoseados abarrotes que ofrece él.

Comprendí también las profundas razones que tuvo Cristo para correr a latigazos a aquellos que profanaban el templo. Y no sólo a los comerciantes sino también a todo el cortejo de vividores que se sirven de él.

Incluyendo a los clientes y a los bobos como yo.

EN EL PALACIO DEL DIABLO

Hace algún tiempo el Señor de las Tinieblas, Satanás en persona, visitó mi estudio con el objeto de saludarme e invitarme a una charla informal que tendría lugar en la suntuosa biblioteca de su exquisito palacio.

Los asistentes serían no sólo los dignatarios infernales, sino también se contaría con la presencia de espíritus humanos de connotada fama como pensadores.

El favor que me pidió el Amo del Hades fue el que divulgase lo que él me indicaría, en su oportunidad, de ese coloquio. Desde luego, no dejé de sentir algún temor por tan inesperada visita y por la impresión que del infierno he guardado durante años. No obstante se fijó el día y la hora para el encuentro y acepté con cordialidad.

No puedo ni debo describir el lugar donde nos sentamos, ni revelar los nombres de los participantes, ni mucho menos dar detalle alguno respecto de las instalaciones de la Mansión. Pero sí puedo decir que todo ello es inenarrable. La majestuosidad del lugar, las conversaciones y los personajes son indescriptibles.

Ninguno de los temas que se tocaron curiosamente, nunca se refirieron al mundo de los hombres. Sin embargo las discusiones tuvieron un centro: Dios.

Quedé maravillado del conocimiento tan profundo que de Dios se tiene en el Infierno. Conocen de todo lo concerniente al Cielo y de él hablan de una manera tan familiar que tal parece que ahí hubieran estado hacía algunos momentos.

Muchos de los misterios, no todos, fueron revelados de una manera sencilla, suave y furtiva. Los labios infernales pronunciaban el nombre de Dios con muchísima reverencia. Todos ellos se referían al Dios Padre como Alguien quien conoce, al Hijo, Cristo, como Alguien a quien se conoce y al Espíritu Santo como a Alguien a quien se ama. Fue entonces que comprendí que la vida de Dios es conocer y amar. Conocerse y amarse a sí mismos.

Se habló que todo era Verdad y verdadero. Entonces me fue dado a comprender que no existe la mentira en sí misma y que ésta no es más que una deformación de la Verdad y no lo opuesto a Ella. No hay opuestos de las cosas sino opiniones contrarias respecto de ellas.

Me fue revelado que todo es un Sí eterno, una Verdad, un Absoluto y todo lo demás sale sobrando porque son meras fantasías, imaginaciones y necedades. No hay No, no hay arriba ni abajo, ni derecha ni izquierda, atrás o adelante, nada, solamente un Sí contundente, escalofriante.

Supe que el conocer esta subordinado al amar. Si bien es cierto que lo primero es conocer, también no es menos cierto que el amar es primordial. Que el conocimiento sin amor es imposible y viceversa. Sin embargo el amor lo es todo y está por encima de todas las cosas; es la verdadera esencia de todas las substancias.

Conocí el grandísimo amor de Dios por la Creación y su increíble acercamiento a ella, tal que se le puede tocar, hasta respirar su Presencia. No es un Dios inaccesible sino todo lo contrario, familiar, coloquial y hasta podemos decir, amigable. En una palabra: cotorro.

Experimenté la intensa felicidad y paz que produce al estar en contacto con la Verdad porque es armonía y se identifica con los seres creados. Contemplarla es algo así como verse uno en un espejo y reflejar un ser transfigurado, que si somos nosotros, a la vez no lo somos por ser bellos y puros.

Intuí que las cosas, en sí mismas, contrario a lo que se cree, no son problemáticas. El problema es originado por el intelecto, pero a ese nivel todo aparece simple, totalmente cognoscible

Y así se continuó conversando durante no se cuánto tiempo abordando numerosos temas, ningún problema, que además de extensos, no podría decirlos para no faltar a mi palabra. Cabe decir que ante tanta prosapia no puede menos que convertirme en sólo un espectador.

No obstante, y lo digo con tristeza y desilusión, que aún cuando todo lo que se expresaba era enormemente profundo no por ello se podía rebasar un cierto grado de conocimiento. En suma: los diálogos eran repetitivos. Su conocer era estático pues llegaba hasta un límite.

Por ello el Infierno no me gustó. Con cuidado y cortesía me despedí de los participantes. Una vez en mi estudio agradecí a Dios permitirme hablar con el Diablo.

Pero también agradecer el tener la oportunidad de conocer y amar de manera infinita.

EN LA BANQUETA

Uno de mis tantos temas favoritos para reflexionar es el del espacio. Pensadores como Otto Friedrich Bollnow y Gaston Bachelard, entre otros, le han dedicado a este álgido contenido un buen número de argumentaciones que han enriquecido la filosofía del espacio.

No obstante que han tratado una multitud de objetos espaciales, con mucha profundidad, tales como la carretera, la ventana, la cama, la vereda, el horizonte, la lejanía, etc. no han dicho nada al respecto de la banqueta.

Solamente en México y Guatemala la palabra banqueta significa, la orilla de la calle. Es a este significado al que me refiero.

El hogar es el espacio íntimo donde nosotros construimos nuestro mundo, nuestra personalidad, la familia, los valores. Ahí poseemos seguridad, confianza, oración, trabajo, estudio. Se puede decir que el hogar, que no es lo mismo que la casa, somos nosotros y nosotros el hogar.

Mientras que la calle, que no es lo mismo que camino, es el espacio que no solamente sirve como medio de comunicación, sino que es un lugar de peligro, una tierra de nadie, fría e impersonal, en ella hay desconfianza, blasfemia, inseguridad, vagancia, violencia, pereza. En suma, la antítesis del hogar.

Perro callejero, mujer de la calle, pelea callejera, ganar la calle, no te bajes a la calle; no son más que sinónimos de putrefacción moral, de desprecio, vilipendio, deshonra, difamación, ultraje. Todo lo que es bajeza, es relativo a la calle.

Entre el cálido refugio del hogar y el insensible arroyo de la calle sólo media un escaso espacio, una línea delgada y sinuosa cual frontera entre países enemigos. Una protección de escasa elevación encementada, angosta, plana que se corta abruptamente al final de ella para dar paso a la calle y luego nuevamente como una mano amiga, vuelve a nuestro encuentro.

En ella caminamos con seguridad, saludamos al vecino y a los amigos, comadreamos, nos orinamos, nos sentamos a tomar el fresco. Aunque también es tierra de ninguno, no obstante nos sentimos como que si fuera de nosotros, una extensión de nuestro hogar; "voy a barrer mi banqueta" decimos acomedidamente.

La banqueta es para transportarnos a pie, de manera natural, como lo hemos hecho durante miles de años. A través de ella llegamos a nuestras casas, a la casa del vecino, a la oficina, al templo, a la cantina, al burdel, a la tienda a la escuela, al parque. Ellas son el conducto natural para el desarrollo de nuestras capacidades.

A través de ellas decidimos el bien y el mal de nuestras acciones, cuando vamos al burdel o al templo.

Las banquetas siempre son paralelas, nunca se tocan. Permanecen a una distancia que no se puede franquear a menos de correr el riesgo de la calle. Los transeúntes de la banqueta de enfrente nos parecen lejanos, extranjeros de un país inaudito. No pertenecen a nuestras vidas, son los separados, con los que no tenemos nada que hablar.

Ellos tampoco. Nos ven pasar como mustias sombras del rabillo del ojo. Nadie se atreve a dejar la banqueta para acercarse a nosotros. Ni nosotros a ellos. Linde increíble, marginal que aísla a las almas, las descomulga.

Solamente en la bocacalle nos encontramos de manera fugaz, recelando unos de otros, sin tocarnos, sin entrevistarnos.

Todos queremos abandonar de manera inmediata el espacio de la bocacalle y aceleramos el paso para arribar a la consoladora banqueta. Nuestra banqueta. Los que van en la misma banqueta son nuestros conocidos, los prójimos, en quienes confiamos. Los de enfrente son extraños.

Los mismos edificios que se ubican en la otra banqueta, nunca los frecuentamos. Y OH, gran verdad, siempre procuramos caminar por la misma banqueta ¡Hasta los perros van por las banquetas, también sienten miedo por las calles. Un perro nunca se baja de la banqueta.

Inclusive el borracho se queda tirado en la banqueta, nunca en la calle. En la calle se quedan sólo los cadáveres.

Por ello los negocios que tienen mayor éxito son aquellos que se encuentran en las esquinas, porque para llegar a ellos no hay necesidad de cruzar la calle; están en la confluencia de dos banquetas, o mejor dicho, en la continuación de una banqueta.

Cuando marchemos por la banqueta tratemos de fijar nuestra mirada en aquellos que van del otro lado, elijamos caminar por la banqueta que no utilizamos. Vayamos al encuentro de los otros y cuando pasemos por el templo de la otra banqueta, pensemos que también ahí esta Dios, aún cuando no se encuentre en nuestra acera.

Y si la cantina esta del otro lado de la calle y de ahí nos invitan a un buen trago, no dudemos; pasémonos a la otra banqueta.

ENCANTO

Nunca antes sentí lo que hoy siento,
playas de azul y viento, remos color
pastel mecidos por macilentos coco
teros.

Espejos de onduladas hojas verdes con un sin fin de buganvilias al vapor, como si fueran atentas langostas doradas de playa y estero. Van y vienen aquellos que emergieron de la tierra y de la arena, moribundos seres que suspiran en el atardecer del vado.

Gráciles sombras de color mamey que se desparraman en los chicles apagados de las indecentes banquetas, faroles reina que iluminan las hacendosas calles tal como aparecieron en el viernes santo de un arrecife fugaz. Calor de hembra y frío de macho.

Generales al acecho de pavorosas olas de tormenta vecinal que no obstante su espectro nadie tienen que ver ya con la colación, con la parvedad y el grato coloquio de las desnutridas bibliotecas. Abundante humor que salpica el pozo de piedra de agua agotada.

Costumbre abandonada de un círculo incierto trazado con el viejo punzón del enigma, con la salud precaria de la morsa y el morbo del canguro, ancianos animales que habitan en las grutas del Plano, estrellas de un circo cuyos payasos escaparon.

El esperar se ha cumplido en el torcido pedregal que deambula hacia la noria, en el arbusto de en medio se observa al cuervo pregón cuya cabeza asoma en el velo de la novia y del cactus. Las alegres palmeras rebosan de sal y abolengo aprendiendo severas ecuaciones.

Salud en Orión, las centellas se esconden sobre el pavimento de coñac y de sidra cubriendo las clámides del Partenón; génesis del azul y del morado en perfecta armonía con el centauro. Tobías ha llegado tarde y se dirige al desvencijado chiquero.

Robustas matronas tapan los charcos de sudor y sangre que cansados gladiadores gastaron profusamente cuando perseguían a la marmota y a la zarigüeya, robando la lanza a Perseo como si fuera castigo de las Pléyades, una conjura contra el César.

Libertad y conocimiento, alegría y esfuerzo, aventura y alabanza son pináculos que se distinguen en la herradura azul cuyas luces aventajan a los topos que laboriosos pronuncian excelentes discursos para el mundo y para la urbe. Sinceros cinceles que han apuñaleado al hombre de la esquina del faro.

Los borrachos y los ebrios se abrazan con veracidad en los turbulentos bares empañados de lógica y vergüenza, en los que se abreva el tiempo de orar y de morir. Pérfidos santos se agrupan en el hospital pidiendo fe y misericordia, pan para el cantinero y llanto para la prostituta.

Rezad por el bandido y por el tarot, por el asesino suelto, por la madre fornicadora, por el gusano que vigila y por el inteligente ardid que muestra su arrepentimiento al público impúdico y zigzagueante.

Abandonad Vallarta quien no viva de verdad en su perfumado y silente cielo.

Dejad a la gaviota cuando vuele en espiral sobre la cabina del capitán, ha divisado a Vallarta, el cristal de hojas verdes, el palacio de las ostras, el recreo de las aves y de los helechos, la almohada de los sueños, el final de los días nuestros, el incomparable arrayán y el caluroso verano.

Coapinole intenso de rudeza blanda, así es Vallarta.

ENFERMO

La noche del sábado fue tremenda y hubo de todo. Música de los buenos tiempos, chispeantes bebidas, buenas nalgas y botanas a morir. El bato no paraba de cotorrear, la noche prometía eterna felicidad, una noche sin madrugada y una madrugada sin alba.

Luego la cruda total, avasalladora, llena de remordimientos, sed, cefalea y, sobre todo, ese dolor moral punzante que exige, reclama, el juramento de "no volver hacerlo, nunca, jamás". La vida, llena de sorpresas, le exigía un pronto restablecimiento y el bato no dudó un momento en ir a curarla.

El menudo no caería mal, pero mejor, pensó, un sabroso y caliente caldo vendría a perlas, más si lo acompañaba con unas súper heladas, como recién muertas. Al caldo había que ponerle mucho limón y chile, unas tortillas bien calientes, de veras que se antojaba.

Después, en plena calle, esa extraña y punzante dolencia en el pecho, ese guacarear e, inmediatamente, el desplome y la inconciencia. Un abrir de ojos bastó para poder sentir la incómoda camilla, el trato impersonal de los médicos y las blancas luces de neón. El olor a sudor rancio, a mugre, a medicina y otras más insoportables sustancias le hizo caer en la cuenta.

Se sentía desamparado y los gratos recuerdos de la noche anterior le acompañaban como un furtivo consuelo. En otro momento pensó en el infierno, en su familia, en sí mismo, en los otros que lo contemplaban sin sentimiento alguno, en una vida vana con un diario en blanco.

Oscilaba, como todos, entre el coraje, la negociación y la aceptación. Sin embargo ya era demasiado tarde para retroceder, sintió un escalofrío en tanto que uno de los camilleros le mentaba la madre a alguien que se interpuso en su camino, el otro le devolvió la mentada.

El médico mascaba chicle y miraba con lascivia a la cansada enfermera que se esforzaba en ignorar los gestos y muecas del alborotado galeno. Más allá sintió mucho, mucho frío. Volvió a recordar la gran pachanga del día anterior: los cuates, el agarre de nalgas, las botanas y la música.

Al bato lo sacaron por la puerta de atrás del nosocomio, envuelto en una sábana blancuzca para llevarlo a la funeraria. Allí lo esperaban sus cuates con grandes botellas de vino, muchas heladas y buena botana. Sólo faltaban las viejas.

Para este sábado prepara tu party, que haya de todo, pero no olvides tu testamento y dejar una feria a tu vieja para los gastos de entierro y otro tanto para el Sancho.

Cotorrea, baila, come, bebe y agarra nalgas, hoy, para seguir la after party en la funeraria.

Así de fácil es la vida.

ENTRE CANTINAS Y MENUDOS.

VIVIMOS INMERSOS EN NUESTRAS PROPIAS Y PROFUNDAS PREOCUPACIONES.

MORTALMENTE ANGUSTIADOS POR LA SUPERVIVENCIA Y POR LOS INTERESES MERAMENTE ECONÓMICOS QUE NOS SOFOCAN HASTA EL SUICIDIO.

COMO UNA NACIÓN POBRE E ILETRADA NO NOS ES POSIBLE REBASAR LOS LÍMITES DE LA SOLA EXISTENCIA. SUJETOS A UN GOBIERNO CORRUPTO E INEFICAZ. A UNA JUSTICIA PARCIAL Y A UNA DEMOCRACIA QUE SÓLO SE MANIFIESTA EN LOS TIEMPOS ELECTORALES, UNA DELINCUENCIA CADA VEZ MÁS AGRESIVA Y UNA POLICÍA TORTURADORA DE INOCENTES. NO TENEMOS A UN VERDADERO LÍDER A QUIEN SEGUIR PUES TODOS AQUELLOS QUE SE NOS PRESENTAN CON ACTOS MESIÁNICOS NO SON MÁS QUE VULGARES ESPANTAJOS VESTIDOS, COMO LOS PAYASOS, YA SEA DE VERDE, DE AMARILLO O DE AZUL, QUE PARA EL CASO ES LO MISMO.

NUESTRA RELIGIÓN MAYORITARIA, LA CATÓLICA, LA VIVIMOS DE UNA MANERA FOLCLÓRICA; UNA PETICIÓN AL SANTO DE MODA, UNA BOTELLA DE TEQUILA Y UNA

244 MIGUEL ANGEL RODRIGUEZ

PORRA PARA LAS CHIVAS O PARA EL AMÉRICA. IR CRUDOS A LA MISA DEL DOMINGO PARA PONERLES LA MUESTRA A LOS HIJOS Y LUEGO, CORRIENDO, IRNOS A CURARLA CON LOS AMIGOS. EL RESTO DE LA SEMANA NOS LA PASAMOS RENEGANDO POR EL TRABAJO Y ESPERANDO CON ANHELO LA LLEGADA DEL VIERNES SOCIAL, EL SÁBADO DE GLORIA Y DOMINGO DE RESURRECCIÓN. JESUCRISTO PUEDE ESPERAR QUE AL CABO ES BUENO Y NOS VA A PERDONAR. Y LUEGO PUES TAMPOCO HAY INFIERNO PUES SON CUENTOS DEL PADRE PARA ASUSTARNOS Y LA BIBLIA ES UN LIBRO VIEJO Y MUY ENFADOSO PORQUE NO LE ENTENDEMOS QUE DICE.

LAS UNIVERSIDADES ATIBORRADAS DE ESTUDIANTES HOLGAZANES QUE HACEN HASTA LO IMPOSIBLE POR APROBAR SUS CURSOS OBSEQUIANDO BOTELLAS DE WISKHEY BARATO A LOS MAESTROS O LLEVÁNDOSELOS A EMBORRACHAR A UN BURDEL CUALQUIERA CON PROSTITUTAS DE MALA MUERTE Y SI EL ALUMNO ES GENEROSO Y TIENE DINERO PUEDE QUE PAGUE EL CUARTO CON LA MUJER AL POBRE MAESTRO QUE YA BORRACHO NO VA A SER OTRA COSA QUE DORMIRSE ARRIBA DE LA INFELIZ SURIPANTA.

LOS TRABAJADORES HACIENDO COMO QUE TRABAJAN Y LOS PATRONES COMO QUE LES PAGAN.

LOS TRÁNSITOS ESPERANDO QUE CAIGA UN INCAUTO PARA DESPLUMARLO Y SACAR PARA EL CHIVO.

LOS POLÍTICOS HACIENDO OBRAS Y TODA CLASE DE MANIOBRAS, SEGÚN ELLOS MUY POR DEBAJO DEL AGUA, PARA LLEVARSE TODO EL DINERO QUE LES QUEPA EN LOS BOLSILLOS PARA PODER PAGAR SU PRÓXIMA CAMPAÑA Y SEGUIR HACIENDO MEJORES TRANSAS PARA SACAR MÁS LANA.

TRATAMOS DE IMPRESIONAR A NUESTROS VECINOS, AMIGOS Y ENEMIGOS PIDIENDO PRÉSTAMOS PARA

COMPRAR AUTOS, ESTEREOS, ROPA Y DAR FIESTAS CON MÚSICA DE RIGO TOVAR. LUEGO CUANDO NO TENEMOS PARA PAGAR LLEGAN LOS ABOGADOS Y NOS EMBARGAN TODOS NUESTROS BIENES. LAS MUJERES LLORAN POR SU TELEVISIÓN Y SUS NOVELAS. LOS NIÑOS POR SUS NINTENDOS Y NOSOTROS POR LA BURLA DE LOS VECINOS, DE LOS AMIGOS Y, LO QUE ES PEOR, DE LOS QUE ASISTIERON COMO INVITADOS A NUESTRAS PACHANGAS.

GRITAMOS A TODA VOZ: ¡VIVA MÉXICO! EN LAS FIESTAS PATRIAS. HACEMOS HONORES A LA BANDERA Y CANTAMOS A TODO PULMÓN EL HIMNO NACIONAL Y LUEGO DECIMOS QUE HAY EL AÑO DE HIDALGO, QUE LOS NIÑOS HÉROES SE TROPEZARON CON LA BANDERA, QUE BENITO JUÁREZ ERA UN INDIO PRIETO Y FEO Y QUE ADOLFO HITLER ES NUESTRO GALLO QUE PORQUE LE PARTIÓ LA MADRE A TODO EL MUNDO.

SIN EMBARGO HAY UNA COSA BUENA; LAS MENUDERÍAS Y LAS CANTINAS QUE NO FALLAN. SON LOS ÚNICOS LUGARES AUTÉNTICAMENTE DEMOCRÁTICOS PUES AHÍ SE REUNEN TODAS LAS CLASES SOCIALES Y TODAS LAS RELIGIONES. AHÍ SE CONCILIAN TODOS LOS INTERESES POR MÁS OPUESTOS QUE SEAN. EN LA CANTINA SOMOS SOBERBIOS Y EN LA MENUDERÍA HUMILDES. AHÍ SE REALIZAN TODO TIPO DE PLANES; DESDE LOS PLANES NACIONALES Y ESTATALES DE DESARROLLO HASTA RECETAS DE COCINA. AHÍ SE FRAGUAN ALIANZAS Y COMPLOTS. AHÍ SE CONCIBEN DOCTRINAS Y TEORÍAS DE AVANZADA QUE ASOMBRAN A LOS MÁS SESUDOS PENSADORES CONTEMPORÁNEOS. AHÍ SE EJECUTAN OBRAS DE ARTE QUE ENVIDIARÍAN DALI, DURERO O REMBRANDT. LOS DISCURSOS Y PIEZAS ORATORIAS QUE SE PRONUNCIAN HARÍAN CONDENAR A CICERÓN ANTE UN SENADO. LOS JURAMENTOS QUE SE PROFIEREN SON DIGNOS DE LOS DIOSES DEL OLIMPO Y POR ÚLTIMO LOS LLANTOS DE LOS AMIGOS AL COMPÁS DE UNA CANCIÓN DE JAVIER SOLIS, DE UN TRAGO DE

TONALLAN Y DE UNOS CACAHUATES RANCIOS NOS ARRANCAN SENTIMIENTOS PROPIOS DE SOR JUANA INÉS DE LA CRUZ.

EL TEMPLO, LA PATRIA, EL PALACIO DE GOBIERNO, LA OFICINA, EL HOGAR, LA FÁBRICA, LOS CENTROS DEPORTIVOS Y DE RECREO SON LUGARES EXTRAÑOS PARA NOSOTROS LOS MEXICANOS.

ARRIBA LAS CANTINAS Y EL MENUDO!

ENTRE TAMBORES Y CORNETAS.

EN UN 20 DE NOVIEMBRE DE 1910 EL ENTONCES FRANCISCO INDALECIO MADERO, ENCONTRÀNDOSE EN LOS ESTADOS UNIDOS, PROCLAMÒ LA REVOLUCIÒN Y CON ELLO EL GRAN CONFLICTO ARMADO DEL CUAL HASTA LA FECHA NO NOS HEMOS PODIDO RECUPERAR DE SUS GRAVES CONSECUENCIAS.

EN ESE ENTONCES HABÌA EN MÈXICO DOS GRUPOS DE PODER QUE LUCHABAN ENTRE SÌ PARA OBTENER EL CONTROL DEL PAÌS. UNO DE ELLOS ERA EL LIBERAL REPRESENTADO POR LOS MASONES DEL RITO YORKINO. EL OTRO ERA EL CONSERVADOR REPRESENTADO POR OTROS MASONES PERO DEL LLAMADO RITO ESCOCÈS.

LOS CONSERVADORES GOBERNABAN A LA JOVEN REPÙBLICA TENIENDO COMO CABEZA AL GENERAL PORFIRIO DÌAZ EL CUAL YA TENÌA TRES DÈCADAS EN EL MANDO SIN QUE HUBIESE ESPERANZAS DE QUE DIERA OPORTUNIDAD A LOS LIBERALES DE SUCEDERLE EN EL PUESTO.

EL GENERAL DÌAZ SE CARACTERIZABA POR SER PROCLIVE A LOS EUROPEOS Y PRINCIPALMENTE HACIA FRANCIA, ESTO

SE TRADUCÌA EN UNA MAYOR INFLUENCIA EUROPEA EN LA ECONOMÌA, EN LO SOCIAL Y A LA POSTRE EN LO POLÌTICO.

ESTO MOLESTABA SOBREMANERA A LOS NORTEAMERICANOS QUIENES AL GRITO DE AMERICA PARA LOS AMERICANOS, DE ACUERDO A LA FAMOSA DOCTRINA MONROE, DECIDIERON INTERVENIR PARA DERROCAR AL PRESIDENTE DÌAZ Y PARA ELLO UTILIZARON EL CAPITAL HUMANO QUE POSEÌA EL GRUPO LIBERAL Y A SU DESCONTENTO CON LOS CONSERVADORES.

LOS LIBERALES ELIGIERON COMO A SU LIDER A MADERO QUIEN UNA VEZ EN PLÀTICAS CON EL GOBIERNO DEL PAÌS DEL NORTE SE ACORDÒ LA ESTRATEGIA DE AQUEL MOVIMIENTO QUE LUEGO SE CONVERTIRÌA EN UN GRAN DERRAMAMIENTO DE SANGRE MEXICANA.

LOS ESTADOS LE PROPORCIONARON A MADERO Y A SU GRUPO LAS ARMAS, EL DINERO Y EL SERVICIO DE INTELIGENCIA NECESARIO PARA TAL EMPRESA. NADIE SE IMAGINABA LOS TREMENDOS EFECTOS QUE ESTO PRODUCIRÌA, PERO LOS NORTEAMERICANOS SÌ. UN VECINO PAÌS POBRE E IGNORANTE ERA FAVORABLE PARA SUS INTERESES. LOS EUROPEOS DEBERÌAN ESTAR FUERA DE MÈXICO COSTARA LO QUE COSTARA.

MADERO Y SU CAMARILLA UTILIZARON LA INSATISFACCIÒN DE LAS EMPOBRECIDAS MASAS POPULARES PARA INICIAR LA VIOLENCIA CONTRA EL GOBIERNO ESTABLECIDO. TODO SIN NINGÙN PLAN, SIN NINGÙN IDEAL Y SÒLO BUSCANDO EL ARRIBO AL PODER. EL PINTO POR EL COLORADO.

ASÌ SE EMPUJÒ A TODO UN PUEBLO A UNA LUCHA FRATICIDA Y TODO POR UN CONFLICTO INTERNO DE GRUPOS DE PODER: LIBERALES VS. CONSERVADORES. UNA GUERRA DONDE EL 'PUEBLO, COMO SIEMPRE, SALIÒ PERDIENDO POR QUE DE LA VIOLENCIA NADIE SE BENEFICIA SALVO A QUIEN LA UTILIZA A SU FAVOR.

PODEMOS DECIR, CON GRAN TRISTEZA, QUE LA NARRACIÒN CONTRARIA LA APRENDIMOS EN LA ESCUELA, EN LOS LIBROS DE HISTORIA OFICIAL; PERO TODAVÌA CON MAYOR PESADUMBRE CUANDO A NUESTROS HIJOS LES SIGUEN DICIENDO LO MISMO QUE A NOSOTROS NOS DIJERON Y CUANDO NO NOS ATREVEMOS A DECIRLES LO CONTRARIO DIZQUE PARA NO AFECTAR SUS SENTIMIENTOS DE NACIONALIDAD Y PATRIOTISMO.

TODO FUE UN PLEITO ENTRE LOBOS, LOBOS QUE SE DISPUTABAN LOS ANDRAJOSOS GIRONES DE UN PUEBLO NOBLE Y GENEROSO COMO LO ES EL DE MÈXICO. DE UN MÈXICO SUFRIDO A QUIEN LA VIRGEN DE GUADALUPE TUVO QUE VENIR A RESCATAR DE UNA SOCIEDAD ADOLORIDA SEXENIO TRAS SEXENIO APURANDO EL VASO DE LA ESPERANZA HASTA LA ÙLTIMA GOTA.

HASTA CUÀNDO MÈXICO, HASTA CUANDO.

PERO MIENTRAS ESPERAMOS, VAMOS A LA CANTINA DEL BARRIO Y ENTRE TAMBORES Y CORNETAS HAY QUE GRITAR A TODO PULMÒN: QUE VIVA LA REVOLUCIÒN.

AL CABO Y QUÈ. SALUD.

EPÍSTOLA A BATMAN

Fue Martin Gordon uno de esos malandros de poca monta que acostumbraba a tumbarse sobre el pasto de su jardín de enfrente de la barraca que habitaba, mientras fumaba y pensaba sobre su próximo atraco. Desde hacía semanas que no pagaba la renta y el casero le rondaba como mastín sin correa; esto no le preocupaba en absoluto pues recordaba vivamente la propuesta de su amigo Flynn: convertirse en político y abandonar, de una vez por todas, esa vida miserable que le heredó su padre.

Mil y una peripecias dio Gordon para que un buen día se encontrara sentado en su oficina como Gobernador, desde donde tuvo la grandiosa idea de crear la más compleja red criminal que le proporcionó inmensas riquezas que jamás hubiera soñado su pobre mente de estafador mediocre. A la postre descubierto por unos fiscales despiadados, Gordon fue a parar a prisión sin siquiera tener para pagar a un buen abogado. Enloqueció y fue trasladado a Arkham, lugar destinado a los archivillanos.

Desde la tétrica mazmorra Gordon tuvo fama por contar relatos crudos y comerse las uñas de los dedos de la mano mientras garrapateaba sus obras literarias. Los convictos apostaban a que nunca usaba borrador pues nunca se equivocaba al escribir. Desde entonces no había dejado de pensar en Batman y quiso dedicarle una de sus geniales misivas que tanto habían gustado a la prensa y al público de Vata, la ciudad más hermosa del mundo. He aquí el contenido inédito de la carta de Gordon guardada celosamente en los archivos secretos de Arkham y que sorprende por su brevedad, concisión y valor literario, veamos:

"A Batman, caballero murciélago:

Desde el infierno de esta estúpida penitenciaría en el que se pudren los corazones y las almas, antes de ir al verdadero infierno quiero decirte, en pocas palabras, lo que pienso del mundo al que una vez pertenecí.

No me arrepiento, en modo alguno, de mi pasado de timo y hurto cuando no pasaba de ser un simple forajido, ni tampoco como cuando llegué a ser el "señor Gobernador", pues fue la mejor etapa de mi vida que jamás soñé. De ser un cortabolsas de barrio de pronto me convertí en ladrón de los erarios públicos. Ahora sonrío por la manera tan fácil de robar, de mentir y hacer promesas ridículas. Nunca imaginé que tanta gente creyera en mí y en esas tonterías que destilaban mis huecos discursos.

Había mil maneras de despojar, desde luego que no te las voy a contar todas, pero la favorita, por ser la más redituable, era la obra pública. Ahí sacaba los millones que jamás hubiese imaginado en mis noches de juerga como cleptómano de barrio. Y cómo disfrutaba del jugoso botín: champaña, aplausos, halagos, mujeres "decentes", amigos por doquier y, sobre todo, protegido por la ley. Nunca nada ha sido tan fácil y fascinante como ser Gobernador después de haber sido un pillo de banqueta.

Mis amigos y compinches los políticos siempre me aconsejaban estar bien con la opinión pública y para ello destinaba grandes rebanadas de pastel para que hablaran lo mejor de mi persona y entonces era tenido por honrado, amigo del pueblo y no sé qué tantas sandeces más decían los comentaristas, los reporteros, los entrevistadores, los comunicadores, los locutores, o como se llamen, cuando abrían la robusta cartera que a diario me acompañaba.

Esos tipos me daban lástima pues siempre andaban necesitados de dinero y su mugrosa y masticada pluma era como una varita mágica que todo lo que escribía se convertía en oro. Pobrecillos, requerían embaucar para poder comer y llevarles unas pizzas a sus familias. Nada hay tan lastimoso como mentir para comer, perder el honor para ganar panza. En verdad Batman yo mentí, y mucho, pero nunca dejé el honor por un plato de fideos. En fin.

Qué más te puedo contar si todo lo que hace un Gobernador es robar como yo lo hice. Contar una vida de escamoteo, creo, no es interesante pero lo que sí deseo destacar, genial murciélago, es el misterio del porqué llegué a ser un político venido desde las profundidades del hampa, de verás que eso no lo he comprendido. Saludos a Robin, ¿tu amante? Jajajaja. No te preocupes, me han declarado loco. Desde Arkham, precinto 17-bloque D-sección XER. (Sección de no fumar, jajajaja)".

Hasta aquí la legendaria misiva de Gordon, alias "el Gobernador", y que nunca llegó a las manos de Batman por razones extrañas.

Nota: la "epístola Gordon", como se le conoce en el argot intelectual, es una de las piezas más resguardas en Arkham por su valor literario, su estilo existencialista y de denuncia pública. Gordon falleció en 1999 a consecuencia de una huelga de hambre que mantuvo en su oscura celda, protestando por la falta de papel y pluma.

ESCOGE TU DÍA

Ya basta de convencionalismos, formulismos y demás hartazgos que te aherrojan en un no ser tú, en un hombre-social, producto derivado de una civilización esclavista y consumista que te impone sus reglas, te impone miedos y necesidades, a la vez que te inculca esperanzas, deseos, vocaciones, gustos y todo lo demás que no es de ti, que no es tuyo. Vives en la sociedad de la ajenidad y de la ignorancia.

Hoy, paradójicamente, en este siglo XXI al que le nombran el siglo del conocimiento, es cuando hay mayor ignorancia que en la vilipendiada edad media, en la que se originaron las primeras universidades, o en cualquier otra de las eras, injustamente calificadas como oscuras.

Hoy, cuando se argumenta el haber rebasado a la esclavitud, hoy existe más dominación que cuando se encadenaba y vendía a los seres humanos. Es una servidumbre sin cadenas y sin prisiones pero de una intensidad y crueldad poco conocidas. Eres cautivo de una sociedad que te dice que hacer, de una sociedad que te impulsa al dolor sin sentido, a la mentira, al error, a las adicciones y lo que es más aterrador, al no-ser.

Hoy se habla de libertad y de democracia como los nuevos becerros de oro a reverenciar, cuando esa libertad está vejada por un manojo de leyes construidas bajo criterios políticos y no de justicia; y también de democracia cuando un puñado de avezados son los que se turnan el poder público y sus prebendas.

Hoy se habla de una era de la comunicación como base fundamental de la cultura, cuando nadie habla entre sí sino para sí mismos. Todos hablan pero ninguno entiende, oyen pero no escuchan. Irónicamente hay silencio en el lenguaje.

Se hace algazara de los ecosistemas, del medio ambiente, de la protección a la fauna y a todo el mundo mineral, vegetal y animal te lo ponen como modelos intocables, so pena de ser castigado con cárcel infinita y multimillonarias multas; cuando se siguen asesinando humanos en los mataderos, extinguiendo fuentes de trabajo, ahogando con impuestos con sobrada abundancia. Vale más una méndiga iguana que un camarada, tiene más valor la defensa de un vocho que un ojo humano.

Mejor deja de contar y el día de hoy que te valga madre todo, pero todo lo que hay a tu alrededor, dedícate un tiempo a ti, solamente a ti y a lo que verdaderamente tú quieres, no lo que te digan, brinca los prejuicios, los qué dirán y rompe el tabú. Haz tu propio altar y en él coloca tu foto. Hoy vive como tú siempre deseaste vivir, disfruta de lo tuyo y deja de lado al no-ser.

No te mortifiques por el ayer y sus pecados, ni por el mañana y su ansiosa expectación, toma el hoy en tus manos, aunque dure, dizque 24 horas, no importa. Vívelo con toda la intensidad que tú puedas. Ese día olvida como te llamas porque tú no eres ése nombre con el que te conocen, olvida cuantos años tienes porque no tienes edad, olvida dónde te encuentras porque no estás en ningún lugar sino en un espacio infinito.

Tú eres más que un nombre, un domicilio, un estado civil, un sexo, un tiempo o un espacio. Tú eres un proyecto de vida único, e importas más que todo el Universo. Por eso valora tu ser con toda esa conciencia que te impone reconocer que lo más importante para ti, lo eres tú.

Este día celébralo cada mes, cada quince días, cada semana, cada año o cada cuando quieras, que no te importen los plazos, pero celebra más que si fuera un matrimonio, un cumpleaños o que ganaras la lotería. En tu día no escatimes, tira todo por la ventana y si tus invitados, si es que los tienes, te preguntan qué festejas, diles que el día de tu liberación del no-ser. Del no ser tú mismo, del ser como los demás, de eso diles que te rescatas.

Cómprate un montón de libros, así como banderas, y úsalos como leña en el asador, de verdad te digo que sonreirás sarcásticamente y con mucha satisfacción.

Escoge tu día.

ESTACIÓN OMEGA.

Debemos admitir que la conciencia no es estática sino que es intencional. Por intencional se entiende el estar proyectado o arrojado hacia fuera. Por lo tanto nuestra conciencia posee una energía centrífuga que siempre va en expansión. El desarrollo y el crecimiento son sus características.

Esa intencionalidad va dirigida a los objetos externos diferentes a la conciencia y por ello el humano tiene su vista fija en lo que no es él sino lo otro, lo que está afuera. En nuestra vida enfocamos la mirada en el mundo y casi nunca en nosotros mismos porque el hacerlo nos produce ansiedad y de ahí que cuando nos quedamos solos procuramos estar en contacto con la música, con un libro o en la conversación de un amigo.

A este fenómeno se le llama alienación pues nos identificamos con uno o varios objetos que son ajenos a la conciencia. El ámbito de la persona se reduce pues es evidente que los objetos externos son del todo limitados en comparación con la conciencia. Así es como salimos de lo ilimitado, que es nuestra conciencia, hacia lo limitado que es el mundo de los objetos exteriores.

Por eso Heidegger, filósofo alemán, considera que el existir no es otra cosa que un ex –sístere, un estar fuera de sí mismo, estar en el mundo, volcado hacia fuera, nunca en nosotros mismos. De ese modo construimos un cosmos que no es nuestro pero que nos apropiamos y nos sentimos identificados con él. Ese pequeño orbe que cimentó la intencionalidad de la conciencia viene a formar parte de nosotros.

Estamos en el mundo pero no somos de él, porque somos algo más extenso que el universo que nos rodea y cuando nos dejamos atrapar por esa realidad externa de objetos vemos todo nuestro ser limitado como limitada es la realidad objetiva. Permanecemos en un lugar que no es ajeno y luego lo sufrimos. Es como ser echados del paraíso, del edén, al yermo donde todo es dolor y miseria.

Pero por si ello no basta, no es solamente el orbe en que habitamos lo que hemos hecho parte de nosotros, sino un firmamento producto de nuestros pensamientos, sentimientos y acciones. Algo totalmente producto de nosotros mismos. Hacemos todo a nuestro gusto. Ya no vivimos en lo que es sino en lo que quisimos que fuera y que creemos que es en realidad sin que sea tal. Un sitio ideal para mi, para lo que yo creo, para lo que siento, pienso y quiero hacer; todo a mi medida.

En ese ir hacia fuera, la intencionalidad, encontramos objetos que tienen un significado y que quiere decir que nos damos cuenta de la relación que tiene tal o cual objeto para nuestra conciencia. Así un objeto tiene una relación de utilidad, de sentimiento, de conocimiento, etc. Todos los objetos guardan una relación para el sujeto que los conoce y a eso se le llama tener significado. No es la misma relación que tiene para con la persona, un anillo de compromiso que regalamos al ser amado que ese mismo anillo que se exhibe en cualquier joyería.

Pero como lo hemos dicho, la conciencia es trascendente, tiene una dinámica que anhela el infinito, tiene sed de lo ilimitado, va en pos de lo que nunca se llena. El problema es que esa tendencia la resuelve yendo al revés, hacia los objetos limitados y en ellos pretende saciar esa necesidad. Esa solución provoca ansiedad, soledad, desesperación por no encontrar lo ilimitado.

Vamos de lugar en lugar en busca de la unidad, de lo infinito y lo único que nos puede llevar a ello es volver hacia nuestra conciencia, hacia dentro, a nosotros mismos. Hurgar en lo que somos y no en lo que queremos ser. Lo perenne es la unidad, lo elemental.

Todo lo que es atributo de la persona no es la persona misma, por ejemplo, si soy padre de familia, abogado, mexicano, profesor, etc. etc. esos son solo calificativos o formas de ser pero no son el yo mismo, sino lo que he fundado o me han erigido. Lo que yo soy es mi conciencia. El yo es la unidad, lo ilimitado.

Hemos partido en un ferrocarril desde la estación alfa con destino a la estación omega. Lo único diferente en este viaje es que no hay regreso. Lo sempiterno no puede retrotraerse a lo circunscrito.

ESTOY HARTO DE LA NAVIDAD.

San Lucas dice que "había pastores que vivían en el campo y por la noche se turnaban para cuidar el rebaño". En Belén el frío es intenso a la intemperie durante el mes de diciembre, llueve de manera copiosa en esos días (aunque la zona es y era bastante desértica). Así que los pastores probablemente no podrían mirar a las estrellas. Recién en la primavera se dan las condiciones que relata el autor del Evangelio de san Lucas, además es más tradicional las caminatas de los peregrinos en primavera y lo más lógico que la Sagrada Familia se haya trasladado a Belén en abril o mayo. Según estudios de científicos y eruditos exegetas el nacimiento de Jesús fue entre el 15 de abril y el 20 de mayo.

Probablemente el arrianismo sea el causante de que se haya cambiado la fecha de nacimiento de Cristo. Arrio era un obispo culto, intempestivo y muy elocuente. Persuasivo con las masas que en sus comentarios atraían a muchos del pueblo incluso a otros Obispos. ¿Qué enseñaba Arrio? Que Jesús no era Dios. Si un ser excepcional que Dios lo había creado para salvar la humanidad y al prestarse a morir como si nada, Dios lo premió diciendo que era su hijo y que se lo había ganado gracias a esa misión.

El arrianismo no aceptaba la divinidad de Cristo y fue grandemente aceptada esta teoría que logró que casi todo el mundo cristiano de la época se volcase al arrianismo. Esto alarmó al Papa, quien llamó a un concilio en Nicea, frente a las costas de Constantinopla (hoy Estambul). Los encarnizados debates llevaron al pueblo a rivalizarse en las calles discutiendo si Cristo era o no Dios.

Pero todo se diluyó por la fuerte oposición de san Atanasio, obispo de Alejandría. Bajo su mano se realizó el famoso Credo de Nicea. Los más de 300 obispos condenaron el arrianismo y los clérigos arrios debieron abandonar sus deberes. Esto llevó a que Arrio y sus seguidores se trasladaran a otros lugares; pero aun treinta años más tarde el arrianismo seguía fuerte aunque su creador había muerto.

Para terminar definitivamente con esta controversia, el papa Julio I, empezó a difundir la idea sobre el nacimiento del Niño Dios y tomó la fiesta pagana romana Hagia Fota (Sol invencible) del 25 de diciembre como fecha de nacimiento de Jesús. El sol en esos días de invierno, en Roma hace un poco más largo que el día del solsticio, día más corto y vence a las oscuridad que quería imponerse. Vernáculo pero efectivo, al pueblo de aquella época le gustaba esa celebración.

No obstante la Navidad se suele vivir ante un belén o nacimiento fruto del esfuerzo y símbolo de una familia que ha trabajado conjuntamente para crear una pequeña maravilla. Con los seres queridos y el espíritu navideño que envuelve a las personas creyentes y humildes, la Navidad es una fecha en la que la familia está más unida que nunca y en torno a la figura de Jesús.

Pero, y eso qué tiene que ver conmigo. Aunque, quizá, conozca eso y más ya no me importan las tradiciones y mucho menos Cristo.

En verdad digo, que Cristo, en mi vida sólo es un figurín del que a veces me acuerdo sólo cuando asisto a misa. No se a quien culpar de tal olvido pero lo que sí se es que tampoco se le menciona en la Universidad, ni en el hogar, ni en los negocios, en ninguna parte.

Cristo es una imagen lejana de alguien de quien se dice nació por estas fechas celebrando una fiesta llamada Navidad. Navidad ¿de quién?

Nadie me sabe decir. Únicamente observo a un viejo panzón y barbudo lanzando una grotesca carcajada, con un montón de dulces en la mano.

Hay muchos adornos con luces de colores, coronas, escarchas, pinos con bolitas brillantes llamadas esferas, regalos envueltos en papeles llamativos, mucha comida, vino, borracheras, drogadicción, fornicación, accidentes, delitos, abrazos y exclamaciones de ¡feliz navidad¡ pero Navidad, vuelvo a repetir, ¿de quién?

Los comerciantes me roban mi dinero, los cobradores se apilan en mi puerta exigiendo viejas deudas, mis amigos y familiares me piden obsequios, el gobierno me sofoca con impuestos y amenazas de aumento en el próximo año.

La gente se suicida porque no tiene dinero para comprar regalos.

Las cantinas, las cárceles, los hospitales y los cementerios están a reventar.

El odio de los pobres, el desprecio de los ricos.

Por eso estoy harto de la Navidad y de los que se hacen llamar "cristianos". Apestan.

Qué bueno que Cristo no tenga nada que ver con estas francachelas, ni que se le nombre, pues aunque ya no lo recuerde bien, sí tengo una remota, pero buena imagen de Él.

Si de veras Cristo me escucha le voy a pedir una sola cosa, una sola: que, por favor, ya no haya más navidades. Con todo el corazón.

¡FELIZ NAVIDAD¡

CAPÍTULO VI

¡ESTOY HASTA LA MADRE!

HE SIDO SUMERGIDO EN LO MÁS HONDO
DE UN ABISMO DE CIENO.
SAL. 68,3

El "estar hasta la madre" es una expresión mexicana que significa un estado de ánimo que denota hastío, tedio hacia la vida. Es uno de los tantos dolores existenciales que hay y que nos llevan al desgano, a la desilusión, a la náusea por vivir.

Martin Heidegger, un viejo filósofo alemán, en su obra Ser y Tiempo, afirma que el hombre es el producto de su pasado. Toda nuestra vida, biológica y psíquica, se encuentra condensada en nuestro ser actual. Somos lo que hicimos, lo que no hicimos y lo que dejamos de ser. Eso no lo podemos borrar porque es nuestro ser mismo.

Pero, ¿por qué esa repugnancia al vivir? En verdad que su causa no es otra cosa que la vida que hemos llevado. Toda la incredulidad, el sensualismo, el sacrilegio, el perjurio, la mentira, la hipocresía, el odio, la crueldad, el homicidio, las injusticias, la avaricia, las orgías, las sociedades secretas y otras tantas y tantas cosas que han colmado nuestra triste existencia.

Todo ello se ha ido acumulando para formar nuestro ser y nuestra forma de ser. Eso es lo que somos porque así lo quisimos y así lo vivimos.

Pero ¿cuándo se presenta con mayor agudeza ese sufrimiento existencial? Desde luego cuando estamos en un estado de mayor conciencia. Ese estado, generalmente, se presenta en la edad madura del hombre; cuando echa una mirada retrospectiva hacia sus actos pasados, cuando dirige su mirada hacia su cada vez más próximo fin: hacia la muerte y siente el miedo de la nada.

Desafortunadamente, ese hastío por vivir se le achacamos a todo lo que nos rodea. Decimos que estamos hartos del mundo por sus injusticias, por sus errores, por sus desmadres, etc. Pero lo cierto es que lo sentimos por nosotros mismos, por lo que somos. Esa es una reacción natural que nos protege del sentido de auto culpa que nos lleva a un mayor padecimiento. Siempre debemos culpar a los otros.

Cuando queremos simbolizar al hombre, lo hacemos mediante el signo de la cruz. En efecto, la parte vertical superior significa el deber ser, lo vertical inferior, nuestros instintos, lo corpóreo-material; los brazos representan al mundo, a los otros y, por último, el centro encarna nuestro yo.

Así pues nuestro yo, nosotros mismos, somos sujetos de tremendas fuerzas que nos sujetan en permanente tensión: hacia arriba, abajo y a los lados. Esto supone una lucha de la misma naturaleza y magnitud que las potencias tensoras que nos estiran como si fuésemos unas mariposas en la tabla del coleccionista.

No obstante, y por disposición de la naturaleza, el deber ser es el punto culminante y de cuyo mayor o menor acercamiento a él, depende nuestra desazón en la vida. Así, si nuestros actos pasados estuvieron alejados de la vertical superior seremos infelices, amargados, enfadados, maledicientes. La postración de muchos se debe a eso. El llegar a una edad y "pensar en retirarse" no se debe a otra cosa que tratar de huir de nosotros mismos.

La vida es lucha perenne, asombro y admiración constante, aventuras sin fin, alegrías y dolores que se suceden y si somos, como lo dice Heidegger, nuestro pasado, ello no quiere decir que así seremos siempre porque nuestro ser no esta acabado, se está haciendo, se está desarrollando.

Cada instante que pasa estamos siendo lo que ya hicimos y por ello podemos cambiar lo que ya somos con el simple hecho de cambiar nuestros actos. Las obras actuales se convertirán en nuestro ser. Está en las manos nuestras, en nuestro poder y capacidad de cambiar nuestro ser.

Es imposible transmutar el pretérito pero sí es posible, a través de actos nuevos, ir transformando nuestro ser y la manera de ser, segundo a segundo se irán agregando, como si fuese una mezcla, al yo, un número de elementos tal que seremos lo que debemos ser. Congruentes con el deber ser. Con la vertical superior de la cruz.

De esta manera ya no seremos unos viejos decrépitos e insanos que andando por las melancólicas veredas a diario exclamamos: ¡estoy hasta la madre!

Mejor, esos mismos viejos que andando por caminos donde ladran los perros, en mesas donde se come y bebe con hambre y sed, con amigos de buen talante, digamos siempre: ¡estoy a toda madre!

FÁJATE

Era Pillee un estudiante escuálido, mugroso y maloliente que siempre llevaba entre sus labios un apestoso cigarrillo de malísima calidad. Sus dedos, engrasados por pasarlos continuamente entre sus cabellos, tamborileaban constantemente en un rictus de desesperación.

Su desempeño escolar sino era pésimo era degradante, pues apenas balbuceaba extrañas palabras cuando le preguntaban la lección de la clase anterior. Provenía de una familia miserable en donde su padre había muerto violentamente por algún delito cometido y su madre se dedicaba a la prostitución.

Sus gandules hermanos habían hecho un próspero negocio en la venta de droga y ahora fanfarroneaban en los alrededores del barrio como los señores del destino. La policía estaba tras su pista, mientras Pillee argumentaba que nada sabía de ello, pero cuando lo decía se dibujaba en su rostro una ligera línea de miedo.

Fue en el verano del 68, cuando por última vez lo vi. Llevaba un pantalón raído, un gato y una chamarra rompe vientos y, como siempre, su mefítico cigarrillo de extraña procedencia. Había en su rostro cierta comisura en sus labios que denotaba alegría. Lo observé caminar a lo largo de la avenida para perderse de vista en la maraña de la civilización.

Cierta mañana, pasados los años, cuando me dirigía a los tribunales para atender la defensa de un cliente, recibí un telefonema de mi secretaria para darme a conocer que un cliente nuevo se quería entrevistar conmigo, y que para ello le había dado una cita.

Permanecí sentado en el sillón del privado, sintiendo una extraña sensación de curiosidad por conocer al cliente de la cita, era raro en verdad porque nunca había sentido tal cosa; estaba acostumbrado. Miré hacia los ventanales que daban al exterior mientras meditaba sobre el largo trecho recorrido en mi vida, me embargaba un sentimiento de nostalgia. El día estaba nublado, como en el verano del 68.

Cuando volví de los pensamientos me sobresalté al observar frente a mí a la figura de un hombre ricamente vestido que me miraba con alegría y con mucha atención. La secretaria se esforzaba por explicar la intrusión del hombre sin haber dado permiso. Su mano era suave y tibia, emanaba olor a fragancia cara, con manos ensortijadas en oro y ropa fina de boutique. Pero más que nada era esa actitud de hombre de éxito, hombre que había luchado para llegar a las élites.

Imaginé su actividad: comerciante, industrial o…. en fin, ¿qué importaba si en realidad se trataba de otro cliente más? ¿O es que acaso me estaba volviendo demasiado sensible por las cosas que no tenían importancia? Tal vez ya estaba demasiado viejo y veía lentamente la realidad, como en cámara lenta. Sea como sea, pronto presté mayor cuidado.

Relató los antecedentes del problema y el problema mismo, la necesidad y urgencia de resolverlo para luego escuchar de mí, los primeros planteamientos de posible solución, costo de los honorarios y tiempo que llevaría. Noté que el hombre miraba todos y cada uno de mis movimientos con intensa aprensión, como si nos hubiéramos conocido en el lejano pasado.

De pronto, pero muy de pronto percibí aquel olor a tabaco barato, vi el cigarrillo colgando de los labios del cliente y aquel dejo infrecuente de alegría. Como impulsado de quien sabe que fuerza, me alcé de la poltrona para abrazar efusivamente: ¡a Pillee!

Como es de todo saber, nos contamos mutuamente nuestras vidas al calor de grandes tazas de fresco café humeante y de un frío aire acondicionado. Nunca antes me había sentido tan impresionado por tan radical cambio de una persona en su forma de vida.

Me contó de todos sus esfuerzos, dolores, victorias y placeres que pasó durante toda esas etapas de su vida. Cómo triunfó en la Universidad y en los negocios, sus felices relaciones familiares con su esposa e hijos, su firme fe religiosa y sobre todo: una inquebrantable decisión de vivir, de vivir para vivir, no de vivir para trabajar o viceversa. Vida por la vida

Pero lo más brillante de Pillee fue su voluntad de tomar grandes retos, de hacer cosas grandes en la vida, de salir del closet o del baño, como se llame, de acometer fuertes empresas que impliquen enormes riesgos y que pongan en extrema tensión a todas nuestras potencias.

Él demostró que todos y cada uno de nosotros no es un fracasado y que, si lo somos, es porque no hacemos lo necesario para no serlo. Que tenemos las fibras necesarias, y hasta de más, para lograr los objetivos de nuestra vida, una vida de éxitos, una vida de plenitud. Y que tenemos cosas a nuestro alrededor que nos ayudan a llegar hasta esas metas.

Que esas cosas, familia, fe religiosa, sociedad, amigos, etc., etc. Son las herramientas que nos permiten ser lo que queremos ser. Que mientras permanezcamos en la oscuridad nuestra alma no podrá ser liberada, hasta en tanto no quememos las naves de holgazanería, de conformismo y de miedo, no podremos adentrarnos en el continente del premio.

Pillee, igual que muchos, no sólo enfrentó a sus demonios, sino que los venció y por ello ascendió a aquello que todos queremos: el ser como quisimos ser y como quisiéramos ser más.

Pillee se levantó, se fajó los pantalones, y pagó la cuenta a la mesera.

Hay que fajarse.

HACIA EL BOSQUE

El bosque es verde obscuro, atardecer de ópalo. En él hay gigantes, pequeñas especies y un sinfín de guaridas para pernoctar. En esa floresta lo más representativo, lo más anhelante, son las entre luces, unos momentos, pero unos cuantos momentos, antes del anochecer.

El ocaso en el bosque es meditación, suspirante contemplación, descanso a las crueles fatigas existenciales, un asidero antes de la extenuación cuando se han recorrido prolongados senderos de vida y de muerte. Una visión del umbral a la eternidad. Allí reposa la carne de sus vivos excesos y el espíritu de tantos y tantos desvaríos.

Alma y cuerpo en plena armonía, ambos mirándose uno a otro como si nunca se hubieran conocido, entrambos en ese abrazo cósmico en donde los opuestos se resuelven. Cada uno vivió, toda una vida, cerca del otro, caminando juntos las mismas brechas, las iguales carreteras, similares jardines y estercoleros. Cada uno relamiéndose de sus peculiares heridas.

Sin embargo, mente y cerebro, permanecieron siempre aparte, lejanos el uno del otro, elementos remotos de un mismo centro. Cada uno respondiendo de manera distinta a un mismo destino. Siempre fueron amantes, amantes que ninguna vez se otorgaron un beso o una sencilla caricia. Los dos, orgullosos y soberbios en ningún tiempo se concedieron palabra alguna, como un matrimonio no consumado.

Los dos, escuetamente marcharon distantes del eje, sustraídos a la fuerza centrípeta del yo. Cada uno siguió sus propios dictados, sin mirarse, sin importarse, como si Dios se interpusiera entre ellos, como si el infierno quisiera unirlos.

Ahora, en el boscaje, ellos se reconocen fortificando sus fuerzas, congregando sus dispares vidas en una sola. Porque si el alma es existencia y el cuerpo es vida; vida y existencia son una sola: el ser hombre, pura e inmaculadamente hombre. Solamente y nada más en la víspera, se es hombre.

La mañana es el jardín, el mediodía pertenece a la selva, mientras que la tarde su señor es el bosque. Es en la hora del ángelus donde se apagan los fuegos de la sangre y los sueños del espíritu. Es el tiempo del ave maría, del cadencioso pensamiento, del hondo, pero plácido, sentir, de la voluntad declinada y del hágase tu voluntad.

Es la apropiada estación para fundir la siempre viva línea del horizonte, es el turno de la oración y del recogimiento, es cuando se agradece cada respiración, cada tumbo del corazón, cada gesto de amor. Es la vez de ese grandioso, íntimo y expansivo agradecimiento. Porque eso es la vida, porque eso es vivir, porque esa es la razón profunda de la existencia: el agradecer.

Cuando abandones la selva cierra tus ojos y en el bosque intérnate, no tengas temor al preludio de la noche porque al fin y al cabo todos tendremos nuestro anochecer. Ahí planta tu tienda, enciende tus luces y prepara tus alimentos porque en ese momento, sí, en ese instante comenzarás a vivir.

No tengas aprensión por los habitantes del bosque, que son muchos, pues nada contigo podrán a pesar de su ceñuda presencia, recuerda que las sombras de la cosas se amplifican en el atardecer, pero son sólo eso, meras lobregueces. Son las tinieblas de tus errores, de tus malos quehaceres y ello no debe amedrentarte, no pueden prevalecer contra las puertas del arrepentimiento y del amor.

Siente el manso cuchicheo de los árboles entre sí, el mimoso contacto del viento en tu faz, el parsimonioso y flemático descenso del sol, el arremolinado anidarse de las aves mientras que en el suelo se oye el siseo de las pequeñas olas del arroyo colindante. Pero aún más, pero más fuerte, es esa quieta y candorosa unión entre tu alma y corazón. Ese diálogo intenso que da el sosiego.

Esa es la armonía que regala el bosque a los que se atreven a vivir en él. Esa es la promesa de los que quieren atardecer. Por ello, no pretendas vivir siempre en la jungla, ni tampoco desees el anochecer. Porque la vida y la existencia sólo se dan en un segundo y ese tiempo es el crepúsculo, puesto que entre la tarde y la noche media únicamente un santiamén y es en ese soplo cuando, a la misma vez, existirás y vivirás.

Matricúlate al bosque para ser, aunque sea por corto tiempo, irreprochablemente hombre.

HÁGASE MI VOLUNTAD Y NO LA TUYA

"...hágase tu voluntad aquí en la tierra como
en el cielo.." Jesucristo. Dios-Hombre.

El poder o voluntad es una cualidad del alma que nos permite hacer algo. Es el único medio a través del cual el hombre se modifica a sí mismo, a su entorno natural y cultural y trasciende hacia Dios. Si no fuera por el poder no habría acción y por ello sería inconcebible el existir humano, porque la misma existencia es en sí misma quehacer y servicio.

De nada importaría querer y pensar si no consiguiéramos hacer. Pero ese poder debe estar sujeto a normas de carácter moral como jurídico para efecto de encausar la acción hacia una finalidad: el bienestar común y el individual. La Moral y el Derecho son los dos valores que dirigen la labor humana en todos sus sentidos. Surge el malestar cuando el actuar viola a ambos valores.

Así pues somos seres de poder y, desde luego, poderosos cuando ejercemos el poder en todas las extensiones representadas por las cosas y por los otros. Así decimos que hay un poder público, un poder político, un poder familiar, etc. el hombre ejerce su poder hasta en el más mínimo acto. Nunca dejamos de actuar, de ejercer el hacer, la voluntad.

El poder lleva en sí mismo el abuso de él mismo. El abusar es propio del poder porque éste, conforme a su naturaleza, no conoce límites y tiende a expandirse. El poder, se podría decir de una manera metafórica, es ciego, es fuerza bruta que debe ser dirigido por los valores lógicos, la razón, y los valores éticos, como lo son la Moral y el Derecho.

El poder público que deviene del poder político se ejerce exigiendo obediencia a los demás y esa sumisión se logra a través de las armas y del dinero. Todo poder de gobierno esta sustentado en el oro y en las bayonetas porque así lo exige la naturaleza humana, siempre rebelde. La llamada autoridad no es otra cosa que la fuerza de dinero que poseen aquellos que tienen el poder público. Ningún rey puede gobernar por ningún otro medio que no sea por esos dos elementos extremadamente rigurosos.

Nuestra vida consiste en obedecer para poder vivir. Es el acatamiento ingrediente indispensable para que cada uno de los individuos se desarrollen y que las comunidades crezcan. Obedecer y poder no son contrarios sino que el obedecer es una forma de poder; obedezco porque puedo obedecer pero no viceversa: puedo porque obedezco.

En una nación donde ni gobernantes ni gobernados obedecen a la ley y a la moral entra el caos que se expresa en la miseria, en la violencia, en el crimen, en la corrupción. México no escapa a esa condición. Seremos un país que adolece de todos aquellos defectos ya mencionados mientras no obedezcamos.

Pero el mayor de los culpables son aquellos que tienen el poder público pues a ellos les corresponde obedecer con exigencia. Hemos vivido durante décadas sin que nuestro país haya sido un pueblo rico, un pueblo próspero. Gobierno tras gobierno ha violado, ha desobedecido a la ley y a la moral.

Algún día habrá obediencia. Ojalá y no sea demasiado tarde.

HÁMSTER

He pasado toda mi hamsteriana vida dándole vueltas con mis patitas a esta rueda, para darle gusto a esos mis colegas humanos.

PENSAMIENTO DE UN HÁMSTER.

De la cama al baño, del baño a la cocina, de la cocina al trabajo, del trabajo a la casa y de ahí nuevamente a la cama; otra vez a la mañana siguiente y así mil mañanas más hasta que la muerte trunque el ciclo. Desde que abrimos los ojos, por vez primera, empezamos una serie de movimientos repetidos y automáticos que persisten durante toda la existencia y se van imprimiendo en el yo.

El efecto es un ser humano androide con sentimientos de hastío, desesperación y ajenidad. La sociedad va obligando a cada uno de nosotros confeccionar ciertos rituales observados por la comunidad y que les denomina, en su conjunto, como normalidad. Esa despersonalización inhibe al propio yo fidedigno que todos llevamos dentro. Nos convierten en piezas destinadas a ser manipuladas para muchos y diversos fines.

Ese montón de humanos piensan que lo que hacen es propio de ellos e inducen a los demás a caminar por los mismos caminos, dándole vuelta a la vuelta, alrededor de la curva, sin jamás pisar un ápice más allá de lo señalado, elevar una oración allende el devocionario, pensar lo pensado, hacer lo hecho, tejer y destejer para volver a tejer. Todo, absolutamente todo está prescrito, está empaquetado y lleva dentro el instructivo.

Las cosas nos son dadas, qué libros debemos leer, los himnos que deberemos cantar, las oraciones matutinas, vespertinas y al caer la noche, con quien nos debemos casar, qué casa comprar, que es lo que debemos comer, que auto debemos usar, que carrera debemos cursar, que modales tenemos que observar.

Todo, infinitamente todo se nos da y nada de ello es nuestro, es producto de nuestro propio yo, de esa genuinidad larvariamente impecable, de ese soy primigenio que fue ahogado por el costumbrismo, las ideas y lo demás, de esa inteligencia reducida a carbón por los mamotretos pedagógicos, por ese deseo de homogeneizar a la persona, por esa utilidad que representa el control social.

El siglo XX, se dice, fue la era del conocimiento, pero el siglo XXI es la edad de la reflexión, del retorno a la conciencia, del regreso al yo como unidad vivencial, del apercibirse y de la desmitificación de las cosas, del desnudar a lo social, del revelar a las porquerizas en las que vivimos y de los puercos en que nos han transformado. Es ese grito por ser lo que yo debo ser y no lo que ellos quieren que yo sea, es percatarse de la caricatura que actualmente soy.

Es la época en hacer nuestra vida, caminar nuestros caminos, leer los libros que deseemos, pensar en lo no pensado, etc., etc. en una palabra, bautizarte en las aguas inaugurales que deambulan por el caudaloso río de la existencia y no en el charco inmundo en que lo han trocado. Ay de ustedes fariseos que han cargado con pesadas cadenas a la gente; allá ustedes, que tanto dolor existencial han originado y cuya consecuencia se manifiesta en las terribles adicciones, flagelo de los humanos.

Ser como los demás, ser como los otros, ser como todos, ser el común denominador son términos que equivalen a la aterradora y casi mitológica realidad del hámster: vivir para mover la rueda, para hacer lo mismo, lo igual. Piensa, imagina que es lo que realmente a ti te gusta hacer y luego, manos a lo obra, hazlo. Se tú y que nada ni nadie haga tu vida por ti.

Quítale la arandela a tu hámster y llévalo contigo a donde tú y él quieran. Libérate y respira el viento, que hincha tu corazón esa arcaica y proscrita melodía. Cuando vaya a orar no lleves el breviario. Platica con Dios.

HASTA SIEMPRE, MAESTRO GARCÍA MORENTE.

Manuel García Morente ve la primera luz del mundo el 22 de abril de 1886, en Arjonilla, España. Ese mundo del cual nos hablará con verdadera pericia, a través de sus innumerables escritos que expresan las más profundas de las perspectivas filosóficas de la realidad. Pero ese cosmos que explica no es tan sólo una idea intelectual sino una vivencia intensa de las cosas que él mismo experimenta.

Lejos de hacer de su obra una biografía literal y descarnada es mejor reseñar al Morente de carne, hueso y cerebro. Sus primeras enseñanzas las obtuvo en París, donde absorbió su sólida formación cultural. Fue allí, en los pupitres del Colegio de Francia, cuando oyó por primera vez las lecciones de aquel extraordinario filósofo de la vida, Henri Bergson; de quien fue influenciado en sus ideas postreras.

Concluidos sus estudios en Francia, regresa a su España e permaneciendo un corto período de su vida y es ahí conoce a José Ortega y Gasset con quien traba una estrecha amistad. Pero en su tierra natalicia no encuentra satisfacción para sus metas y parte para Alemania, en donde distinguimos a Morente en las bancas de la Universidad de Berlín, escuchando a Georg Simmel, entre otros, compenetrándose en la filosofía de Kant.

Se traslada a Marburgo, denominado, *el burgo del neokantismo.* Encontramos al maestro Morente como cliente asiduo de los mesa bancos de su Universidad recibiendo lecciones de aquellos filósofos cuyas concepciones teóricas marcarán su vida; son los neokantianos Hermann Cohen, Paul Natorp y Nicolai Hartmann.

Finalizados sus estudios, a los veinticinco años de edad, regresa a España como catedrático en la Universidad de Madrid permaneciendo un gran lapso de su vida dedicado a la enseñanza, a la producción de obras de gran valía y, en alguna ocasión, como funcionario público. Debido a su inexperiencia política, pronto se ve envuelto en difíciles situaciones que lo hacen que vaya a París.

En la ciudad de la torre Eiffel y en un octavo piso de la casa que habita; el maestro vive una peculiar experiencia religiosa que le hará virar en todo su pensamiento, hará que abandone por completo el neokantismo y todo aquello que se oponga a su nueva concepción cosmogónica.

En efecto, agobiado por tanta fatalidad en su existencia siente que su vida ya no es de él sino que pertenece a otro que trasciende. Que no es dueño de su vida, que otro es el que se la hace; entonces se enfrenta al rostro de Dios. Él mismo nos narra en su obra, *El Hecho Extraordinario,* las curiosas circunstancias que vivió cuando al estar escuchando la pieza musical de Berlioz, *La Infancia de Jesús,*

el viejo y cansado filósofo idealista siente la presencia real de Cristo quien reconforta su atormentado espíritu, producto de tantas y tantas luchas intelectuales, de combates morales y de desilusiones vivenciales; es entonces que inicia su conversión al catolicismo

Viaja a Argentina y pronuncia una serie de conferencias en la Universidad de Tucumán cuyos alumnos las recogen en versiones taquigráficas y las editan en una obra que le daría fama mundial: las *Lecciones Preliminares de Filosofía.* Verdadero compendio del pensamiento filosófico que abarca desde los presocráticos hasta las fórmulas kantianas y, lo más importante, los primeros trazos de una ontología de la vida.

Regresa a España y es ahí donde ingresa a un monasterio donde sigue los estudios teológicos y se sumerge en la filosofía tomista. Por fin, es ordenado sacerdote a sus cincuenta y cuatro años y celebra su primera misa el primero de enero de 1941. Desafortunadamente su vida de presbítero sólo duró dos años y no pudimos conocer con profundidad su nuevo pensamiento.

No nos es posible darnos cuenta de las ideas que bulleron en el alma de Morente al encontrarse con un pensamiento tan alejado de su quehacer cotidiano, como lo es el tomista. Del idealismo neokantiano, al vitalismo de Ortega y de Bergson, el maestro desemboca en las corrientes de las concepciones católicas totalmente impregnadas de ese Dios que conoció ya casi al final de sus días.

Por ello nos sentimos como en la lectura de una historia cuyo final no fue escrito. Un concluyente que fue truncado, que no tuvo coronamiento porque así fue la última etapa del profesor de filosofía. Sin embargo podemos pensar que la voluntad divina quiso dar por terminados los trabajos de él, precisamente con su conversión. Ese fue, quizá, el plan central de Dios que tuvo para la vida de Morente.

Ya no tanto satisfacer la curiosidad intelectual de los pensadores por querer ver las nuevas ideas del anciano pensante convertido en cura, sino en dar una enseñanza a todos aquellos que ondean en los turbulentos mares de la sapiencia. De aquellos que buscan con denuedo el auténtico enfoque hacia una realidad que es intrigante.

Catedrático eminente, expositor sencillo de temas complejos, profundo teórico y brevísimo presbítero fue Morente, a quien muchas generaciones universitarias le debemos el gusto por la Filosofía. Su voz aún resuena en las aulas atestadas de alumnos que esperan con ansia las enseñanzas de la Ciencia de las Ciencias. Alumnos de todas las edades, de todos los grados porque para el conocimiento no hay tiempo ni espacio.

Porque yo no estoy en las cosas, ni las cosas en mí. El yo y las cosas están en la vida, como dijo Manuel García Morente, superando el idealismo y el realismo, y así convocando a la creación de una nueva ontología de la vida.

Por ello decimos que nuestro carísimo maestro está en nuestra vida y la vida es para siempre.

Y luego concluimos, ¡hasta siempre maestro García Morente!

¡HAY PALETAS!

Como hieráticas estatuas que se alzan en lontananza, al parecer prefigurando un horizonte distante, una medida dilatada que toca al infinito, intocadas cumbres de frías montañas, peñascos de mole incalculable que ruedan con estrépito por las escarpadas calles de la ciudad.

Altos como milenarias secuoyas en los bosques de bruma perenne que habitan en las alejadas tundras. Su vista poderosa abarca trescientos sesenta grados y en tres dimensiones, sus rodillas fatigadas se tocan al caminar y al son de la campanilla.

Existencias que no son en el tiempo sino en el espacio, roedores de caminos, espiados en ventanas, testigos inmutables de puertas, de casas, hogares y de lejanías que huyen por angustias, buscando el olvido de prolongados recuerdos: son ellos, son los paleteros.

Ignorantes del acaecer, son doctos del lugar, su reinado pertenece a la carretera, a la vereda, a la calle, a la banqueta, al mercado, al templo, a la cantina y al atrio. Son los fidedignos transeúntes, los infalibles viandantes. Los representantes del peregrinaje que sin importarles los sucesos hacen del territorio, el altar de un sacerdocio que ora por el advenimiento del infinito.

Hombres sin edad, sin ciclos, sin ser siendo, sin ser continuos, sin instantes; simplemente están-en. Glaciales frente al hecho solo apetecen el dominio del simple constar. Indefectibles amos de las áreas poseen una inmensa sabiduría de lo humano.

Hermanos de las rocas rodantes, son profundos conocedores del alma y por ello confesores natos. Oidores de terribles blasfemias y sacratísimas oraciones, auditores de culpas extremas y yerros inconfesables vagan por los terrenos ofreciendo a esa perrada infame, adolorida e irredenta, el único consuelo del que disponen: paletas, paletas de vistosos y sedientos colores y sabores.

Quienes hayan pensado, sentido y hecho todo lo que en el mundo hay estarán batidos por una vida de miseria y de lastre. Estrechados en la rutina, la desesperación y el suicidio acuden confiados a los terratenientes de las paletas. Van a ellos buscando alivio y consuelo.

Son los personajes del orbe y de sus abundantes vías, sin fronteras, razas, religiones, sexo, color o creencia quienes liman esas diferencias con sus sabrosas paletas ya de agua, ya de leche, esquimales o sangûiches. Porque no habitan un espacio matemático sino el verdadero espacio que es el vivencial, aquel donde yacemos, eyectamos, permanecemos, caminamos y transitamos, comemos y dormimos, bebemos y maldecimos.

Graves protagonistas son estos los paleteros porque están por estar, no por ser así o ser de otro modo sino por el simple ser aquí, ser allá o acullá. Sencillamente ESTAR. Ello les permite tener esos dones de Ciencia y de Consejo. El estar nos da una conciencia plena de las cosas que nos rodean.

Seamos paleteros aunque sea una sola vez en nuestro existir para así poder sentir con toda plenitud ese sentimiento del sencillo: ESTAR.

Yo prefiero las de leche sabor vainilla.

HIDALGO PALACE

En una fría madrugada del 16 de septiembre, que no el 15, de 1810 y en la localidad de Dolores se dio inicio a la rebelión mandada por Miguel Gregorio Antonio Ignacio Hidalgo y Costilla Gallaga Mandarte Villaseñor (alias Miguel Hidalgo). La mira de esta revuelta no buscaba la independencia de México sino tenía como objetivo separar al virreinato de la corona española.

Hidalgo apoyaba el retorno de la corona a la familia de los Borbones que habían sido desalojados por José Bonaparte, hermano de Napoleón. O sea, el pleito se reducía a protestar por la imposición de un francés en el gobierno español y se instaba para que estuviese en manos de los españoles. Hasta muchos años después los subversivos pensaron en la independencia. Es falso que el motivo haya sido la independencia.

Más allá de los pormenores históricos se puede advertir que como ésta, hay muchas, pero muchas, mentiras que la historia oficial ha divulgado al pueblo mexicano a través de los libros oficiales de texto obligatorio dirigidos a la niñez. Ficciones que han deformado el pensamiento del mexicano y que lo han conformado de acuerdo con los intereses del "Estado".

Desafortunadamente nadie se preocupa por desmentir tales versiones no obstante la gravedad que significa no de una mentira sino cientos y cientos de ellas, porque entonces ya no se trata de una historia sino de un cúmulo de falsedades que han inducido a millones y millones de mexicanos al error. Nada más maquiavélico puede existir.

El asunto no es menor pues es cuanto se trata de nuestros hijos, de esos pequeños para los que queremos lo mejor, para los que deseamos un sano desarrollo, con una conciencia objetiva de la realidad, libres de injusticias, rectos en su ánimo, animosos en la verdad. Y porque el conocimiento que no es verdadero no es conocimiento. Y ello no se puede conseguir cuando el Estado los mantiene no solamente engañados, por quien sabe qué oscuros intereses, sino en la ignorancia.

Y porque el no saber, la inopia, es el peor de los males que le puede ocurrir a un ser humano, pues éste podrá carecer de cualquier otra cosa menos del conocimiento. Porque el llevar a la colegio a nuestros hijos para que les enseñen errores es una actitud que raya en lo infame. Se daña a los niños, al semillero de la Nación. Se daña a la sociedad que es el sustento de los niños.

Por ahí, los pregoneros de la moral pública se rasgan las vestiduras ante la prostitución infantil y persiguen a muerte a los pedófilos. Sin embargo permiten la perversión infantil a través de la farsa. Es más dañoso el actuar de los escritores de la historia oficial que el de los comerciantes del sexo infantil.

Por ahí, también, andan los cazadores del crimen organizado, haciendo alarde de fuerza y legalidad matando a cuanto sospechoso se tropiezan. Cuando los paraninfos de la historia oficial constituyen toda una estructura sutilmente organizada sostenida con los recursos públicos y apoyada por las armas del ejército, que envenenan las conciencias de los menores.

Hay algo de razón en las razones que esgrimen los pobladores de la Nueva Jerusalén en relación a la educación impartida por el Estado. No están del todo equivocados.

Pero tampoco que esto sea motivo para dejar de celebrar las "fiestas patrias" al muy estilo mexicano: con mucho tequila y harto menudo. Que no te importe tanto la historia, asiste al "grito" y grita a todo pulmón que ¡viva México, que viva Hidalgo! Al fin y al cabo estamos en su año.

Para esta magnífica y solariega temporada patria te recomiendo el tequila "hidalgo palace", va:

Un buen shot de excelente tequila blanco, salsa tabasco, salsa huichol, salsa inglesa, llena con jugo de tomate, jugo de limón y sal al gusto. Sirve con hielo frapé en un vaso old fashion escarchado. El secreto es acabarte la botella, al grito de "que... el que deje algo". Un poco de música de Jim Morrison, de Black Sabbat y el Charo Avitia, alternando, por supuesto. Envíame tus comentarios a esta receta.

HIJO AFORTUNADO

¡No puedo abrir la puerta!

Bob Esponja

Qué perra vida la mía, cómo me he jodido y partido el lomo, puro sudor a chorros y, ¡para ni madres, nada, ni un clavo he hecho! Ya estoy viejo y no veo quién me mantenga. ¡Méndiga suerte la mía!

Qué pinche suerte, puro trabaje y trabaje y nada; el carajo de mi compadre tiene el puro billete y nunca ha trabajado, diario se la pasa de pedo, con un montón viejas y de hijos. Para mí que es narco, se halló un tesoro, se sacó la lotería o a lo mejor es mayate de algún bato con lana.

Siempre me la he llevado en la grilla y nunca me han dado ni un güeso, me la he partido grueso y nomás llegan otros y ellos son los ganones, luego luego les dan puestos. Yo no pido que me den sino que me pongan donde hay. Un rato más y mejor me cambio de partido.

Amén de ese montón de expresiones que reflejan la desesperación y la angustia de aquellos que se debaten, inútilmente, por arrancarle a la fortuna uno de sus tantos favores. Han luchado a brazo partido durante años en las peores condiciones y sin descanso. Sin embargo han permanecido en la inanidad.

Son lamentos profundos que emergen de las almas perdidas en un mar de abatimiento y desesperanza, llenos de amargura atiborran las plazas públicas para exhibir sus miserables miembros de viejos decrépitos, sedientos de luz solar. Perdidosos incurables en los extenuantes avatares de la existencia, agotan sus juveniles fuerzas en sueños de implacable neurosis.

Nadadores contra corriente, como solitarios salmones, van en pos de las alturas tan solo para acabar en las fauces de los hambrientos osos de la buena suerte, compañeros antagónicos cuyas vidas desfilan entre destellos de fama, riqueza, poder y sabiduría, al lado de los lacayos que han hecho joroba a fuerza de reverencias.

Perseguidos por la justicia, por la maldad humana, por el miedo, por las enfermedades, por las tragedias, por la pobreza, por el dolor, por la tristeza, por el fracaso sin fin, por los remordimientos, por la orfandad, por las cárceles, por la policía, por los acreedores y toda esa gama de marabunta urbana.

Son ellos, los despreciados, los marginados de la vida cuyo número es como los átomos del aire, son como legión y como los puntos que están entre el uno y el dos: infinitos. Son ellos que claman desde las calles, desde las banquetas y mercados; son las sombras de los afortunados.

Nadie conoce las leyes arcanas y recónditas que rigen la mala y la buena fortuna de los hombres, los estatutos que regulan los caminos de la vida, los poderes que arbitran el cruce de las vías, el juego de las opciones y de las decisiones, el impulso de los deseos y de las repulsiones. Ante ello estamos más que inermes, totalmente desamparados.

Frente a aquellos, a los jodidos, están los contrarios: los gozosos, los pletóricos, los faustos, los providenciales, los tocados por el suave roce de Dios, los agraciados, los perfumados, los predestinados y toda aquella miríada de hijos de la bienaventuranza, los que habitan en el esplendor excesivo y fáustico, hablan y son escuchados, miran y son temidos. Son los mimados de Salomón.

Los que siempre han pisado alfombras, universidades de prestigio, han ingerido exquisiteces, oído y bailado lo mejor de lo mejor, nadado en las albercas infinitas, clientes de suntuosos bares y de hoteles de seis estrellas, vestidos con regios cortes de modisto y habituales vecinos de los clubes de yates.

Todo ese misterio se vuelve contra nosotros, mientras permanecemos devastados frente a la sublimidad de la fortuna que es hipada por la inmensa humanidad, en una cacería sin cuartel, que en mucha de las ocasiones nos inflige terribles sufrimientos, tanto cuando se alcanza como cuando no.

Sin embargo, hay que tener en claro una cosa que es del todo cierta; todos y cada uno de nosotros tenemos uno o varios tiempos, siempre limitados, en que se abren, frente a nuestras vidas, puertas y ventanas que nos conducen a las regiones de El Dorado. Todo consiste en no tener miedo para traspasar el umbral.

Porque cuando esos portales se abren, muchos de nosotros sentimos pavor para traspasarlos y permanecemos en el Pórtico del Palacio de la Heredad. Trémulos e indecisos, con espantos de piernas y brazos rehuimos cambiar nuestras vidas y persistimos con las quimeras de nuestra mezquina existencia.

Observa atentamente los sucesos de tu vida y cuando se abra una ventana o una puerta, no lo dudes más, salta y penetra en ellos, que poco tienes que perder.

Hijo afortunado, bebe discretamente el champán, come pausada y delicadamente tu mouse de langosta. Escucha a Clayderman, porque mañana te espera más champán.

HOMBRE-MAMÁ

Desde la más temprana infancia el hombre está caracterizado por un sexo distintivo cuyas peculiaridades se van haciendo más notorias conforme avanza en su edad. Mente y cuerpo están preparados para la lucha diaria por la sobrevivencia, dándole fuerza muscular, espiritual, moral y, sobre todo, una actitud de reto y de combate.

El hombre viene apto para una vida de rudas exigencias: el sustento diario, el estudio, la creación de una familia, la dirección de grupos, la divulgación de las ideas, las guerras contra sus enemigos, la religión, los deportes, la administración de riquezas, liderazgos, sentimientos de pertenencia a una comunidad etc.

Por eso su cerebro y su mente están de tal manera adaptados para tales actividades que no es posible enfrentarlas de otra manera. Esto quiere decir que si no fuese por esas notas de su ser, el hombre perecería junto con su familia o acompañantes. El hombre esta hecho de una manera tal que no puede ser de otra.

No obstante lo anterior, la sociedad, en algunas ocasiones, le impone al hombre modelos de conducta que van en contra de su forma natural de ser. Esto es así cuando esa sociedad exige determinado comportamiento de sus elementos para satisfacer determinado fin, respondiendo a una necesidad creada por ella misma.

Entonces se van generando una especie de hombres mutantes, de hombres que han sufrido una seria alteración de su forma natural de ser, una perversión del alma varonil. Perversión quiere decir, desviar la finalidad de una cosa. Ejemplo; se pervierte el fin de un cuchillo cuando se le utiliza, no ya como herramienta de trabajo, sino como instrumento de un delito.

Esta corrupción de la naturaleza del hombre tiene un costo emocional sobre él que se traduce en dolor; como cuando lo siente el pie al usar un zapato de menor talla. Hacer lo que no somos, ser algo que no queremos nos conduce a la frustración y como tal, al sufrimiento.

Uno de los tipos perversos de conducta es el Hombre-Mamá. Aquel que desempeña el hombre cuando se encarga de la crianza de los hijos ya sea por orfandad materna, disoluciones de matrimonio o de pareja, en fin. El hombre se ve disminuido en sus capacidades naturales por atrofia, por no usarlas, dado que se involucra en actividades propias de una mujer.

En ese sentido la masculinidad, no la brutalidad, entiéndase, se feminiza; el hombre no sólo pierde la oportunidad de ser como tal, sino que se convierte en mujer, pero, algo peor que eso; desarrolla una conducta ciento por ciento propia de una mujer: la de ser mamá. El hombre no puede ser mamá como tampoco la mujer puede ser papá. Dos géneros distintos y complementarios para el desarrollo equilibrado de un ser humano.

Al feminizarse el hombre, adopta de una manera tosca y pobre lo que cualquier mujer fácilmente haría a la perfección. Pero lo más grave es que ese hombre se hace mediocre, timorato, incapaz, pusilánime. La vida lo va a destruir por completo porque la sociedad le ha arrebatado lo más preciado que tiene: su hombría.

La hombría no se refiere únicamente a los genitales sino a todo su ser, a su profunda naturaleza de cuerpo y alma. Ser hombre no es tener determinados órganos de reproducción sino un espíritu peculiar, disímil al de la mujer. El sexo es el ser mismo del humano y no como vulgarmente se le ha concebido.

Por eso pues la sociedad ha convertido a muchos hombres en pobres mujeres que van por mundo sufriendo la mutilación de sus facultades, de sus dones, convertidos tristemente en amamantadores, en mamás. Y no es porque sea insignificante el ser mamá, sino porque ese rol no le pertenece al hombre.

Sin embargo, para mitigar ese dolor que produce esa degeneración, la sociedad premia al hombre-mamá creando una imagen ficticia de él. Ese icono es ensalzado, es sublimado a tal punto que todas las mujeres admiran a aquel hombre que le da biberón al niño, que le cambia los pañales, que barre, trapea, hace el mandado, platica con las señoras sobre los chismes del barrio. Entonces su reputación de hombre de familia crece y se le otorga un auto estima.

¡Eso es realmente ser hombre! Nos repiten a diario. Ese quiere verdaderamente a su familia, a su esposa, es digno ejemplo para todos porque no se avergüenza de lavar la loza, de hacer las camas, de ponerle flores al santo, de hacer aerobics.

Pobre de ese hombre descastado, afeminado, mujeril, débil, chismoso, voluble, que ni siquiera a mujer llega, a hombre menos. Ser lisiado de cuerpo y mente, ser algo que no es. Ese es el hombre-mamá. Ni los gay quisieran ser así.

Cambiemos la escoba por el fusil, el pañal por el tratado, el mandado por las municiones, el trapeador por el sable, el porta bebé por la mochila de campaña, el biberón por el ron, las flores del santo por la verdadera religión y la vehemente devoción, el chismorreo por los discursos, la retórica y la dialéctica, la reunión de las comadres por los mítines, el lavar la loza por el lavar las afrentas de los enemigos, las rencillas por las grandes guerras.

Recobremos el ser del hombre: el hombre-hombre.

Hay que quitarnos el mandil, hay que destetarnos, ser esforzados y varoniles, alejémonos del ser mamá. El mundo es nuestro y hay muchas conquistas que nos esperan allá fuera. Muchas cantinas a donde apagar la sed, muchos templos en donde rezar, muchas universidades donde estudiar, muchos trabajos para sudar, muchas mujeres a quien querer, muchos amigos para pelear y muchos campos de batalla donde vencer o morir. Una muerte digna, la muerte del valiente, la muerte del hombre que triunfa o perece a manos de sus enemigos.

Porque los enemigos somos nosotros mismos, son los otros semejantes y la naturaleza.

Que la leche nos sepa a ron.

IMPERDONABLE NAVIDAD

La espiral de la violencia sólo la frena el milagro del perdón. –

Juan Pablo II. 265º Papa de la Iglesia Católica Romana.

Durante toda nuestra vida nos relacionamos de muchas y diferentes maneras con nuestros semejantes y con las cosas del mundo. Así; somos padres, hermanos, maestros, trabajadores, patrones, acreedores, amigos, esposos, propietarios, etc. etc. en cada una de estos vínculos realizamos, también diferentes acciones.

Sin embargo, estos nexos nos generan, necesariamente, fricciones que alteran las historias comunes que emergen entre el yo y los otros. Estos roces pueden constituir verdaderas ofensas que provocan daños que van de lo menor a lo severo.

La agresión puede ser física, afectiva, intelectual, moral o espiritual o en varias al mismo tiempo. Las más de las veces originan heridas que no son visibles y, que por tal motivo, es difícil evaluar el daño producido pues permanecen como algo demasiado subjetivo.

El ultraje crea sufrimiento tanto para el ofendido como para el ofensor, en éste último es el remordimiento por el daño inferido. Ese dolor aleja a las personas de una vivencia en común que venían haciendo y hace imposible su continuación. La historia en común queda rota, deja de ser, muere. Por eso el agravio es el principio de la muerte de una buena parte de la vida de ambos, ofensor y ofendido.

Por extraño que parezca, el daño ocasiona la muerte, un dejar de ser, una angustia por lo perdido, por lo que ya no volverá a ser como antes era. El desconsuelo es enorme para ambas partes y su desgaste moral genera graves detrimentos a la salud.

La víctima no puede olvidar la ofensa y debe arreglárselas para vivir con ella, domesticar la propia herida que día tras día supura el pus de una punzante incertidumbre y de una sensación de un dolor absurdo, sin sentido. Esto pone al ofendido ante tres opciones: la de negar la ofensa, lo cual también es absurdo, y tratar de olvidar la misma. Nunca podrá olvidarse.

La segunda es la vía de la venganza causando una nueva humillación al contumelioso, que también es desatinado porque se desemboca en una cadena de violencia sin fin. La tercera es el camino del perdón. El perdón implica dos cosas importantes: el reconocimiento del mal hecho y la confesión de pedir u otorgar el perdón, hecho entre ambas partes.

Si no hay ese reconocimiento ni el acercamiento físico del agraviante – ofendido no podrá haber el perdón. Pero si lo hay, entonces viene el restablecimiento de la salud que es causa de la paz del alma. Adviene el reinsertamiento de la dignidad de ambos, la verdadera liberación del padecimiento y, a nivel colectivo, la curación del tejido social.

Por eso, en esta Navidad, como auténticas personas que somos, tenemos la obligación particular y social de, al menos, otorgar el perdón a cualesquiera de aquel o aquellos que nos profirieron una ofensa. De esa forma vamos a contribuir al bienestar común disminuyendo el dolor propio y el del otro.

Todo lo demás sale sobrando, todo aquello que no implique perdón, de nada nos servirá hacerlo. Pueden invitar a santa Claus, fumar mota, ingerir alcohol, mentar la madre, hacer regalos y dar abrazos hipócritas, alterar el orden público, vomitarse de tanta cena navideña, orinar y defecar en la vía pública e, incluso, si así lo prefieren, olvidarse hasta de Dios.

Pero de lo que no se pueden olvidar es de dar el perdón. Que esta Navidad no sea imperdonable. ¡Cuánto se necesita el perdón para esta humanidad sufriente, para este peregrinar en lágrimas!

Pero lo que no se puede perdonar es no llevar el destapador, ni los hielos.

FELIZ NAVIDAD A TODOS MIS INCONTABLES LECTORES. ESPERAMOS AL PRÓXIMO AÑO CON NUEVAS REFLEXIONES SOBRE NUESTRA REALIDAD EXISTENCIAL, DE LA VIDA QUE VIVIMOS QUE SE COMPONE DE GOZOS Y TRISTEZAS. BUENAS NOCHES Y QUE DESCANSEN DE CUERPO Y MENTE.

NO OLVIDEN LOS ALKASELTZERS.

INCREYENTE

Mucho se dice que de la fe de los demonios, que no dudan un instante de la veracidad de todas y cada una de la letras de las Sagradas Escrituras. Son los grandes creyentes de la Historia de la Creación. En ellos no hay sombra de incertidumbre alguna, conocen y creen en la Verdad, con absoluta plenitud.

Párate un poquito debajo de aquel tejabán que sobresale del depósito, hace calor y te invito una bien helada. Pon tu vista en lo que has sido, en todo lo que has vivido y dime con sinceridad si alguna vez has creído en algo o en alguien. Piensa que ni tan siquiera crees que fuiste hijo de tus padres, sé sincero.

Jamás, en toda tu vida, te lo aseguro, has creído. Ni en tus amigos, cónyuge ni en ti mismo. Porque has transcurrido entre las cosas y entre la gente como si no existieran, como si fueran un sueño alterado por una cruda mal curada. Aún más, ni tan siquiera en ti has creído, ni crees aún.

En tu diario vivir simplemente has conocido, has sabido, te has dado cuenta de todo lo que te rodea y de lo que tú piensas, pero creer en ello; jamás. Y es que creer es bien diferente a conocer. El creer es un sentimiento profundo de que lo que tú conoces es y debe ser así, convencido de que no puede ser de otra manera.

Creer es tener la certeza de que algo es verdadero; es la fe. Mucho se habla de la fe pero son pocos los que conocen lo que realmente es. No es solo conocimiento, sino el saber que es cierto, que no admite duda. El conocimiento es producto de la razón, la fe del espíritu.

Por eso, cuando no se cree y tan solo se conoce a las cosas, sobreviene la angustia profunda de la duda, del existir sin saber para qué o porqué. El creer es una necesidad del espíritu ante la contingencia del mundo. Requerimos, como un náufrago, asirnos a alguien. Toda desgracia proviene de no creer.

Y es que la razón no es la única manera de conocer, también se conoce a través de la fe, dijera el perrísimo filósofo J. Hessen; conoces por la experiencia, por la razón y por la fe. Este último conocimiento es el más profundo que los otros dos, porque estar convencido es superior al ser conocido. Yo puedo conocer a Dios pero no necesariamente debo de creer en Él. Puedes pasarte toda tu vida estudiando a Dios pero te afirmo que no por ello creerás en Él.

Es más, ni siquiera dudas, porque eso es un principio de la creencia, pero ni tan siquiera llegas a ello, simplemente te vale todo un cacahuate. El dudar es de sabios, pero el valerte es de vales, de simples batos que andan por ahí vociferando. Es perrada.

El estar convencido te da seguridad, la seguridad te da firmeza y un gran sentimiento de alegría al contemplar que tus pasos te conducen al lugar adecuado, adonde tú quieres llegar. Al creer en ti, sabes que eres un chingón, al creer en todos los demás te dará felicidad. Ese es el sentido auténtico del valerte ma... todo.

A la par que vives, a la par que piensas, esfórzate por creer, por estar convencido. Porque de esa manera sentirás un gran deseo de vivir, de pensar y de arribar al sitio de tus sueños, a aquella morada de tus fantasías, traspasando la imaginación. Imita a los demonios en su inquebrantable fe, pero rechaza su soberbia.

El Diablo es poderoso porque cree en sí mismo, sabe de lo que es capaz. Tú también se como él. Es lo único que le puedes fusilar, con lo demás ni te metas porque vas a valer m... Pero ya hace mucho calor mejor vamos pidiendo las otras, convencidos de que si el ardor no se quita, por lo menos se te olvida. Créelo.

El problema no es negar a Dios sino que por ser increyentes no es indiferente. Mucho le he estudiado, pero nunca en Él creído, dijera el famosísimo ateo Stirner al saber que negándole le afirmaba, pero como consuelo en el no creer se refugiaba.

Cree, cree.

JÁLENLE EL HOCICO AL BURRO.

Si por acaso nos detenemos algún día al por lo menos pensar el porqué de todos y cada uno de nuestros actos, nos vamos a asombrar que no conocemos nada de ello. Que todo lo que realizamos es de manera mecánica, inconsciente. Pongamos algunos ejemplos.

El maldito lunes nos levantamos con la boca pastosa, sed inquebrantable y humor bestial. La cruda no perdona. Nos aseamos, desayunamos, vamos al trabajo, poca concentración, regresamos a la casa, comemos, nos acostamos a la siesta y toda la tarde y parte de la noche la dedicamos a ver con mirada perdida y mente bizarra a ver la televisión.

El martes poco a poco nos vamos restableciendo de la resaca y hacemos lo mismo que el lunes.

El miércoles, un poco mejores y ya repuestos de las infamias de Baco; hacemos lo mismo que el martes y así sucesivamente con algunas que otras variantes como vociferar por todo, mentarle la madre a la vieja, a los hijos, a los amigos, al sistema de gobierno y, por último, ir a misa y medio pedir perdón por los pecados, sin arrepentirse.

Nunca, pero nunca, leemos un libro que fortalezca el ser espiritual, nunca nos merece una pequeña reflexión sobre nuestra vida o sobre la de los demás. Solo pensamos en nosotros como último término de todas las cosas. Queremos dinero, no para generar más riquezas, sino para gastarlo en babosadas y con la única intención de adquirir objetos que nos den un status suficiente como para apantallar a la perrada.

Nos limitamos a decir, no a pensar, lo que piensan y dicen los demás, a través de los medios de comunicación, y todo lo que aparece escrito en la prensa lo consideramos como verdad irrefutable. Con el periódico bajo el brazo nos dirigimos al café o al trabajo para escupir todo su contenido y alegar con fe musulmana que todo eso es cierto. No creemos en Dios pero sí le creemos al comentarista deportivo.

No creemos en ninguna religión, en ningún santo pero sí le creemos al melolengo chismoso que nos dijo que fulano de tal nos mentó la madre y que somos unos pendejos.

No creemos en la redención de la humanidad ni en la remisión de los pecados pero sí le creemos al político súper mentiroso y sinvergüenza que nos promete que las cosas ahora sí van a cambiar, con la condición de que votemos por él.

No creemos en la eternidad del alma, ni en su destino ultra terrenal pero sí le creemos al merolico que nos vende, a precio de oro, un mugroso líquido que huele bonito o cualquier otra idiotez, dizque para quitarnos las patas de gallo, los callos, lo gordo, lo infeliz, la diarrea, lo feo, lo pobre y lo viejo.

No le creemos a nuestros padres, maestros, sabios, sacerdotes, profesionales, etc. Pero sí le creemos al méndigo vago, igual que uno, que a la vuelta de la esquina nos da un consejo dizque producto de la experiencia y de la escuela de la vida. Hazle así, hazle asá, y como corderos le obedecemos como si su palabra fuera la de un Moisés o de un Sócrates.

Nos vale madre rezar, trabajar, estudiar, portarnos bien. Hay que vivir la vida, darle vuelo al desmadre, al reventón porque al cabo mañana nos vamos a morir y no nos vamos a llevar nada. Esa es una verdad como decir que dos más dos son cuatro.

No le creemos a los profetas del antiguo testamento ni a Cristo, como Dios ni como Hombre, ni a sus apóstoles, ni a la iglesia en su admirable magisterio, ni al saber acumulado por nuestros semejantes; pero sí le creemos al raterísimo del cantinero que nos quita el dinero a cambio de veneno y nos suelta una madeja de sandeces y estupideces que ni su abuela le cree.

No queremos querer a nuestra esposa o esposo pero sí estamos enamoradísimos de la querida o del querido. Le quitamos lo que le pertenece a nuestra legítima y sagrada familia para dárselo a la prostituta o al cinturita vividor.

Así vamos por esta caraja vida, como perros sin dueño y sin correa, de un lado para otro, sin planes, sin una finalidad, sin darle sentido a las cosas y a lo que hacemos con las cosas; pasándola, dizque trabajando, dizque muchas cosas. La vida nos lleva como basura por las calles.

Un buen día, nos llega la de a de veras: la calaca. Entonces abrimos la boca, pelamos los ojos y vemos toda nuestra perra vida de comienzo a fin con una claridad mañanera. Comprendemos la inutilidad de nuestra existencia, del desperdicio que hicimos de la misma y de las grandes capacidades de que fuimos dotados.

Asustados por tantas visiones de extrema certeza, nos hacemos como los burros orejones; a sentarnos para no caminar. Nos queremos quedar a vivir otra vez para remediar lo que ya no se puede. Pero ya es demasiado tarde. La muerte no perdona.

La parca se nos aproxima y nos conmina a que nos levantemos por la buena o por la mala, y como los mentecatos, nos negamos a levantarnos.

Es el momento de que nos digan: ¡jálenle el hocico al burro!

JARDÍN MARAVILLA

¡Cuántas ocasiones hemos tenido para presenciar la vista de algún hermoso jardín que en medio de la urbe emerge cual oasis místico y misterioso! Y cuando nos adentramos en él sentimos la fresca brisa matinal, el primoroso verde de su paisaje. Sin contar con esos brumosos caminillos que como serpentinas se internan en lugares desconocidos y llenos de sorpresas.

Desde luego que vemos la mano del hábil jardinero que con ahínco cultiva ese armonioso jardincillo en medio de la mugrosa mancha urbana. Rescata del asfalto la belleza, la paz y el descanso para dárselo al paseante en un arranque de generosidad. El jardinero es un verdadero artista del ambiente urbano que nos ofrece su obra maestra en forma de jardín.

El jardín es un lugar no solamente hermoso sin también incomprensible y enigmático. En él habitan miles de criaturas en un perfecto balance de vida e interacción, seres maravillosos que dependen unos de otros en una sin igual armonía. Ahí se respira vida, una vida de intensa actividad, de continua realización en su afán de perfección.

Pero también destacan en el paisaje del jardín los caminos que se retuercen y que nos conducen a lugares insospechados, caminos que nos llevan a lugares recónditos, que nos producen asombro. Vías que nos conducen a fuentes de cristalina agua, a pendientes que ascienden o que bajan, a la misma mugre urbana o al lugar favorito del jardinero.

Hay caminos hechos por el hombre y otros por los animales, ambos sirven de medios para llegar a un destino. La vida es igual que un jardín. Cada uno de nosotros construye su propio jardín y va realizando sus caminos conforme a los destinos que elija. No es posible que uno de nosotros viva en un jardín fabricado por otro, no podemos vivir en un jardín ajeno y con caminos que no son nuestros. En nuestro jardín, cuando mucho podemos dejar que entre uno que otro visitante pero jamás éste podrá quedarse a vivir en él. En nuestro jardín estamos solos, hacemos y seguimos nuestros propios caminos.

La vida es un jardín que vamos construyendo poco a poco y con grandes esfuerzos y, cuántos sublimes jardines se erigen con la vida plena que cada uno de nosotros realizó a través de la sucesión de momentos. Pero, también, cuántos páramos yermos e infecundos existen cuando las vidas se han malogrado. Estamos seguros que cuando es así ningún visitante se atreverá a internarse en nuestra vida.

Así, nuestra vida se ofrece a la vista de los demás como un seráfico vergel o bien, como una parcela baldía, un erial de huesos y desesperanzas, de fracasos y desventura. Muchos visitantes querrán entrar en ese huerto delicioso o huirán despavoridos del matorral de nuestra vida.

Es también cierto que no hay sendas que recorrer en nuestras vidas, sino que mientras vamos caminando vamos también haciendo esas rutas que nadie podrá volverlas a andar. Una vez que se abre el camino éste cierra, irremediablemente, para uno mismo y para los demás; nadie puede desandar el camino y cada quien hace el suyo.

Sin embargo nuestro edén o nuestro mortero, son las obras que llevamos a cabo en la vida, mediante ellas trascendemos hacia el mundo tal y como fuimos. De nosotros depende ofrecer una obra maestra de arte o una madeja de frustraciones, de sinsabores y tormentas.

Un vivir con disciplina, con orden y esfuerzo es lo contrario al desmadre, el reventón, el valemadrismo y la holgazanería de aquellos que creyeron que la vida se les iba ir dando de a gratis y que podían actuar con irresponsabilidad sin que hubiese consecuencias.

Para aquellos que pensaron que vivir era vivir del otro, dañar al otro, hacer su santa voluntad, para esos está reservada la ruina, el desprecio público y el justo castigo. Para los que no trabajaron, para los vividores, para los que no estudiaron, para los mentirosos, calumniadores, ratas y homicidas, para esos está determinada la marginación y el oprobio.

Premio al cumplido, reza la vieja sentencia que repite el maestro al otorgarle la máxima calificación a aquel colegial esforzado en el estudio y la reflexión. *Reprobado,* es la tremenda frase que estremece a aquel que fue un haragán en las aulas.

La vida seguirá premiando a los cumplidos y reprobando a los vagos y gandules. Vale más que rectifiquen sus conductas pues nada bueno les sigue. Sus vidas serán imágenes insultantes y motivo de vilipendio pues hicieron de ellas unas porquerizas, y no se hagan falsas ilusiones porque así será.

Empiecen por tender sus camas cuando se levanten y por ir a comprar el mandado, por barrer y trapear su casa y, al menos, acordarse de Dios cuando se vayan a dormir. Nunca es tarde para ello.

Hoy sembraré una nueva planta en mi jardín. Esa planta es mi consejo que ojalá y de frutos.

JESUS BOY

Y sin que él hubiera tenido relaciones con ella, María dio a luz un hijo y él le puso por nombre Jesús. Mateo: 1, 18-25

Hoy, aquellos viejos reyes magos siguen recorriendo los caminos que cada hombre, muy a su manera, transita. Vías a lo largo de montes, llanuras, pantanos, desiertos y todo tipo de accidentes del espacio y del tiempo; soportando los dolores de las circunstancias como el goce de efímeros momentos de felicidad.

Todo por seguir a una estrella, al astro de la Verdad, los cansados reyes magos sacrifican muchas cosas apreciadas por los hombres comunes y que de ninguna manera las cambiarían por las penalidades de un buscar, de un indagar con la esperanza de un encontrar.

Largas han sido las jornadas bajo los fríos vientos del desierto de noche, como grande ha sido su emoción cuando en circunstancias extrañas e impensadas han encontrado lo que buscaban. No eran ignorantes de las características de su hallazgo pero sí de las condiciones en que lo encontraría.

Sus ojos penetraron la densa atmósfera del estercolero y sus finas narices olfatearon el penetrante hedor del vaho animal. Dos personajes, hombre y mujer, permanecían haciendo guardia a un recién nacido envuelto en harapos aunque limpios, seguían siendo andrajos: era Jesús Boy.

Prestos reconocieron el final de sus días y de sus esfuerzos porque después de ver a Jesús Boy ya no queda hacer otra cosa más en este mundo, porque todo lo has visto. Ver a Dios y luego morir; no hay más que hacer.. Reconocieron a Dios mismo y le regalaron incienso como a Dios, oro como a Rey y, por último, mirra como a hombre que es. La mirra es amarga como amarga es la existencia humana.

Hecho lo anterior emprendieron el regreso, y mientras juntos viajaban conversaban entre sí sobre el significado de Jesús Boy y del raro entorno en que lo encontraron. Muchas fueron las razones profundas que invocaron a favor de cada uno de sus argumentos, haciendo gala de sus conocimientos de filosofía, teología y ciencia que por demás resultaron insuficientes para salvar el inmenso abismo que hay entre Dios y el hombre, como la estrecha cercanía que hay entre ambos. La prueba estaba en Jesús Boy.

El terrible y pasmoso acontecimiento de la venida de Dios a la Tierra estremecía la mente y el cuerpo de aquellos sabios. Nunca antes había ocurrido, ni ocurriría jamás, otro igual en el mundo. Que impensables misterios se abrían a sus pies. El alma humana tiembla toda con ese solo pensamiento.

Qué significaba todo aquello, en realidad era verdaderamente la locura, la locura del misterio.

No es posible que siendo Dios más que el todo, se haya convertido en parte, en cosa. Realmente enmudece y quebranta a todo el orden filosófico y científico: lo hace añicos. Es el fin de la filosofía y de la ciencia como tales y se abre un nuevo panorama para el conocimiento, una nueva forma de ver las cosas desde la óptica de Dios y no la de los hombres.

Pero, además, todo ello implica una actitud novedosa ante la vida que se desprende de la propia situación-nacimiento de Jesús Boy. No obstante que es Dios se exhibe en un lugar humildísimo, por no decir miserable. Rodeado de individuos ignorantes, rústicos, desposeídos y sucios como lo eran los pastores de rebaños.

También el orden moral sucumbe aplastado por el manso poderío de Jesús Boy y es reemplazado por valores auténticamente humanos y no por conductas avasalladas por los anti valores. La moral humana no se destruye sino que se perfecciona.

Todo eso y más iban charlando los reyes magos pero lo que más les intrigaba, por encima de todas las formas, era el profundísimo amor que Dios había demostrado por la raza humana; porque bajar a este mundo, siendo Dios, no es cualquier cosa y menos aún en un escenario tan deplorable.

El universo queda resumido en una sola cosa, en una sola actitud: amor. Desde luego que los magos aún no vislumbraban el desenlace de la vida de Jesús Boy que culminaría con un cierre de broche de oro: su muerte cruenta, su resurrección y la redención. Acontecimientos estos que vendría a reafirmar aún más la posición del tema amor.

El pensamiento de Jesús esta totalmente envuelto en el argumento amor. No hay palabra o acción alguna de El que no toque dicha tesis e incluso es el núcleo y justificación de toda su existencia. No podemos concebir a Jesús bajo ningún otro punto de vista que exceda al enfoque del amor. Jesús Boy nace por amor y Jesús Hombre muere por amor.

Todo el pensamiento filosófico queda trastocado pues por vez primera toda explicación del mundo se hace desde y por la perspectiva de Dios; penetrar en el pensamiento de Jesús, a través del Nuevo Testamento, es comprender el Universo tal y como Dios lo ve, lo cual excede a toda visión humana. Por primera vez el hombre utiliza los ojos de Dios para ver la realidad. Cuestión más asombrosa no puede haber otra.

La visión de Dios no es la del hombre como la mirada del águila no es la del gusano. Sin embargo pese a todo lo que se pueda o no argumentar en pro o en contra, sólo la cuestión del amor se presenta como el principalísimo valor y ya no el bien de Sócrates y de Platón. La idea debe permear hasta tal punto que trasciende como único mérito para la salvación del alma humana. De acuerdo con Jesús seremos salvos cuando, por encima de todo, hayamos amado a nuestros semejantes. Inclusive lo establece como una orden que se añade a la ley de Moisés.

El Nacimiento de Jesús Boy es tremendamente complejo para poder comprenderlo y la mente humana queda sobrecogida de admiración y de temor cuando se acerca a esos abismos. Ni un millón de vidas terrestres bastarían para traspasar el precipicio que media entre Dios-Hombre. Sin embargo el empeño del conocimiento humano hace que hagamos esfuerzos enormes para alcanzar cada día más el pensamiento de Jesús.

Por eso, meditar sobre la Navidad es salirnos del mundo y tratar de entrar en la realidad de Jesús Boy. La única realidad.

Por eso todo hombre es un rey mago que va tras una estrella, persiguiendo un único destino: ver a Jesús Boy.

Los reyes magos se despidieron entre sí con un fuerte apretón de manos y no sin antes haber compartido un aromático café con unas exquisitas donas sabor amaretto. ¡Mmmmm!

LA GENERACIÓN MALDITA.

Hoy me proponía escribir un artículo en honor a los "franeleros" bajo el título de "no mames, buey". Pero no resistí la tentación de relacionar a esta franja de humanidad con aquella que le dio su perfecto origen; me refiero a la generación beat.

Herederos del angustioso Sören Kierkegaard, del visionario William Blake, del niño homosexual Arthur Rimbaud, del loco alucinante Gerard de Nerval, de Paul Verlaine amante estuprador de Rimbaud, del ateísmo absurdo de Juan Paul Sarte, del super alcohólico Edgar Allan Poe.

Descendientes de dos guerras mundiales, de un fariseísmo cristiano, de una sociedad creyente pero sin obras; jóvenes olvidados por el desgarro de sus padres, sin moral y sin historia. Perros de la calle alrededor de los bares consumiendo las mentiras de sus mayores.

Faroles de los fríos y acaramelados puentes de hormigón, llenos de palomillas color neblina, confundidos y arremolinados en las carreteras nazis; llenos de odio y emancipación teniendo por bandera la cruz sin brazos.

Ellos, los eternos adictos a las sustancias tóxicas, al alcohol, a la violencia, al hedor de la lujuria, al horror de la blasfemia. Raza de mutantes producto de una guerra entre Miguel Ángel y Luzbel.

Ellos son los genuinos creadores de los actuales narcotraficantes, los que mantienen las campañas de los políticos, los burdeles de las vírgenes, los blasones de la democracia, los porta estandartes del voto popular, la teoría de que el pueblo es el origen del gobierno.

Todo el dinero viene de ellos, de la generación maldita.

Todo el poder y todas las armas son cargados por los sucios lomos de los hijos de la generación beat.

Gracias a ellos la sociedad se sustenta, porque ellos y sus inexorables vicios mantienen llenas las arcas gubernamentales e hinchados los bolsillos de la iniciativa privada.

Honor a Jacks Kerouac, a Allen Ginsberg, Gregory Corso, Lawrence Ferlinghetti, Thomas Dylan y William Burroughs. Verdaderos padres de nuestra actual generacion de jovenes malditos.

Los abuelos son todos y cada uno de lo miembros de nuestra sociedad podrida.

Para recordar; sólo un fragmento de los versos de Allen Ginsberg:

Yo no soy una lesbiana aullando en el sótano

Amarrada a una telaraña de cuero

No soy un Rockefeller sin pantalones infartándose

en la gran cama rococó

No soy un intelectual ultra estalinista marica

No soy un rabino antisemita de negro sombrero

Barba blanca uñas muy, muy sucias

Ni soy el poeta en la celda de la cárcel de San Francisco

Apaleado en vísperas del año nuevo por los cobardes

Lacayos de la policía

Ni Gregory Corso Orpheus Maudit de estos Estados

Ni ese maestro de escuela con un maravilloso salario

Yo no soy ninguno que conozca

De hecho sólo estaré aquí 80 años.

Volvamos al camino, mi vida está en él. Sigamos la Ruta 66.

LA GRAN EPOPEYA.

Siempre he estado profundamente enamorado de la vida.

Hoy no voy a hablar de serias teorías filosóficas ni tampoco de consideraciones existencialistas, poesía beat o de cementerio. Nada de ciencia, filosofía, religión, ética o arte.

Ahora le toca el turno decir algo del vivir, de eso que no requiere explicación, justificación ni teoría. Algo del cual formamos parte, lo sentimos, lo transpiramos, que ni siquiera lo pensamos. Me refiero a la vida.

A la vida no la podemos definir porque al hacerlo dejar de ser eso: vida. La vida fluye, se ensancha y todo lo llena, pues no hay nada que no este lleno de ella, de su constante palpitar, de su sucesivo y constante aparecer. La explosión que avasalla con todo, que aniquila cualesquier consideración.

Pero la vida no es simplemente eso. La vida es aventura, riesgo, peligro, felicidad, tristeza, dolor, vicio, pecado, delito, amor, santidad, alegría, serenidad, estudio profundo, trabajo penoso; cardos y rosas, vino y resaca, días de música, de amistad, de luz, de plenitud.

Días de Dios y noches de tinieblas, amantes y esposas, alcohol y drogas. Visión fugaz de una estrella y ceguera ante verdades evidentes. La tersura de la delgada nalga de un recién nacido, del fragante aroma de un bebé; de la pestilencia de una cloaca, el mal aliento de un hígado enfermo.

La horrible visión de una cárcel y el espléndido atardecer después de una tarde de lluvia. La emoción del primer beso y del hastío carnal de los lascivos. El poder, la gloria, la riqueza, la fama y la nobleza. El ser yo y nada más que yo. La humildad, la pobreza y la mansedumbre. El ser para el otro.

Blasfemia, brujería, ateísmo, masonería, herejía y cisma. Oración, ayuno, entrega a Dios con fidelidad absoluta y esperanza a toda prueba. El corto, sí frente al largísimo no, la exasperante duda y la confiada certeza.

La inocencia de amarrar botes a las colas de los perros, las chanzas, los chistes, las bromas que nos hacen reír a carcajadas. Las enfermedades que nos postran y la salud que rebosa.

Todo, todo ello constituye la vida. Una epopeya magnificente, emocionante, nunca antes sentida por nadie que no sea tú o cada uno de nosotros, porque nadie vive nuestra vida, solamente cada uno la vive.

Vivir, vivir intensamente según del lado de que te encuentres. Apura hasta lo más hondo de cada momento que vivas, como si fuera ser el último, como si estuvieras en el cadalso y sobre tu cuello se enroscara la soga del verdugo. No importa lo que seas, malo o bueno, triste o alegre, santo o pecador; sólo vive.

Cada día quiere más a tu vida, enamórate de ella, que te estremezca cada latido de tu corazón, cada aliento que exhalas, cada que parpadees y que solloces. Así estés en el estercolero o en el perfumado jardín, rinde tributo a la vida.

Haz un tabernáculo a la vida, ya sea en tu humilde cuarto de estudio o de la prisión, o en el lujoso aposento de tu mansión; y cada que te levantes en el nuevo día, deposita en ese sagrario una flores y agradece mucho, pero mucho y con toda tu alma a Aquel, quien quiera que sea y como se llame, el haberte regalado la vida.

Haz de tu vida lo que quieras pero, ámala.

Cuando esto suceda en ti, el fin de la vida biológica ya no nos importará porque nos abrimos a una vida más potente, a la genuina e infalible Gesta que en ningún tiempo hayamos cursado.

Estemos listos para morir, estemos listos para vivir.

Yo solamente espero aprobar el examen de ingreso a la universidad angelical, continuar eternamente con los estudios porque ese es mi afán. Y cada quien hará lo que mejor le guste con una gran intensidad.

Vida, quiero vivirte.

LA MENTADA

MENTARLE LA MADRE A ALGUIEN TIENE MUCHOS
SIGNIFICADOS PARA LOS MEXICANOS. UNO DE ELLOS,
EN EL CASO PARTICULAR, MENTARLE LA MADRE A UN
POLÍTICO ES SINÓNIMO DE REPROCHE, DESAPROBACIÓN,
PROTESTA EN CONTRA DE UN MAL MAYOR INFERIDO
POR EL GOBERNANTE AL PUEBLO. MENTARLE LA MADRE
AL MAL GOBERNANTE NO ES INSULTO SINO UNA DÉBIL,
PERO MUY DÉBIL REACCIÓN DE UN PUEBLO SUFRIDO
QUE HA SOPORTADO HASTA LO INDECIBLE. TAMBIÉN HAY
QUE RECORDAR QUE AL MENOS UN GOBERNANTE LE HA
MENTADO LA MADRE AL PUEBLO, Y MÁS AÚN, DE FRENTE A
UN ALTO PRELADO DE LA IGLESIA CATÓLICA. LA MENTADA
DE MADRE ES UN RECURSO DESESPERADO DE UN PUEBLO
QUE DE ALGUNA MANERA QUIERE DEMOSTRAR SU
DESCONTENTO.

PARA MENTARLE LA MADRE A UN PÉSIMO GOBERNANTE
CUALQUIER LUGAR ES BUENO. LA MENTADA NO TIENE
TIEMPO NI ESPACIO, SIMPLEMENTE ES UNA MENTADA.

QUE LOS EXTRANJEROS SEPAN CÓMO NOS QUEJAMOS LOS
MEXICANOS: A MENTADAS DE MADRE.

CAPÍTULO VII

LA ORACIÓN DEL GUSANO.

¡Ah, Señor!, ¡dame fuerza y coraje para
contemplar sin repugnancia mi corazón
y mi cuerpo!

CHARLES BAUDELAIRE. Poeta maldito.

¿Por qué a mí?

Si nací de una eternidad que no conozco.

Si mi cuerpo es como una mole pesada, como un animal que reclama minerales, pasto y carne para poder hacerse cada día más grande, más pesada e insufrible.

Si soy esclavo de mis instintos que no puedo omitir y cuya satisfacción es diariamente obligada.

Si soy afligido por el hambre, la sed, el frío, las enfermedades, el agotamiento y el dolor.

Si soy atenazado por la ira, la envidia, la pereza, la lujuria, la soberbia, la gula y la avaricia. Todo lo contrario a ellos apenas es superficial y efímero en mí ser.

Si soy herido, encarcelado, perseguido y muerto por mis enemigos quienes me odian con profundidad.

Si soy un insano con graves perturbaciones de la personalidad y de la mente.

Si soy un suicida.

Si a diario cometo todo tipo de actos inmorales e ilegales. Si hubiese once o mil mandamientos en tu Ley, nunca los cumpliría.

Si a cada momento soy un profano, un blasfemo, impío, inicuo y hasta desespero de mi vida.

Si cada día que me levanto de mi cama maldigo mi existencia como una pena horrible.

Si detesto a mi familia, a mi religión, a mi patria, a mí mismo, a mis dizques amigos.

Si odio rezar.

Si odio trabajar.

Si odio estudiar.

Si odio vivir.

Si me entrego absoluta e irrecatadamente a toda clase y género de placeres y vicios.

Si soy un desgraciado ignorante que nunca poseeré la verdad.

Si miento por mentir, traiciono, calumnio, engaño, fornico y soy un perverso.

Si lo único que me interesa es tener dinero para gozar.

Si no me importa aplastar a los demás para llegar a donde me imagino que llegaré.

Si ni tan siquiera conozco el futuro de la media hora siguiente.

Si mi cuerpo, mis heces, sudor y orines son pestilentes.

Si no soy libre ni para abrocharme mis zapatos.

Si mi única libertad consiste en elegir entre el bien y el mal.

Si soy tan frágil como un gusano e incapaz de cumplir ley alguna.

Si algún día iré a parar al Infierno

¡Si ni tan siquiera te conozco!

Entonces, ¡porque a mí, Señor, me escogiste para existir?.

LA REINA DE MÉXICO

México es un país de origen mestizo cuyos habitantes han sufrido los más cruentos acontecimientos de toda índole y que sería detallado hablar de ellos. Convenga con saber un poco de historia, no-oficial, de México para entender el significado de lo ocurrido en el solar mexicano.

Bastante es tener un poco de visión crítica de lo sucedido en la actualidad para darse por enterado de las dificilísimas circunstancias por las que vive la población mexicana y que el enunciarlas sólo se repetiría lo que a diario se dice de ello. Y no sólo del contexto real patrio sino de sus motivos que han llevado a ese caos nacional.

Ante la presencia de tales y tantos problemas lo que se nos enseña, lo que se muestra, no es solamente la complejidad de esos, sino la incapacidad e impotencia para remediarlos. Han sido muchos los hombres dedicados al estudio y resolución de veteranos y noveles conflictos que aquejan a la sociedad mexicana sin que por ello arriben a una solución.

Pero aún más, la hecatombe nacional no es actual, no sólo se deriva de una nueva realidad, sino de antiquísimas dificultades cuyas causas son también iguales en edad. El entorno anárquico no sólo afecta a un solo modo de vida sino a la totalidad de la existencia mexicana.

316 MIGUEL ANGEL RODRIGUEZ

Las respuestas de los pobladores son harto conocidas y todas se resumen en una sola: la aceptación-resignación de que no hay solución y, como efecto, la abulia frente a los reclamos de orden y paz. Esto se explica ante la enormidad, complejidad y complicación de los problemas que tanto han dañado la epidermis de la faz mexicana. De frente a ello, lo menos que se puede recomendar es la culpabilización a terceros.

Sin embargo, a pesar de las serias objeciones prescritas, existe un factor de unidad universal entre todos y cada uno de los paisanos mexicanos que los puede llevar a obtener esa tan ambicionada armonía nacional que servirá de piedra-cimiento para el sano desarrollo del país azteca. Ese ingrediente fundamental, sin temor a dudas, es la Virgen de Guadalupe y su devoción de fe por Ella.

A la orilla de las consideraciones religiosas que encallan en severas y farisaicas peroratas, inútiles por implicar elementos de disensión, se debe ponderar la importancia de esta propuesta de solución pues ella contiene principios objetivos de unidad, tales como ser de observancia general, tener carácter histórico, poseer cualidades étnicas, raciales y de comunión religioso espiritual. Esas características la hacen idónea para la alianza y comunidad de intereses ciudadanos. Ello a pesar de que las nuevas reformas constitucionales declaran la laicidad del Estado mexicano.

A pesar de los ataques de muchos sectores arreligiosos, de otros tantos de oposición religiosa; el sentir, fervor y fe del pueblo mexicano hacia la Guadalupana es ancestral y lo lleva esculpido en su conciencia, por tal motivo constituye una apelación para lograr el orden nacional. Nada ni nadie podrá difuminar, del corazón mexicano, esa pasión por la Señora del Tepeyac.

En Ella remedia su dolor existencial, ora por sus intenciones y pone su absoluta esperanza, no en una idea de salvación sino en una realidad de la misma. Esto ha sido el dique más poderoso que ha contenido la explosión social, el cataclismo de los gobiernos y del orden jurídico.

Nunca antes como ahora, se había mirado tanta fe en las mentes y cerebros de los creyentes mexicanos. El mantenimiento y acrecentamiento de esa religiosidad Mariana corresponde a todos y cada uno de nosotros en lo individual, a los dirigentes de la Iglesia Católica, pero, incuestionablemente a la propia Virgen de Guadalupe, la legítima Reina de México.

LA SILLA VACÍA

Cuando deambulaba en busca de una coca bien helada y unos gansitos, enfilé rumbo a la tiendita de la esquina, no sin antes espantar a los perros sarnosos que, alborotados, vociferaban armando soez camorra por el amor de una perra. En el borde de la banqueta polvosa divisé al Chiapas sentado empinando ferozmente una caguama.

El estar-sentado debe comprenderse en oposición a los demás estados del hombre, tales como el estar de pie, el estar acostado, el estar hincado, el estar de bruces. El estar sentado es el modo más complejo de todos los demás estados. La acción de sentase no se aprende sino hasta pasados unos meses y quizá años en los primeros días del infante.

Aprendemos a sentarnos y de ahí en adelante esa posición nunca la abandonaremos hasta nuestra muerte. Nos sentamos para descansar, para estudiar, para aprender conocimientos, para practicar un arte, nos sentamos para trabajar, para rezar, para dirigirnos a los demás, para divertirnos y para esperar. Un sinfín de actividades desarrollamos al estar sentados.

Las herramientas que utilizamos para sentarnos son variadísimas: la silla, la banqueta, el suelo, la piedra, la azotea, la mesa, etc. etc. y cada una de esos instrumentos le dan un significado especial a quien se sienta. No es lo mismo sentarse en una banqueta que hacerlo en un trono. El estar sentado puede significar un estado de poder o de insignificancia, de intelectualidad o de ignorancia, de riqueza o de pobreza, o de mera necesidad fisiológica como cuando vamos al wc.

Pero no es solamente saber para qué y con qué nos sentamos sino también la posturas que adoptamos cuando nos sentamos, y así quien se sienta de determinada manera está indicando su estado anímico que en ese momento lo constriñe. El odio, la ira, el amor, la pereza, la lujuria, la soberbia son transmitidos de forma eficaz a través de la manera en que una persona se sienta. La misma psicología revela las verdaderas intenciones de los sujetos derivando de su estilo de sentarse.

Pero también importa mucho el saber porqué nos sentamos. El ser humano es primordialmente acción y para ello tiende a proyectarse fuera de sí mismo y al hacerlo adopta la postura del estar de pie y el caminar, el ir-hacia. Sin embargo el sentarse no solo implica el estar en reposo sino el ir-en. Cuando me siento adopto una posición pasiva en donde voy a mí mismo modificando mi propio yo.

Entonces el hombre se sienta porque requiere concentrarse, reunir fuerzas para volver a la acción que es el caminar el ir hacia y modificar su entorno. Cuando nos sentamos volvemos a nosotros mismos y cuando nos levantamos vamos hacia los otros. El estar sentado es el yo y el estar de pie es lo otro, lo que esta fuera de mi. Es algo similar al estar en el hogar y luego salir a la calle y luego viceversa.

Es de igual forma interesante reflexionar en el lugar donde nos sentamos, no hay que confundir con las herramientas que utilizamos para sentarnos, el cual también reviste múltiples variantes. Si nos sentamos en la iglesia es muy distinto al de la barra en la cantina, en las gradas de un estadio o simplemente en una banqueta. El lugar en donde nos sentamos ilustra sobre lo que somos nosotros.

Es sumamente curioso saber, al igual, con quién nos sentamos. Los seres humanos no nos sentamos con cualquier persona al azar. Procuramos escoger a aquellos con los que nos vamos a sentar. El sentarse con otro conlleva una intimidad o al menos un acuerdo previo con ese otro. El sentarse con un extraño produce incomodidad.

El estar sentado con otro también demuestra nuestra condición social, personal, económica, etc. pues no es lo mismo sentarse con un rufián que con una persona de gran mérito. Hay que recordar el reclamo de los apóstoles a Jesús cuando se indignaron cuando El, estando sentado, permitió que se le acercara una mujer de vida fácil, o cuando comía, sentado, con los "impuros".

Quizá el sentimiento más triste es aquel que nos produce el espectáculo de ver vacío un objeto en el cual se sentó una persona. Cuando esa persona se sentó durante una larga época de su vida en determinado lugar y objeto. La silla vacía es ejemplo claro de esa melancolía. Identificamos al objeto-lugar del estar sentado, con la persona misma.

La silla vacía simboliza el abandono, la soledad que nos produce la persona que parte y que sabemos que no regresará, pero que nos consuela el mero contemplar de ese simple instrumento pues evoca toda la personalidad de aquel que ya se marchó. Recuerda las vivencias pasadas alrededor de su existencia y de esa forma seguimos viviendo con el que dejó- de- sentarse.

El ya no sentarse personifica a la muerte o a la locura. El dejar de ser o de un modo de ser que es la destrucción de la personalidad. Sentarse y estar de pie son las dos posiciones fundamentales del vivir. La vida se vive sentado y parado. En atención y en acción. En fundamento y alcance. En tierra y cielo. En presente y futuro. Sentémonos en la silla para vivir plenamente pues hay muchas sillas vacías, porque no nos sentamos. Estamos vivos y tenemos sillas pero están vacías para nosotros mismos y para los demás.

En la sociedad actual hay muchas familias con muchas sillas vacías, no obstante que hay quien las pueda ocupar. Sentarnos en la silla es dar felicidad a nuestras cansadas conciencias y amor a los demás que se sientan con nosotros.

A esas almas fatigadas, atormentadas y agobiadas por una vida, detengan un poco su paso y ocupen la silla que otrora abandonaron, esa silla que los espera y que les devolverá la fe, la alegría y la esperanza.

Cuando salí de la tienda, el Chiapas ya no estaba sentado; estaba acostado y dormido en la banqueta con su caguama en la mano.

Abandonó su silla.

Sentí tristeza y compré otra caguama para mí.

LA TEOLOGÍA DEL OSO YOGUI

"Yo soy más listo que un oso común"

El OSO YOGUI en Jellystone.

Durante la Semana Santa las lecturas deben ser inspiradoras, de un grato optimismo y, sobre todo, espirituales. Ver desde el otro lado de la Pasión de Jesús, palpar sus alegrías, sus gustos y emociones positivas es voltear hacia un Cristo casi desconocido por la tradición que nos lo pinta casi siempre como un hombre sufrido, entregado al sollozo, a lo infausto y a la desilusión.

Saturado por la voluntad de Su Padre, se presenta como alguien encorvado por tan grave responsabilidad, de carácter adusto, algunas veces afligido y pronto de autoridad. Es puramente santo, casi inhumano, de figura sagrada, intocable, de intenso dolor que le hace brotar sangre por los poros de su piel, profético y de una mirada que contempla la Creación en un solo acto.

Cada una de sus frases es altamente significativa y se presta a acaloradas discusiones, motivo de controversia, signo de escándalo, herejías y cismas que quebrantan la fe de los otros. Sin embargo, el hábito no sale de lo mismo: un Jesús crucificado, dolor y más padecimiento, una imagen funesta de la vida que hace retroceder a la voluntad más acerada.

La perspectiva que de Jesús nos ha modelado la costumbre, la literatura y el arte, ha sido de desolación, ansiedad, angustia, alejamiento irracional del mundo, hasta tal punto que la religión cristiana se nos devela como un drama vivencial que no quisiéramos pasar.

Sin embargo, el punto de vista fresco y casi matinal de la figura de un Jesús entregado a los goces de un franco júbilo por las trivialidades humanas, de un gozo por las relaciones con los demás, de ese regocijo por los sanos placeres, del trato exquisito y de una fineza inusual, es tratado por J. G. Treviño en su obra *Confiemos en Él*, Editorial la Cruz.

El conocimiento teológico y la potente pluma de Treviño, escritor ignorado hasta por su propia Orden, hace reverberar la imponente, grácil y feliz figura de un Jesús situado en su tiempo y geografía. Su mano tiembla y su boca balbucea mientras describe las profundas satisfacciones del Jesús-Hombre a la par que les da su más exacto significado. El hombre no sólo sufre, también goza, se maravilla, grita de felicidad al vivir un mundo esplendoroso que es anticipo de uno mayor.

Es lectura obligada la de Treviño en estos días de Semana Santa, porque no solamente nos ubica en un sepulcro, en una pasión dolorosa, en una cruz sin sombra, sino en la vida sencilla y feliz de un Jesús humano, de un Jesús que es hermano, amigo, cuate, compañero, hijo, ciudadano; que nos enseña a querer la vida por ser obra de Dios, una vida que fue hecha para el hombre y cuya finalidad es que nos deleitemos con ella, nos sirvamos de ella, en la medida para lo que fue inventada.

Vivamos una Semana Santa con ayunos sin congojas, de paz, de buena vecindad con los demás, de sostener una cruz sin reclamos y con serena aceptación, con un sentido del dolor existencial, con ese espontáneo contento que nos otorga el saber que vamos pasando hacia un estado mejor, que nuestro lugar no es éste porque siempre hay algo mejor.

Y si no queremos leer la obra de Treviño, pues hay que ver las caricaturas del Oso Yogui, para percatarnos de su concepto de la vida, de su optimismo desparramado por Jellystone, de su inconformidad por vivir como los demás osos, de su gran habilidad para robar las canastas de picnic de los visitantes del Parque, de su gran corazón, de su amor por la vida, de sus enredos con el guardabosques. En fin.

Yogui vive, vive con plenitud en una naturaleza que él ama y que no hace daño a nadie, sino que contribuye al bienestar de los demás porque es parte de la creación y les hace la vida más ligera, menos austera. Porque Yogui vive su tiempo y su espacio, sin más, con auténtica chabacanería. Es pueril, es banal, es cotidiano pero es vigorosamente feliz. Yogui simplemente es y está.

Por eso, asistamos, asiduamente, a las enseñanzas teológicas del Oso Yogui. El único requisito de admisión es una canasta de picnic, con mucha miel.

LA TEORÍA DEL AMOR INFINITO.

*Amor: sentimiento intenso del ser humano, que
partiendo de su propia insuficiencia, necesita y
busca el encuentro y unión con otro ser.* Real Aca
demia Española de la Lengua.

Hemos estudiado las diversas teorías que tratan de explicarnos la forma en que se presenta la realidad externa que es el Macrocosmos o Universo y la interna que consiste en lo espiritual. Desde Heráclito con su teoría de los opuestos, hasta el Estructuralismo, la teoría de los sistemas, teoría del caos y de la complejidad, en nuestra actualidad.

Todas ellas nos dan una visión, bajo su dicho, de la manera en que se desarrolla la realidad describiendo una serie de interacciones de estructuras, una comunidad de caracteres de los sistemas, un equilibrio resultantes de opuestos, etc.

Lo que puede objetarse de ello es que solamente hacen una mera descripción fenomenológica, sin ahondar sobre el fundamento por el cual se desplaza esa realidad. Es necesario determinar el centro de gravedad desde el cual parte esa realidad ya sea a manera de opuestos, de estructuras o de cualquier otra especie que se afirme.

Es el Amor el eje sobre el cual ruedan todos los elementos de esa realidad. Éste tiene, entre otras muchas propiedades, una fuerza de atracción que aglutina todas las cosas entre sí y a su vez hace que todas esas cosas pendan de Él y se desenvuelvan en las variadas formas de existencia.

A su vez, las cosas por sí mismas no poseen, por ser contingentes, la fuerza de atracción pero sí es de su propia naturaleza el tener la potencia de recibir la pujanza del Amor Infinito. Esto significa que las cosas, al no poseer por sí mismas la fuerza atractiva del amor, necesitan de dicha fuerza.

Esa necesidad las hace buscar la unión con las otras cosas. Esa búsqueda es intensa porque resulta de una carencia imperativa y porque todo vacío responde a la ley de ser llenado, completado. Sin embargo es inútil la búsqueda de amor en las cosas y entonces éstas se dirigen a la fuente de donde emana dicha fuerza y es ahí donde pueden satisfacer con plenitud la necesidad de amar.

Es irrelevante que las cosas busquen o no al Amor Infinito, pues éste se encuentra en constante efluvio de su fuerza hacia todas y cada una de las cosas en la medida de su potencia para recibirla y de ahí que al no ser suficiente la fuerza irradiada, las cosas buscan en otras lo que les falta. De ahí deriva la insatisfacción.

Aún cuando todas las cosas tienen la potencia para recibir la fuerza del Amor, es el Hombre el que en mayor grado de perfección percibe el vigor y por consecuencia el que más lo aprovecha.

De ahí que cuando el humano sienta insatisfacción no debe buscar el Amor en otros para que haya una plenitud, sino que su averiguación debe encaminarse hacia el Amor Primordial.

Puede deducirse, de esa manera, que todas las cosas están ordenadas, localizadas, cuantificadas por obra del Amor Infinito. En suma: no existe el caos por ser imposible su concepción. Lo que sí existe es la apariencia de que hay un caos pero ello deviene de nuestra incomprensión de los verdaderos fundamentos de la realidad.

Podemos poner el ejemplo de San Agustín al decir que cuando escuchaba los variadísimos sonidos del riachuelo al correr por las piedras, por las represas, por los obstáculos distintos, por las caídas. Todo hacía pensar en un desorden, pero no hay tal pues esa gran divergencia de sonidos, produce uno solo: el susurro del arroyo.

Confiemos en el Amor Infinito.

LA TÍA MAMEY

Muy de alborada la tía mamey se despertó, se calzó sus chanclas, tomó el añejo rosario y enfiló rumbo al panteón. Ahí buscó con ansiedad el sepulcro del tío Necio; y una vez que lo encontró se dedicó, juiciosamente a decir verdad, a limpiar la vetusta losa que cubría la osamenta de su amado difunto, como tanto lo amó en vida. Sus lágrimas recorrían los gastados y profundos surcos grabados en la faz de aquella anciana.

Los monótonos rezos pronunciados con inaudible sonido se perdían en el suave céfiro de la aurora, mientras su silueta de luto se intercalaba en las fungosas imágenes de aquella necrópolis fría, silenciosa y estática. Lugar de caídos, de huesos blanqueados y de ásperos mechones de cabello opaco en desnudos cráneos. La única viva era la tía mamey.

Finalizado el rito la tía mamey levantó la vista hacia lontananza, respiró profundo y encauzó sus fluctuantes pasos hacia la calle. Ahí, afuera, se detuvo un poco para observar el bullicio de la ciudad, sin duda le pareció no tanto irreal, sino irreverente, que aquel gentío apenas se diera cuenta de la presencia del panteón y mucho menos de su asegurada pena.

Pero aquello era cierto; los habitantes de la localidad iban y venían abstraídos en sus preocupantes actividades, se esforzaban seriamente por vivir y por acrecentar su vida, mil y una cosas transitaban por sus mentes sin descansar un santiamén, siempre viendo al suelo y sin jamás mirar al cielo. Por si acaso su visión era hacia el frente, pero nunca al cementerio.

Al día siguiente la tía mamey refrendó, como lo venía acostumbrando ha muchos años atrás, su atormentada visita a la tumba del tío Necio. Ahí, por reiterada vez, dijo sus oraciones al viento, alzó sus ojos al cielo y encaminó su caminar a la avenida. Ahí, nuevamente, caviló con amargura, la indiferencia de los vivos con respecto a los muertos, reprochó la vida y sus vaivenes, exaltando los recuerdos que dejan los fallecidos, ponderando los valores de aquellos que viven la vida que vivieron los que ya se fueron, de aquellos que no renuncian dejar a sus muertos.

Reprendiendo a todos los que viven sin hacer lo que hicieron sus extintos, aquellos que no llaman, que no evocan, a esos que de nuestra vista desaparecieron, que no les guardan luto por un año, que no sufren a cada minuto su partida, que dimiten la visita al sepulcro. Todos ellos son ingratos, son culpables de olvido.

Y es que la vida deserta de los cementerios, no porque ignore su existencia, sino porque quiere vivir, quiere ser carne del mundo y no huesos de catacumbas. Quiere vivir como si fuera a ser eterna, infinita, aborreciendo su propio final, asqueada de los gusanos en el corrompido cuerpo. Anhela la ilusión, el tibio viento de la primavera y la dulce caricia de quien la quiere.

Y es que la sentencia de Jesús "dejad a los muertos que entierren a sus muertos" no tiene más remedio, y más con aquella otra de sus tantas afirmaciones de que su palabra se cumpliría hasta la última jota, hasta el final de los tiempos. Porque la vida no es solamente eso sino una infinita y valiosísima serie de chances y posibilidades.

Porque la vida no puede vivir en las criptas, no radica en los inertes mármoles cubiertos de sendos epitafios, sino en el mundanal, en la carne y los afanes. Ahí se escribe la vida, a golpe de cincel, unas veces, y con oraciones, otras. Mientras el corazón palpita el alma ansía. Con toda seguridad se dice que en los muertos no hay corazón, ni mucho menos alma.

¡Pobre tía mamey siempre seguirá al cementerio yendo!; viviendo como si estuviera muerta por no dejar en paz al tío Necio, por adorar a sus huesos, por vivir sus recuerdos.

EN LA BANQUETA

Uno de mis tantos temas favoritos para reflexionar es el del espacio. Pensadores como Otto Friedrich Bollnow y Gaston Bachelard, entre otros, le han dedicado a este álgido contenido un buen número de argumentaciones que han enriquecido la filosofía del espacio.

No obstante que han tratado una multitud de objetos espaciales, con mucha profundidad, tales como la carretera, la ventana, la cama, la vereda, el horizonte, la lejanía, etc. no han dicho nada al respecto de la banqueta.

Solamente en México y Guatemala la palabra banqueta significa, la orilla de la calle. Es a este significado al que me refiero.

El hogar es el espacio íntimo donde nosotros construimos nuestro mundo, nuestra personalidad, la familia, los valores. Ahí poseemos seguridad, confianza, oración, trabajo, estudio. Se puede decir que el hogar, que no es lo mismo que la casa, somos nosotros y nosotros el hogar.

Mientras que la calle, que no es lo mismo que camino, es el espacio que no solamente sirve como medio de comunicación, sino que es un lugar de peligro, una tierra de nadie, fría e impersonal, en ella hay desconfianza, blasfemia, inseguridad, vagancia, violencia, pereza. En suma, la antítesis del hogar.

Perro callejero, mujer de la calle, pelea callejera, ganar la calle, no te bajes a la calle; no son más que sinónimos de putrefacción moral, de desprecio, vilipendio, deshonra, difamación, ultraje. Todo lo que es bajeza, es relativo a la calle.

Entre el cálido refugio del hogar y el insensible arroyo de la calle sólo media un escaso espacio, una línea delgada y sinuosa cual frontera entre países enemigos. Una protección de escasa elevación encementada, angosta, plana que se corta abruptamente al final de ella para dar paso a la calle y luego nuevamente como una mano amiga, vuelve a nuestro encuentro.

Es la banqueta.

En ella caminamos con seguridad, saludamos al vecino y a los amigos, comadreamos, nos orinamos, nos sentamos a tomar el fresco. Aunque también es tierra de ninguno, no obstante nos sentimos como que si fuera de nosotros, una extensión de nuestro hogar; "voy a barrer mi banqueta" decimos acomedidamente.

La banqueta es para transportarnos a pie, de manera natural, como lo hemos hecho durante miles de años. A través de ella llegamos a nuestras casas, a la casa del vecino, a la oficina, al templo, a la cantina, al burdel, a la tienda a la escuela, al parque. Ellas son el conducto natural para el desarrollo de nuestras capacidades.

A través de ellas decidimos el bien y el mal de nuestras acciones, cuando vamos al burdel o al templo.

Las banquetas siempre son paralelas, nunca se tocan. Permanecen a una distancia que no se puede franquear a menos de correr el riesgo de la calle. Los transeúntes de la banqueta de enfrente nos parecen lejanos, extranjeros de un país inaudito. No pertenecen a nuestras vidas, son los separados, con los que no tenemos nada que hablar.

Ellos tampoco. Nos ven pasar como mustias sombras del rabillo del ojo. Nadie se atreve a dejar la banqueta para acercarse a nosotros. Ni nosotros a ellos. Linde increíble, marginal que aísla a las almas, las descomulga. Solamente en la bocacalle nos encontramos de manera fugaz, recelando unos de otros, sin tocarnos, sin entrevistarnos.

Todos queremos abandonar de manera inmediata el espacio de la bocacalle y aceleramos el paso para arribar a la consoladora banqueta. Nuestra banqueta. Los que van en la misma banqueta son nuestros conocidos, los prójimos, en quienes confiamos. Los de enfrente son extraños.

Los mismos edificios que se ubican en la otra banqueta, nunca los frecuentamos. Y OH, gran verdad, siempre procuramos caminar por la misma banqueta ¡Hasta los perros van por las banquetas, también sienten miedo por las calles. Un perro nunca se baja de la banqueta.

Inclusive el borracho se queda tirado en la banqueta, nunca en la calle. En la calle se quedan sólo los cadáveres.

Por ello los negocios que tienen mayor éxito son aquellos que se encuentran en las esquinas, porque para llegar a ellos no hay necesidad de cruzar la calle; están en la confluencia de dos banquetas, o mejor dicho, en la continuación de una banqueta.

Cuando marchemos por la banqueta tratemos de fijar nuestra mirada en aquellos que van del otro lado, elijamos caminar por la banqueta que no utilizamos. Vayamos al encuentro de los otros y cuando pasemos por el templo de la otra banqueta, pensemos que también ahí esta Dios, aún cuando no se encuentre en nuestra acera.

Y si la cantina esta del otro lado de la calle y de ahí nos invitan a un buen trago, no dudemos; pasémonos a la otra banqueta.

CAPÍTULO VIII

BANAL

Lo banal es la vulgaridad, lo que tiene poca importancia. Lo cotidiano es aquello que ocurre con frecuencia y de manera habitual. Pero si examinamos detenidamente las cosas nos preguntamos; ¿hay algo que sea verdaderamente banal en nuestras vidas?

Cuando transcurre la existencia, vemos a nuestro alrededor un sinfín de sucesos y de cosas a las cuales no les prestamos ninguna atención, quizás porque son cotidianas, porque a diario se nos presentan; el vecino de al lado, el ladrido del perro, el chapotear del agua, la rocola de la cantina, los gritos de los borrachos, el orinar y el defecar, el ruido de los automóviles, etc.

Miles, y tal vez millones, de esas cosas pasan durante toda nuestra vida sin que nos merezcan, aunque sea alguna de ellas, la más mínima curiosidad del porqué están ahí, del porque son de esa manera, del significado de las mismas, de lo que nos pueden decir y contar, de lo que nos pueden enseñar.

Y todo porque aquello que nos rodea es cotidiano, es a diario y por ello lo consideramos ínfimo, pero; ¿será verdad que la sonrisa de la esposa, la presencia de los hijos y el maullido del gato, sean banales? Es posible que el retrato familiar que ocupa un lugar en la sala; ¿sea vulgar y sin importancia?

Cuando la vida fluye en un ansia de velocidad, de un aprender rápido, de un hacerse rico de la noche a la mañana, de un comer *light*, de un existir a todo tren y donde lo que interesa es avanzar por avanzar, pero sin ninguna meta; es natural que todo sea banal.

Nuestra actitud es la pasar de un lugar a otro, lo más rápido posible pero por el simple hecho de hacerlo y no por algún objetivo. ¿Nos hemos detenido algún día para escribir en un pequeño papel, nuestro proyecto de vida? Cuando en nuestros trabajos casi constantemente hacemos proyectos de viaje, de fin de semana, de matrimonio, de adquirir una casa, etc.

El proyecto de nuestra vida es el más importante de todos, porque ahí se contempla todo lo que nosotros perseguimos, todo lo que anhelamos y todo lo que queremos ser, lo que queremos hacer de nuestra vida en su totalidad. Somos nosotros mismos, tú y tus circunstancias; diría Ortega y Gasset.

Pero si no le prestamos ninguna importancia a ese plan de vida, mucho menos a las cosas cotidianas que nos envuelven y que verdaderamente son tan importantes que sin ellas no viviríamos. Esas cosas banales nos proporcionan la seguridad psicológica del vivir, de que nuestra vida es firme y que podemos seguir adelante.

Cuando hay cotidianeidad, hay la impresión de que todo está a toda madre, de que vamos por el camino adecuado, no obstante que las cosas cotidianas que pasan por nuestra vida, las consideramos sin valor alguno, banales. Miremos por encima de nuestros hombros y de reojo para percatarnos de que las cosas ahí están y de que nada falta. Pero sin embargo, ¡no tienen ninguna importancia!

Basta que ocurra algo que no sea cotidiano para dedicarle la mayor de nuestras atenciones, la prioridad más alta y el significado más profundo. ¡Ahí está la mirada triste de tu hijo que implora de ti, desde hace mucho tiempo, comprensión, respeto y estima; la sonrisa para tu esposa con su nuevo vestido, el saludo para el vecino, la palabra de apoyo al desconsolado, la oración a aquel crucifijo abandonado en la cabecera de tu cama!

Todo eso cobra un gran valor cuando detienes tu fatigoso caminar y te sientas un rato en aquel olvidado sitio de tu hogar, cuando hojeas aquel viejo libro y descubres su interesante dedicatoria, cuando miras la foto de tu primer encuentro con Dios, cuando encuentras aquella camisa de joven que ahora ya no es de tu talla, cuando, cuando....

Apártate un momento de las vías rápidas, del camino que te conduce a la despersonalización y auto destrucción; concentra tu visión en aquello que para ti, hasta ahora, no tenía calidad, que era insignificante y, encontrarás un mundo maravilloso del cual quedarás enamorado para siempre jamás.

Lo banal es fundamental, es la vida misma haciéndose cada vez más vida, son los escalones pasados pero necesarios para llegar al lugar donde te encuentras. Eres tú realizándote, viviendo para vivir, huyendo de la nada. Por eso, ama lo banal, disfruta de esa taza de café que a la carrera ingieres cada mañana.

Siéntate un instante en tu silla favorita y medita el largo o pequeño trecho de tu vida que has recorrido, tómate tu cerveza con calma y escucha aquella melodía que aunque pasada de moda, tanto te gusta. Saborea las chavalas cosas y los pequeños minutos.

Recuerda que es tú vida y la vida de los demás que dependen de ti. No corras más porque el mucho correr no te garantiza el llegar, tómate tu tiempo porque la muerte no tiene tiempo, vive sin tiempo como si fueras a morir, porque tu vida no tiene tiempo ni espacio porque es infinita, mas no eterna.

Manda al diablo el tiempo, manda a la ch... el espacio. Tu vida es más que todo eso. Tú y los tuyos te lo agradecerán. Dios te llama desde muchas partes y entre ellas, de las cosas simples y banales que hay en tu vida. Apura la última copa como si fuese la última en el Universo.

Enamórate de tu existencia.

Printed in the United States
By Bookmasters